外贸职场高手系列

乐贸LEMO
LOVE · EASY · MONEY · OPEN

JAC'S FOREIGN TRADE NEGOTIATION NOTES——JAC AND HIS STORY

JAC 外贸谈判手记

JAC和他的外贸故事

JAC 著

中国海关出版社有限公司
·北京·

图书在版编目（CIP）数据

JAC外贸谈判手记 / JAC著. —北京：中国海关出版社有限公司，2016. 5
ISBN 978-7-5175-0136-7

Ⅰ. ①J… Ⅱ. ①J… Ⅲ. ①对外贸易—贸易谈判—基本知识
Ⅳ. ①F740. 41

中国版本图书馆CIP数据核字（2016）第117387号

JAC外贸谈判手记——JAC和他的外贸故事

JAC WAIMAO TANPAN SHOUJI——JAC HE TADE WAIMAO GUSHI

作　　者：JAC
策划编辑：马　超
责任编辑：郭　坤
责任印制：孙　倩
出版发行：中国海关出版社有限公司
社　　址：北京市朝阳区东四环南路甲1号　　邮政编码：100023
网　　址：www. hgcbs. com. cn
编 辑 部：01065194242－7585（电话）　　01065194234（传真）
发 行 部：01065194221/4238/4246（电话）　　01065194233（传真）
社办书店：01065195616/5127（电话/传真）　　01065194262/63（邮购电话）
印　　刷：北京新华印刷有限公司　　经　　销：新华书店
开　　本：710mm×1000mm　1/16
印　　张：18. 75　　字　　数：297千字
版　　次：2016年8月第1版
印　　次：2025年3月第7次印刷
书　　号：ISBN　978-7-5175-0136-7
定　　价：45. 00元

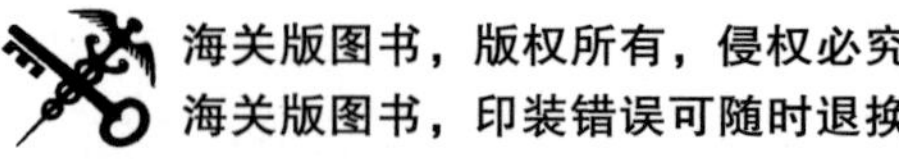

前　言

忽略谈判，外贸难行

《JAC外贸谈判手记——JAC和他的外贸故事》是我的第二本书。如果你读了我的第一本书《JAC外贸工具书——JAC和他的外贸故事》，你就会知道我的特点：所有内容都是实战，经验永远来自于一线。

《JAC外贸工具书——JAC和他的外贸故事》中的内容比较基础，重点是给外贸人梳理一个整体思路，介绍一些初级的工具、方法、技巧，易懂易上手。

而《JAC外贸谈判手记——JAC和他的外贸故事》是我更急迫出版的，因为这本书中传达的内容是我这么多年在外贸行业安身立命之本，每个人都有自己的长处，有人善搜索，有人会宣传，而我的最大优势就是谈判！

谈判贯穿于外贸的每个环节，跟供应商需要谈，跟同事需要谈，跟老板、领导需要谈，跟客户更要谈，任意一个环节出问题，你都会举步维艰。所以，我才说，忽略谈判，外贸难行！

但是，现实是绝大部分的外贸人不懂谈判，处于三无的状态：无谈判思路、无首选方案、无备选方案。每次交易都被客户牵着鼻子走，被轻而易举地逼到墙角，事倍功半，收效甚微！

而通过这本书，我希望大家都能变成“四有”谈判新人：有整体思路；有执行路线——拆分思路，具体实施，例如需要准备何种材料、何种素材等；有针对性谈判——知道自己的谈判对象是谁，了解自己的谈判对手；有纵深——可以有广度，可以有深度，不至于轻易陷入难堪的境地。

外贸谈单有很多的思路，这些思路都是前人通过众多的实战总结出来的，你没法要求别人给你模板，也没法要求别人给你完全写出话术，你只能获取思路，然后变成自己的套路，去迈过一道又一道的坎！

经常听到有人讲，“为什么客户总是跟我谈价格，其他的什么都不谈啊？”

“为什么客户对我那么苛刻呢，为什么我就碰不到好客户呢?”“为什么价格稍微高一点，客户就跑了呢?”“为什么客户非要咬着某个付款方式不放呢?”

……

归根到底，你不会谈判，没有谈判技巧，你不是只喜欢拼价格，但是其他的方面你根本不会，也只能拼价格了!

如果你正面临这些问题，这本书可以帮助让你摆脱困境!

本书面世比第一本顺利了很多，非常感谢马超编辑以及整个中国海关出版社编辑团队的努力，当然这里还要感谢三个人：Lisa 小姐、Neil 先生和 PB 大叔，他们三个人为这本书付出了比我更多的心血!

JAC

2016 年 5 月 30 日

目录

第一章

谈判前，你准备好了吗？

part 1　为什么别人的技巧你用不好

有三个东西比技巧更重要，它们是道，而技巧方法是术！

第一，心态。

第二，思路。这个地方需要多说一句。思路是什么，是一条线，是一条从现在到达目标的线，线上应该有一些要素，即谈判要素，包括内容、技巧方法、工具，这些要素有序地有逻辑性地排列，会让整个谈判功效达到最大化，所以，思路是根本。但是有了思路，没有内容也是白搭。

第三，内容。内容是什么？其实内容就是你的基础，产品的基础！如果思路是骨架，那么内容就是肉，骨架的力量来自肌肉！

很多人从网上孜孜不倦地学习了很多技巧方法，很多案例，但是发现自己不会用，或者用的时候很别扭，不顺手，其实我想说的是，你的思维没转变！技巧和方法都需要施展的环境或者土壤，别人的方法和技巧只能在别人的思路模式下才会发挥效用。而你是强行移植，小心走火入魔！

而且没有足够的有效的内容，方法和技巧就是空中楼阁！

内容为你提供卖点，提供参数，提供文字、图片、视频……而这些正好是客户关心的内容。没有它们，你凭什么施展技巧方法？

你不了解产品，不了解成本，如何跟客户谈价格？这绝对不是由技巧和方法可以解决的。

所以，内容才是业务的基础。我们应该把足够多的精力放在对产品的学习上。

那么要学习哪些东西呢？我发现大家都热衷于学习技巧和方法，天天泡在论坛上，博客里，微博上，QQ 群里，看到所谓的神技就两眼放光，似乎看到了订单在向自己招手。但是对于基础却完全忽略，不愿意去工厂，不愿意去车间，不愿意了解自己的产品，这是不对的！

很多人会说，他已经学了很多，但是为什么谈判的时候总是用不上呢？我想告诉你，那是因为你学得还不够深入，尤其是不够系统，完全没有逻辑性。

基础知识分为产品本身，工厂状况，同行状况。有逻辑性地分块儿学习，让自己的知识有序排列，到调取的时候才会简便快速准确，这就是快速记忆法的精髓。在谈判中大家要常用 PPT，例如，我们所有的谈判必须有 PPT 演示，介绍工厂、公司、团队、产品、检验等。在一个 PPT 上有序地呈现，这样让客户有了一个逻辑性，会更有利于理解记录！而且，制作 PPT 的过程中，要把文字、图片、视频都放进去，用思路将内容串起来，演示的时候配以技巧方法，这样会无往而不利！

还是不懂？好，给你一些直观的印象。

如果不知道价格，我敢用置之死地而后生的技巧谈客户吗？如果对我的价格，对行业价格没有充分了解，我的一转身，就不是技巧，而是搬起石头砸自己的脚。

我讲过谈价格的时候如果到了底线，就要坚决，要告诉客户，不能再低了，我真的很想跟你合作，但是这真的是最低价。结果很多人用这个方法的时候把客户丢了，于是，开始质疑。且不说方法都有成功率，你真的了解你的价格吗？你了解同行的价格吗？我之所以敢说，是因为我太了解！

客户问我，国内生产这个产品的还有几家？OK，我就说还有哪家哪家都在生产，其实这是技巧，因为这两家虽然生产，但是都有问题，我怎么知道的，来自平时的积累！

我说谈判客户的思路是确立目标，然后确立表达的内容和提问的内容，表达的内容包括产品的性质，具体的用途，在用途中的具体作用、用量、工艺、检验等一大堆内容，还要有文字、图片、视频；你根本没有，你凭什么用这条思路？

我举过一个例子，有一个小姑娘，英语不好，不会用英语说话，但是业绩是我们公司的第一名。为什么？素材，她有接近20GB的产品图片资料视频，而其他人只有不到3GB，这3GB还是他们入职的时候公司给的。小姑娘用入职第一个月的工资买了一台数码相机，每每发货，必须去拍，问工人这个设备哪里做得最成功，哪里返工了，为什么返工，哪里独特，都一一拍照，之后回去分类整理，记录，跟客户聊天，动不动就是图片、视频，你有吗？

我之所以敢从那么高的高台跳下来，你以为真的是一时冲动？因为我了解我的产品性质。

懂了吗？还不懂？好，继续。

缔结成交，随便就可以缔结成交吗？因为我知道我的价格绝对公道，我知道我的设备该讲的都讲了，疑虑都打消了，我知道客户一定非常了解我的产品了，我是专业的，客户是认可我的，所以我才敢逼单。

说一个最基本的，打电话，怕客户问问题，怕客户砍价，为什么？你不懂！我呢，我有产品的FAQ文件，我有成本核算，我怕什么？

总之，没有基础，你什么都做不成！

不要再在群里混技巧了，不要再跑到视频课程里找捷径了，你最需要的是静下心来，脚踏实地，进入工厂，进入车间，一点点地研究产品，放眼整个行业，仔细地研究同行！

part 2　谈客户需要了解哪些信息?

同样的客户，几乎是同样的产品条件，公司条件，但是谈起来气氛、效果却相差很远，为什么？我曾经表达了一个观点，产品是不会说话的，业务员才是产品的嘴巴。沟通能力、表达能力的好坏，直接决定了把信息传递给客户的时候效果的好坏！但是沟通能力很虚幻，如何提高沟通能力呢？有些人英语不错，也挺能说，但是跟客户交流却觉得没什么话题可聊。

很多人说，这个客户很冷，很酷，不怎么愿意说话。是，这种人有，但是很少，很冷很酷只是客户认为你跟他没有共同语言，不想多费口舌而已！所以，我可以得出一个结论，聊天的素材很重要。什么叫做素材，就是要表达的内容，你的语言能力再强，也要有内容作为支撑，否则就空洞、浮夸，不着边际，或者一下子大脑空白，使气氛陷入冰点。

如何积累素材呢？之前我已经说过你平常应该准备的东西，例如产品的详细资料，一些客户案例，小故事，国内的趣闻趣事，中华文明相关的典故等。但是做到这些还不够，这些只是你武装自己的训练项目，当面对客户的时候，还要针对具体情况积累一些资料。

一、产品方面

你不仅要了解你产品本身的特性、卖点，还要了解在客户的国家，这个产品的相关情况。

（1）竞争情况，是否有生产厂家，大体价格是多少，供应商和供货周期是多少？

（2）市场容量，就是这个产品的消费量、消费潜力。

（3）与客户相关的需求，很多东西可以从官方得到，例如客户所处的行业是工厂还是贸易公司，买来是自己用还是经营，获知这些信息对于你后期谈单很有好处。

二、大环境方面

此外，还要了解这个国家邻国的相关情况，跟邻国的贸易情况，邻国这个产品的供应商情况、需求情况等。

客户所在国家的种种情况，例如地理、人口、民族、宗教、经济等，以及这个国家的社会状况，历史发展，跟中国是否有过交际。

很多人看到这儿就会头大了，需要记这么多东西吗？

不需要，这些东西在客户来之前现准备都来得及，当然准备的时候要存档，根据洲别建立文件夹，文件夹里建立国家子文件夹，把拿到的资料分门别类，放到国家子文件夹里，以后再有客户来的时候，找出来看就可以了。

三、客户的个人情况

其实这个方面我一直在说，估计很多人都听烦了，但是，这个方面真的很重要，所谓对症下药，说的再直白点，就是投其所好，这会直接影响一个订单的谈判进程。

怎么去了解？也说了很多了，例如搜索客户的信息，Facebook、Twitter、Linkedin，通过其他的渠道打听来的信息等。

part 3 外贸产品知识包含哪些内容?

我的公司有明文规定，业务员每个月必须跑一次工厂去学习，不管工厂是在身边还是天边，而且学习必须有记录和汇报，具体的表现形式为PPT宣讲。

更严格的是，从头到尾只能一个PPT，这样才能让知识点系统化并有条理。所以，从第一次开始就要打好PPT框架，然后逐次完善。

估计大家都有切身的感受，每一次去工厂都可以学到不同的东西，但是往往都很杂，东一榔头西一棒子，学的东西越多就越混乱，这是一个自我消耗的过程，不能转化为战斗力。所以，不管你公司是否有这个要求，建议大家也要做一个这样的PPT，做PPT的过程就是梳理知识的过程，也是将你的思路逻辑化的过程，百利而无一害，而且随着这个PPT的完善，它将成为你的财富!

很多人会问，我在工厂工作也需要这样做吗?

答案是需要，更需要!

工厂学习汇总的PPT分为三大部分内容:

（1）产品分析。

（2）国内工厂分析。

（3）竞争对手分析。

一、产品分析

产品分析部分是对产品基本知识的总结梳理，产品的原材料，生产工艺流程，流程中哪些环节决定产品质量，需要哪些设备，检验方法是怎么样的，执行的是国家标准还是企业标准，检验设备是什么，具体用途有哪些，在这些用途里面这个产品起了什么作用，能否替代其他产品，能否被其他的产品替代，产品的成本组成，产品这几年的价格趋势，产品的污染情况，废水处理情况等。凡是与产品相关的都要整理进来，当然不可能一次整理全，先把框架搭好，一点点地加进去！

二、国内工厂分析

这个就更加复杂了，需要的时间也更长，这里绝对不是数数有几家工厂那么简单的，而是需要对每个工厂的细节状况做出统计和分析，具体内容如下：工厂名称、地址、成立时间、发展历史，工厂的法人、工厂的实际负责人、工厂的销售负责人、外贸负责人及外贸人员、工厂的生产负责人以及老板的家庭状况、具体负责人的家庭状况，工厂的内销报价、外贸报价（如果有外贸部），工厂的产量、生产工艺、内外销比例、能做哪些参数的检验，等等。

一开始做外贸的时候，我找到了行业里面的某个老油条，他曾经从业于很多工厂，对它们都有比较深入的了解，所以我要求他给我做出每个工厂的文字版分析报告，每份500元。我会告诉他，我要拿着报告挨家跑，证明他没有应付我再付全款。通过这个方法，我用了三个月完成了对整个行业工厂的了解。

当然，行业报告后期会有更新，因为工厂可能会倒闭、改造、进步或退步，也会有新厂开始生产。行业信息越全面，你就会对这个行业有越深的认识，客户就没法坑你，因为无论客户说哪个工厂你都很了解。

同理，如果你是贸易公司，这些信息则有助于你开发新的供应商。

三、竞争对手分析

无论你是贸易公司还是工厂，上面所说的工厂都是竞争对手，因为客户会综合比较，我之所以把他们拿出去，是因为他们的身份特殊，时机合适的时候，可以转化为我们的盟友。

外贸公司的竞争对手主要是国内有规模的贸易公司，如果你可以把国内经营过这个产品的贸易公司全部挖出来，就按上述内容进行分析。当然，这里面还包括国外的同行。

例如，我们的某种产品，伊朗是主要生产国，该国此产品的工厂名字叫什么，产量多少，价格高低，质量优劣等信息都调查清楚；若俄罗斯、印度都有，你也做了相关的调查，那你就拥有了一本行业宝典。

如果你可以做好这个 PPT，何愁没客户呢？有些内容可以直接摘出来做成英文的 PPT，演示给客户，这也是专业性的体现。

part 4 你确切地知道客户在关注哪个参数吗？

无论做什么产品，都会有很多关键参数，这些参数的好坏决定着产品的好坏，也关系着外贸中谈判的成败。但是不同的客户关注的参数不同，你真的确切知道客户关注哪个要素吗？

举个最简单的例子，化工产品有纯度、水分含量、杂质含量、重金属含量、游离甲醛含量等指标，每一个客户会看中不同的指标，这与他们使用这个产品的用途有很大关联。有的可能就是看中水分含量，水分含量必须控制在一个范围，其他的参数并不是决定参数。可能某些企业很多参数都很好，都很平均，也符合国标或者欧洲标准，但是唯独水分含量有点超出企业标准，可能还是会被淘汰。

这些都是你需要注意的，多跟技术人员沟通，首先要知道你的产品可以用到什么领域，也要知道在各个领域都有什么特殊的要求（外贸基础工作，决定着后续的外贸业务开展），例如是否会要求颗粒大小，是否会要求防潮结块，等等。可能在你产品的基本分析单上，这些参数都没有，但是它们往往成为谈单的决定因素。

所以，了解产品不仅仅要了解你自己产品的特性，还要了解你的产品应用到客户的实际生产领域需要具备哪些条件。这些情况都是可以从公司专业人员那里了解到的。此外，公司有很多化验单，要去仔细研究，尤其是客户反馈回来的化验单，哪些参数合格，哪些不合格，哪些明明是符合标准的，客户却认为不合适，等等。你都需要掌握，然后，对应着去找客户的用途，这样你会了解到很多对以后业务有用的东西。

拿两个我遇到的实战举例吧：

第一个是一种设备，我们的营销口号是 304 不锈钢，可直接接触饮用水，各种配件均为进口、名牌，保证实用，占地面积小，节省空间，后期服务好，免掉后顾之忧！

有几个客户到了工厂之后直接提出了问题，节省人工吗，全自动吗，某些环节不需要人吧，对其他的并不是非常关注。我很吃惊，因为之前并没有真正考虑到这个因素，于是，一个客户丢了。我们赶紧改进，改成全自动，行业领先，在其他的环节降低标准，降低成本，结果拿下了一个又一个客户。

第二个是一种化工品，就如同上面的例子，我跟几家同行一起谈一个客户，同行的颗粒比我们细（使用时更容易溶解，分布更加平均），水分、灰分都基本一致，而且我们的价格偏高，可最终我们拿下了，为什么呢？

因为，我们关注了一个同行未关注的参数，就是员工的使用体验。减少员工使用过程中危险发生的概率，这个参数正好也是客户关注的，于是一拍即合。

所以，不要有惯性思维，要具体问题具体分析，了解你谈判的对象到底在什么行业，这个行业有什么特殊要求，有的放矢。

part 5　企业整体运营方案之网络诚信度包装方案

网络诚信度这个词大家经常提起，在网络外贸的大环境下，它成为能否成交的关键。跟传统的外贸不同，网络外贸，买卖双方互不见面，甚至以前从来没有听说过、联系过，要把定金甚至全款交给卖方，需要很大的勇气。

这种勇气需要基于网络诚信度，网络诚信度不是实际诚信度，它是实际诚信度在网络中的反映。当然，由于包装、欺诈等因素的存在，网络诚信度未必能够真实地反映实际诚信度。但是你不是骗子，你更关心的应该是如何能够让客户浏览完网站之后更加信任你，进而产生询价、购买的欲望。

具有讽刺意义的是，骗子什么都没有，却可以让客户信任，购买，我们这些老实、本分的生意人反而一直徘徊在网络交易的门口，无法深入，这是为什么呢？

答案已经在问题里，我们太老实、本分了，网络是需要包装的，就如同产品需要包装是一样的道理。

当然，包装不能太浮夸，要以事实为基础，我的原则是要标准化。

一、宣传信息标准化

搜索引擎是一个神奇的侦探，只要你留下一点蛛丝马迹，他就能循迹查到你几乎所有的信息。也就是说，只要你宣传了你的公司名称，客户只要搜索，你的宣传是一定会出现在搜索者面前的。如果说，你们公司所做的宣传出入很大，就会让客户产生怀疑。最简单的一个例子，某公司的厂景，A 业务员的图高大上，豪华大楼；而 B 业务员的图则是小平房，简单朴素，客户看到之后自然会对该公司产生怀疑，印象分首先就要扣掉很多，诚信度自然打折扣。

所以这是第一个标准化，所有宣传信息要统一，不能冲突。

二、企业形象标准化

企业就应该有一个企业的样子，要有标牌、各种标志、形象，同时要把这些信息如实地反映到你的网站上。很多公司不注重这个，觉得只要自己的产品好，价格合适，就没有做不成的生意。我想说的是，不展现公司形象，或许你连进入谈判的机会都没有。

这里说的公司形象并不是说找专业公司做 VI，不需要如此复杂，只是在公司醒目的地方放点形象宣传、标语口号类的东西，例如会议室布置一些公司活动照片之类的照片墙。这种效果要远远好于光秃秃的一面白墙。

很多人说，他不会设计，没有概念，那么好，专业的人做专业的事，找一家小设计公司，测量一下，设计几个广告版，形象立马就不一样了。

这是第二个标准化，公司形象企业化！还是那句话，企业就应该有个企业的样子，这样才能展现出一定的实力，客户才敢跟你做生意。

公司形象企业化，还包括员工风采、人数，是否有统一着装，是否具有活力，是否经常有团队活动、学习等，要知道，人才是一个企业最重要的元素，让客户看到一个专业、职业，充满活力和有进取心的团队，对于企业形象是一个巨大的提升。

三、宣传资料标准化

宣传公司形象、理念需要载体，那就是宣传资料，所以宣传资料必须标准化。上面我们提到，宣传资料不能冲突，这个是标准化的初级阶段，还有更高阶段。例如，产品图片处理标准化，大小、格式、布局标准。例如，大小统一为 500mm × 500mm，格式方面，统一加边框、水印、Logo、公司名称等。此外，还有视频处理，正式开始视频之前一定要有一段文字、图片介绍公司，加上配乐、解说，客户看到，不信服都不行。这样客户无论是看到你的官网，还是你的平台，都整齐划一，美观大方，一看就知道是专业公司，至少是用了心的。

part 6　沟通要全面、深入

一、如何谈客户才算深入沟通

曾经看过同事跟客户的聊天记录，其中有一段让我很感兴趣："我之所以换供应商，是因为上一家供应商的包装总是出问题，有的 23. 5 公斤，有的却是 26 公斤，很麻烦。"同事回复说："我们不会这样的，因为我们有严格的包装管理系统和出入库管理。"客户："你们都是这样说的。"

其实，这次沟通就是不深入的沟通。同事的解释过于宽泛和笼统，就如同告诉客户你的产品质量好，你的服务好，却没有实实在在地说明具体哪里好。

同行之所以出现包装重量差异是因为他们采用人工包装，直接把包装袋放在电子秤上，边下料边称重，到了 25 公斤的时候就更换第二个包装，这种人工的操作很容易出现误差，更重要的是人工操作很难保证质量，各种各样的问题都会出现。而我们是全自动电子秤，自动包装系统，绝对不存在误差。这样讲下来凸显出自己的专业，而且只有工厂的人才会对生产线这么了解，进而让客户更信任你。

我曾经经历过一次谈判，对方是不懂英语、不会汉语的韩国人，而我不会韩语，完全无法沟通，于是必须有个翻译。其实我很害怕翻译的存在，因为总是会出现偏差，而且有些翻译会自作聪明，觉得讲的内容烦琐了就不再翻译。

某一次，客户问了我一个问题，我解释得稍微复杂了点，翻译说，不需要说得这么详细吧，于是草草的几句话就带过了，很明显，客户并不满意，因为我看得出他的表情。于是，我提醒翻译，我的每一句话都很重要，请务必每句都翻译清楚。我重新边说边写，标出序号，这样虽然客户听不懂我说了什么，但是他们知道总共有多少要点，这样翻译就不会故意漏掉。最后，翻译说完，客户对我竖着大拇指说："Good，ok!"

客户问问题，往往分为两种：第一，真的不懂，希望我们解释；第二，懂，看我们是否懂。

第一种情况下，就是因为客户不懂，所以解释的时候才要清清楚楚，有理有据，有数据，有图片，有视频的解释，完全把客户当零基础的人员就好，这样才能让你的解释翔实、有效。

第二种情况下，客户完全是在试探你了。几乎每一个采购者都会设定一些问题来试探供应商，因为在进行价格、付款方式谈判的时候，可能会发现几家相差无几的情况，他只能再预设一些问题，进行专业性判断。这里很多人就会犯错误，觉得某些问题很简单，不需要仔细回答，因为客户肯定明白。客户是明白，但是你不明白，你有没有想过，客户明白了为什么还要问呢？很多时候你就是这样被淘汰的。

无论是做机械还是做化工、绳网，做得好的同事都有一个共同点：他们很乐于为客户解答问题。客户的问题可能问得很简单，他们的回答却都很详细。现在我们公司某位业绩最好的女同事，面对客户的问题的时候，往往要用很大的篇幅去回复，详细地列举要点，有理有据，图文并茂，客户都会非常满意，订单自然也不会跑掉了。

我的习惯可能更加"变态"，面对客户的问题，尤其是稍微复杂点的问题，我几乎会作一篇论文出来。为了证明我的论点，即便客户不提，我也会额外给出很多的数据，如果没有数据，我就会找实验室要，找工厂要，自己花钱去做……对于某一些优势、特点，就算是基本的，如果同行说了，你没说，可能就代表你没有。如果你说了，同行却不说呢？

当然，如果你不知道如何"深入"为客户介绍的话，你也可以近似地认为"深入"就是全面，信息的全面。深入不仅仅可以促成订单，还可以减少"见光死"。

什么是"见光死"？

客户来函询价，你报价，然后就没有后续了。

为什么会“见光死”，大致有以下几点：

（1）价格高，直接把你淘汰。

（2）价格不高，但是跟原有的供应商相比没有任何优势。

（3）市场调查，收集信息给领导。

（4）同行套取价格。

（5）客户从你的回复看不到任何价值。

在第（4）种情况下，除非你可以非常幸运地抓对方现行，否则很难判断对方是敌是友，所以，为了减少“见光死”，一定要加强信息的全面性，也就是沟通的深入性。

客户可以发个邮件只问价格，你的回复却不能仅仅只是价格！你要给客户的是项目书！

7p 的交易条件，他要跟你合作的项目说明，以及他为什么必须跟你合作。

也就是 7p1A 的报价回复方法。

很简单，给客户一个继续保持跟你商谈的原因，当然，如果你可以每次都保证你的价格是最低的，这篇文章就毫无作用了，如果不能，这篇文章就是良药。

上面提到了“见光死”的原因，这个原因不好找，尤其是面对初次联系又找不到其他信息的客户，你只能让自己的报价邮件丰富、全面、深入了，希望其中的任何一条能够打动客户。

二、深入沟通的好处

为什么与客户沟通要深入、全面，下面给大家展示几封客户的邮件，你就会明白了。

Dear Alisa,

Your e-mail is most informative and welcome. I think your suggestion of the two samples with different levels of Glyoxal content is very good. I think by this way the lab can check the difference and make the choice accordingly.

Thank you very much.

Alisa,

Thank you very much for your detailed and informative response.

We may have more questions for you later!
Thanks again.

Dear Alisa,

This is excellent information, thank you.

John

Dear Alisa,

We have been in contact with ＊＊as well but to be honest with you the communication is not that good and we are not comfortable.

Thanks, I look forward to your reply, You are my teacher!

Regards.

从这几封客户的回复邮件中可以看出，在她与客户的沟通中，客户一直在夸奖她，感谢她，每次客户提出一些问题，她解释之后，客户都会极其满意，并且跟某同行做对比，某同行直接成了牺牲品，被客户放弃。

你有没有想过，如果你碰到了我同事这样的同行，你是不是也会直接牺牲？那么怎样做才能让客户信服？

（一）熟练掌握产品

我们公司也是贸易公司，并不是工厂，无法像工厂业务那样天天待在工厂，有充足的学习时间，只能不断地给工厂打电话，频繁地跑到工厂去学习，客户的问题提出来，我们不懂了，也只能去打电话沟通。

很多人讲，你们有业务，跟工厂关系好。对的，我们跟工厂关系好，但是，在没有业务的时候我们已经很好了，这是如何做到的？让对方感觉到我们一定能做好，这是核心。如何让对方感觉到我们一定能做好呢？用心做！

（二）跟客户深入沟通

客户问的问题可以很简单，但是你的答复不能点到为止，一定要有数据。有证明。

要做到这一步，你仅仅了解产品，有丰富的行业知识还不够，要格外注意表达的逻辑性。

逻辑性需要思路来支撑，而思路则来源于你对事情的分析，原因的剖析，采取的策略，也就是空雨伞的思考方式。

此外，还有产品演示的PPT，这个大家要坚持去做，它的影响是潜移默化的，只要你坚持做，就一定能够出现效果。

如何实现“深入”？

了解产品、了解行业是基础。但是仅仅了解还不够，还要按照一定的逻辑整理、讲解出来，例如产品的生产流程、使用流程，从价格到价值的深入探究过程，订单的进度流程。

逻辑化不是素材加工的唯一方式，还有形象化、数据化，与客户的利益相关化。形象化就是让你的表述生动起来，表达方式多样起来，例如当你说某种线强韧的时候，你可以说它能承受多少拉力，为了让表达更加形象，就可以加上这样一段描述，这条线可以在牵引力的作用下拉动一辆多少吨的汽车。同样，这也是数据化的表现，例如当你推广某一种产品的时候，你可以把行业老大的数据拿出来，加以参照。或让第三方检验机构做一个权威性的报告，直接展示给犹豫迟疑的客户，这比说再多话都有用。跟客户的利益相关化很简单，就是把你的优势转化为客户的收益，让客户切实体会到好处。

然后是工具，绝对不要只用邮件。我经常在“JAC面对面”这个群里看大家的讨论，很多人会说，他的邮件客户不回复，回复不及时，云云，这样是不对的，我要说，发了邮件客户不回，就打电话，找到他的WhatsApp或者微信，留几句话，去网上搜他的Facebook或者Twitter，申请加他……

当然，你也可以说，发邮件客户不回，电话打不通或者根本没有电话，没有手机即时沟通，找不到任何其他的联系方式，不要紧，至少你去找了。

还是要提醒一句，搜索不要浅尝辄止，当你搜客户的时候，输入某个产品词语，可能会出现上千页网页，很多人翻了十页就放弃了，后面还有几千几百页留着给谁？

准备做好了，工具有了，接下来就是实战过程了。

首先要分析客户的问题，很多时候客户的问题看起来很简单，但是他们想的答案却不简单。

例如客户问，你们的货销售过孟加拉国吗？

很多人回答“走过”，然后没了。

客户这样问是想知道你到底有没有操作过孟加拉国的订单，业务熟练不熟练，所以你的回答绝对不应该是“是的走过”，或者“没有走过”这么简单，而应该是“当然走过”，你做孟加拉国市场很多年了，所以对他们国家的信用证操作非常熟练，各种单据，官方的、半官方的、第三方的都很了解，例如……

分析出客户提出的问题或者所说所讲的真正意图后，你的表达才能有的放矢。

分析出客户问题的真正意图之后，需要针对意图进行详尽的阐述。

如同上面回答的客户的问题，有针对性，而且又详尽深入，客户通过你的描述就可以基本上知道你对孟加拉国市场的了解程度。因为你真的知道孟加拉国只做信用证，你还知道孟加拉国存在或者存在过哪些单据，你更知道某些港口有某些特殊的规定，客户怎么会不相信你呢?

估计很多人会问，真的没有经验，又不知道从哪里学习，该怎么办?

要么你直接告诉客户，不好意思你是新手，你没有经验，但是请他放心，你会好好为他服务……要么当你知道客户所在国家的时候，去网上搜索一下这个国家有哪些特殊的规则，很难吗?

总结一下，当客户提出一个问题或者话题的时候，你应该这样去让沟通深入：提出你的观点或者论点，这个观点或者论点的具体表现内容。并说明为什么会有这些表现，这种表现对于客户会有什么具体影响。

此外，如果客户提出一些问题，需要你的解决方案，你一定要注重细节。例如我当时成交的一个客户，他不想用原来的包装，原来的包装一个小集装箱只能装 11.25 吨货物，每吨货物的运费会很高，让我给他提出解决方案。我列出了如下内容：

如果是 25 公斤袋子，可以装 22 吨（照片），如果打托，每吨一托（照片），可以装 20 吨，11.25 吨，每吨运费 ××，22 吨，每吨运费只有 ××；如果是 25 公斤纸板箱，尺寸是（长）×（宽）×（高），一个集装箱可以装 ××，这样核算下来运费大约 ×× 每吨；但是有一个问题，这个产品袋装容易出问题……袋的成本大约是 ××，箱的成本大约是 ××，这样每吨的成本，大约是 ××。

后来跟客户熟悉了之后，客户让我看当时他问其他两家问题时，其他两家业务员的答复：还可以袋装或者箱装。

一句话，完事！

客户不懂，你要解释到让他懂，所以必须细节详尽；客户懂，你为了让他知道你专业，肯定也要多多表现；没有几个客户喜欢挤牙膏，问你一句，你说一句，那样的话，你必败无疑。

part 7　如何向客户提问更容易获得你想要的信息

获取信息最快的途径是向当事人询问，例如向客户询问，紧接着很多人就会问，怎么提问呢？很多时候提问根本得不到想要的答案啊。

其实提问是有技巧的，关于提问的技巧，网上多得不得了，什么单刀直入式，旁敲侧击式，循循善诱式……大家都可以去学习一下，但是我认为，这些技巧都是零散的，你作为销售，需要具备引导谈判深入的提问技巧，所以你要把这些技巧串起来。

这样，我还是引用早就已经有的提问技巧，然后把它们体系化。首先是开放性问题，然后是选择性问题，最后是封闭式问题，组合拳，逐步深入，把上面提到的那些提问的技巧串在这个套路里面。

还要再强调一遍，这些所谓的提问技巧都不是我首创的，我只是把它引入到了外贸实战中而已。其实看我写的文章和书的人都知道，很多东西我都是从内销移植过来，经过实践验证有效之后才分享出来。当然，也绝对有我首创的很多技巧、说辞等。其实外贸就是销售，跟内销没有多大区别。

如何打这套组合拳呢？

首先是开放性问题。 开放性问题，之所以作为组合拳的第一组，是因为其攻击性并不是很强，不会一下子引发客户的反感和高度的警惕。但是开放性问题最大的隐患在于答案可以很随意，可能并不是你想要的答案。

例如大家经常说的：“您好，我相信我们的报价单你已经看过，研究过了，不知道您是怎么考虑的，您认为如何？”

这个问题的答案就多了，可以说，他们还没有考虑，或者他们还没有考虑好，也可以说，他们是如何如何考虑的，甚至可以直接拒绝，他们根本不会考虑你的交易条件等。

假设客户直接说了，对不起他们根本不考虑你的交易条件。下一步怎么办？

急着解释，解释什么？你知道客户因为什么才拒绝考虑你的交易条件吗？你不知道，只能继续问。

这个地方我需要强调一下，到了这一步，不能再仅仅通过邮件，而更多的应该是通过电话或者在线沟通，无论是电脑端的 Skype 还是手机端的 WhatsApp 等。因为这样沟通效率更高，客户如果有时间就会回复你几句，而不需要弄个邮件那样像模像样正经八百的样式浪费时间。

下一步该怎么问？很多时候你会尝试着问，他为什么不考虑你的交易条件呢？此时客户就不愿意再搭理你了。因为可能不仅是一个因素造成了这个结果。

这种情况下你可以采用选择性问题来询问客户。选择性问题，是你给出几个选项，让客户从中进行选择，这样可以过滤一些问题，但是这样提问攻击性略强，有些人会顾虑可能会给客户带来不适。但是客户都拒绝考虑你的报价了，还管什么不适呢？

提出的选项可以有如下几种：

是因为你的报价单不够详细吗（是还是不是）？客户可能会说，不是。

是因为你的价格让他不能接受吗？客户可能会说，是的（价格绝对是谈判中的重要因素）。

他的意思就是价格的原因对吗？客户可能会说，是的。

那他的意思是付款方式啊，你的产品说明，他认为还是不错的对吗？客户可能会说，是（或者不是，他也接受不了你们的付款方式，你的产品说明他认为也不够好，等等）。

总之通过一系列的选择性问题，你可以锁定一些基本的原因。当然，如果面对无论你怎么问都不搭理你的客户，这些方法就没用了，这时不要废话，直接根据你对产品成本的把握，把所有的交易条件落到最优，发给客户，看客户什么反应。

这里有个问题我需要说明一下，根据很多所谓专家、大师的专业意见，你应该先通过提问了解客户的痛点，然后根据痛点向客户展示你的价值所在，也就是你能给他解决痛点。这个假设是很好的，假设你可以通过提问获取到客户的痛点，但是这个假设却忽略了最重要的一个问题，客户为什么会回答你的问题？客户凭什么要搭理你，供应商成千上万，客户怎么会挨个都理？

所以，理论永远是理论，实际中，很多“假设”存在的基础都不存在。

作为销售员的你，从第一次接触客户，就要开始进行“卖点”的宣讲，不论客户问什么问题，回答完问题一定要伴随着卖点的传递，文字、图片、视频，让客户对你的团队、公司，对你个人，对你的产品，都有深入的了解和深刻的印象，这个时候，你再提问，客户还是较为有耐心的，因为，你一开始就让他对你产生了兴趣。

这就是为什么我可以通过提问获取到很多信息，而你不能，因为客户根本没有兴趣搭理你。

假设你通过选择性问题，得到了很多信息，这个时候你就需要提出封闭式问题了。其实封闭式问题，有时候也是选择性问题，这些选择你心里要有答案，只不过是用提问来进行确认，而且也是对客户的一种提醒。

例如，你得知价格是最重要的问题，那么，你可以封闭式提问，是不是你调整价格，他们还是会继续考虑的？表面是选择性，客户可以选择，对或者不对，但是因为前面你已经获取到了“对”的答案，所以这个时候就是确认，就是封闭。

客户一定会说，对的。目的达到，你要马上表态，好的，你会根据他的要求重新调整报价，但是你需要找老板申请，请一定等待你 24 小时，在 24 小时之内一定不要做决定。或者干脆他告诉你他的目标价，你直接去申请，这样可以让你们的合作加速，也不至于浪费他的时间。你相信你的产品一定会让他满意的，因为他们国家很多客户都在用你的设备，虽然你不能告诉他具体是哪一家，但是你可以给他看当时的提单（重要信息抹掉）。这叫做针对性策略，也叫做参照物策略，外贸不是买衣服，怕撞衫，外贸隔山隔水，信任感最难建立，如果客户听说你跟当地的客户在合作，并且有提单为证，会更加坚定合作的信心。当然，也有那些很奇怪的客户，你跟当地客户合作，他就不跟你合作了，但这种人绝对是少数。

上面是举了一种可能性的例子，我再选择一种可能性进行举例。

您一定已经看过我们的报价单了（不要问，您看过了吗?），不知道您是怎么考虑的？

是的，看过了，我们正在考虑。

那这个月您会把我们放进您的采购计划吗？（如果是化工品）

或者，您的采购计划大约是哪个月呢？（如果是一次性采购，例如设备）

这个月不会，或许下个月会。——也就是下个月我可能有机会对吗？（封闭式问题）

我也不清楚——您的意思是除了您这件事还有其他的决策人对吗？

我们的采购计划在 11 月——也就是 11 月肯定会做出购买的决定对吗？（封闭式问题）

组合拳就是这样打的。有一点说明一下，未必一套就能拿下来，可能会是一个开放式，一个选择式，一个封闭式，紧接着又一个循环……

在拿到封闭式问题的答案后，你要尝试着给出解决方案，并且一定要跟客户再三确认，确认好了之后，给老板打电话，解决问题。

第二章

外贸谈判流程，节节把控

第一节　重视谈判，形成自己的谈判思路

据很多人讲，外贸很神秘，是因为很多时候拿到订单不知道为什么客户会选择我们，丢了订单也是不明不白。

我们暂且不说你为什么拿到订单，只说为什么会丢。其实，之所以你会认为不明不白，是因为你没有尝试着去发现问题。不善于发现问题或者说根本意识不到应该去发现问题，是很大一部分外贸业务员的致命缺陷！

那么，该如何发现问题呢？

方法就是把之前你跟客户的沟通内容，客户的身份信息等重新梳理加工，从中找出确切的或者可能卡壳的地方。

把与客户的所有来往邮件、电话内容、即时沟通内容、面谈内容整理出来，将客户的信息采集表做完善，常更新，信息越多，判断就会越准确。

资料全了，就按照时间排序，从一开始的联系，到中间的协商，到失掉联系，每一步认真分析，去寻找问题。哪些问题客户感兴趣，你却没有回答明确甚至回答错误，虽然客户没有再提及，这也可能是问题所在。哪些问题是你跟客户有分歧，例如价格、付款方式、货期，虽然客户没有正面说，但是他却提及了，甚至提出了要求，但是你并没有满足他。你给客户带来了哪些麻烦？例如，你问了一些可能客户没法回答的问题，你把原本是自己应该解决的问题推给了客户。你沟通了很久的这个人真的能够做决定吗？如果他不能决定，你确认你所表达的信息他能完整地转达给能做决定的人吗？

带着这一系列的问题去看上面所说的资料，有些问题可能就一目了然了，例如客户直接说你的价格太高他们已经选择别人，例如他们只接受120天信用证，你却做不到等。但是有些问题还需要你透过表象看实质，例如，联系人根本没资格做决定，他也没有把你的信息汇总给做决定的人。

把问题找出来，这是第一步，下一步则是把这些问题的解决方案写出来。这些方案分解为两部分内容：（1）需要传达给客户的所有消息；（2）需要从客户那里获取的所有信息。

解决方案只是解决问题的中心思想，要把它们变成一条条的信息传达给客户，同时从客户那里收集你所需要的信息，才能让方案真正地落在实处！

下一步就比较简单了，就是坚持，无论通过邮件、电话、即时聊天、还是面谈，无论客户多么的不情愿跟你沟通，你要表达的信息必须全部传达清楚，并要千方百计地获取到你所需要的信息。

外贸人总是热衷于工具、模板，却忽略思路！这个现象从QQ群，博客，论坛，线上、线下的培训可以看得清清楚楚，我写文章的时候，往往写的思路较多，但是在说思路的过程中难免涉及一些工具，奇怪的现象出现了，大部分人忽略了我所讲的“思路”，把注意力放在了工具上，跟着问，那个工具是什么，从哪里可以下载到之类。

其实想来也正常，每个人都想走捷径，而工具和模板则是捷径中的捷径！但是，没有思路，只要工具和模板注定你只能跟着别人走，吃别人嚼烂的东西，而且，工具和模板用的人多了，也就成了垃圾。

当你有了工具，找到了客户，有了模板给客户发了邮件，下一步呢？没人可以帮你，还需要你跟客户进行周旋，这个时候，情形复杂多变，没有模板可依，需要的是随机应变。

不会谈判，注定你只是一个靠低价卖货的末流销售。

谈判贯穿于整个工作，从外部环境而言，我曾经把外贸分为三个体系：供应体系、营销体系和客户体系。

供应商要谈。同样谈一个价格，有些人能谈到4 000元，而有些人只能谈到4 500元，还要看人家脸色给钱才能提货。就在昨天，公司的业务员跟供应商谈价格，他谈了很久供应商一分钱不降，还说什么价格可能还要涨，我教他说了几句话，立马给降了几百元，于是利润立马高了几千元。

供货充足的时候没有问题，可能是供应商求着我们，但是当供货不充足的时候，我们就要求着供应商，如何能够保证供货充足及时，就需要跟供应商谈。

如果你是一个贸易公司的新员工，刚入行的时候，你需要资料、各种支持，例如价格、付款方式、货期，你不谈如何能够获得呢？

客户要谈。跟客户谈就不多说了。

在公司内部，也要处处谈判。

老板要谈。如何申请好的交易条件，关系到你很多订单能否最终达成。

跟操作员要谈。单证员要谈，有些操作客户会要求的比较特殊，可能操作员不愿意去做，就需要你去劝说，也可能客户要求的单证较多较为特殊，就需要你去跟单证员谈。总之，是为自己跟客户谈扫清一些障碍，这些障碍如何扫除，没有模板可用，只有一些思路，关键在于你自己举一反三。

外贸谈单有很多很多的思路，这些思路都是前人通过众多的实战总结出来的，你没法要求别人给你模板，也没法要求别人给你写出话术，你只能获取思路，然后变成自己的套路，去迈过一道又一道的坎。

经常会听到有人讲，为什么客户总是跟他谈价格，其他的什么都不谈啊？

为什么这个客户对他这么苛刻呢，为什么他就碰不到好客户呢？

为什么他的价格稍微高一点，客户就跑了呢？

为什么客户非要咬着某个付款方式不放呢？

……

归根到底，是你不会谈判，你没有谈判技巧，你不是只喜欢拼价格，但是其他的方面你根本不会，也只能拼价格了。

大部分人谈判无思路，无首选方案，无备选方案，什么都没有，跟着客户走，被客户逼得很累。

真正要做好外贸，需要做到“四有”：

（1）有准备思路。

（2）有执行路线。

(3) 有针对性谈判（了解客户）。

(4) 有纵深（也就是有谈判深度）。

第二节　根据不同客户调整谈判思路

面对两类客户，你必须主动出击：

(1) 较为柔和、不强势的人，没有通过强压来获取谈判的主动权，没有通过咄咄逼人的气势来不断地向你开炮提问。这种人，当你坐下面对他，第一时间就能感觉出来，对方气势不盛，容易接近，性格随和。如果你感觉不出来，那就尝试着提问题，看对方的反应，如果对方直接忽略掉了你的问题，直接向你发问，那么你就要尽量避其锋芒，拿你的卖点来诱惑对方，软化对方，当对方对你产生兴趣和好感，就不会再那么强势，你就可以趁势见缝插针地提出你的问题。

(2) 经验丰富，想看你表演的人。你有没有遇到这样一种人，见了面，笑嘻嘻地，也不主动发问，就会说，来吧，今天聊点什么？我遇到过很多次这种人，我知道他的目的，想让我先上来滔滔不绝地给他讲我的公司，产品优势，他呢，凝神静气，一脸的不在意，始终笑嘻嘻地看着我的表演，这种关注让人心里发毛，心理素质稍微差点的就会乱掉。被对方轻易拿到主动权，底线也就很容易被探听到了。

对付这种人，很简单，不表演，你问问题，一直问到他不耐烦，然后开始反击！

一旦开始反击，你就能轻易地知道客户关心什么（问什么就是关心什么），客户有什么要求等。

还有一种客户，坐下就开始一个接着一个地问问题，或者上来就让你介绍一下你的公司，你的产品，你来的意图等。

这种客户是喜欢主导谈判的性格，你就让他觉得自己已经主导了谈判，你一五一十，毫不保留地告诉他你的公司、产品、卖点、优势等。

注意，这种客户有个习惯，等他问完了之后，就会送客，或者即便不送客，也不怎么跟你继续谈下去，因为他认为自己已经获取到了足够的信息，只要进行汇总、加工、比较，就能做出明智的决定。

这个时候，你要故作神秘，问他，他知道为什么这段时间价格是这样的吗？或者他有了解过这个价格的趋势吗？或者他知道这个产品去年这个时候多少钱吗？他知道现在这个产品中国的供应商情况是怎样的吗？

说白了，就是为自己的谈判“续命”，这也是面谈的一个技巧，一定要有可以在谈判的最后阶段让客户再次提起兴趣的话题。

故作神秘就是一种方法，百试不爽！

当然还有一种方法，你直接说你们好不容易见面了，你大老远飞过来就是要跟他合作的，让他说个条件，你看看能不能满足他！

这个时候，客户一般会反问，让你告诉他你的最优惠条件，这个问题一出，客户注意力就回来了。

此时，你就说你会给出最优惠条件，为了实现最优惠的目的，你能问几个问题吗？这几个问题可能会影响着你们老板的折扣力度。这个时候把你准备的问题拿出来，客户往往会配合的。

第三节　用解决问题的思路拿订单

我用一次上海谈判的经历给大家讲一下如何用解决问题的思路拿订单。那次上海之行颇为曲折，原本计划一天的行程，最后折腾了三天，两天谈价格，一天谈操作，其间我频繁地往返于我的酒店和客户的酒店之间。最后结果不错，订单拿下，而且客户主动提出让我们采购其他的几种产品。除了订单之外，我们做得最成功的一点，还是让客户自愿取消了参观后面几家供应商的行程，保证了跟我们有充足的时间谈判。

其实，从一开始，跟客户在价格方面存在极大的分歧，导致我们第一次的会面几乎不欢而散，双方互不让步，只能陷入僵局。客户也接到了其他几家供应商的电话，确定了参观的行程，甚至订好了往返车票。

我们之所以可以获取再次会面谈判的机会，并且让客户放弃其他可能的选择，最终拿下订单，是因为我采取了“解决问题”的谈判思路。把整个谈判过程拆解，拆解成几个问题，然后针对每个问题给出对应的解决方案。有些解决方案可以干脆利落地让客户放弃顾虑，而有些是把客户抛给我们的问题，换成了选择题（几个可能的解决方案）让客户来决定。

在这次谈判中，我把整个过程拆解为以下的问题（其实大部分的谈判都可以如此拆解）：

（1）价格问题（事先就有了心理准备，毕竟是印度客户，价格绝对会成为障碍，果不其然，前前后后谈了两天，四次，给老板打电话七次）。

（2）付款方式。

（3）质量保证。

（4）货期保证。

（5）操作模式。

根据这些事先预料到的问题，准备材料，提供解决方案。

例如价格是个问题，好，我们准备了大量的材料，如原材料涨价的事实，市场供货不足的事实，环保成本上升的事实，公司必须保有利润点的事实。根据所有的这些事实，我们能提供的解决方式是，客户放弃砍价，接受现有价格。

这是跟客户谈判面临的第一个问题，很明显这个解决方案客户并不喜欢。他也提出了自己的解决方案，一个目标价，希望我们能够接受，但是我很明确地告诉他，我没有那么高的权限决定给他如此低的价格。当然，我也给出解决方案，我去给老板打电话，尽量给他申请。

于是，我给老板打了电话，一打就是十五分钟，而且是当着客户的面打的，虽然他听不懂中文，但是他一定看得懂我的表情，我是真心实意地在为他争取。

当然他的目标价肯定不可能接受，太低，老板也愿意稍微降一点点表示诚意，于是我很高兴地告诉他，老板愿意降一点，但是很明显这个幅度不足以让他满足。于是他又给出解决方案，说了一大堆自己的潜在需求量，他会给我们越来越多的订单，我们的利润会越来越大，我的提成会越来越高，希望我能把这些事情再次告诉老板，只要我们能够接受目标价，马上签合同，而且不会再去其他的供应商那儿。

刚刚打完电话，我表现得非常为难，不可能再打给老板，于是我说，我需要一点点时间理清思路，我觉得我们可以先解决其他的问题。

其实这是一种化解矛盾的方法，当一个点纠缠住，不可能很快解决时，要暂时跳过，先去谈其他的问题。当其他的问题都有了合理的解决方案时，再回过头来解决最难解决的问题，因为此时气氛良好，双方都会为其他问题的解决而感到愉悦，即便是矛盾尖锐的问题，也可能变得很容易解决。

客户开始问我们的产品参数、质量保证，我们拿出了事先准备的很多材料，例如COA、技术参数表、生产流程表、车间照片、实验室照片、包装照片、产品实物照片，当客户看到了实实在在的材料，很多疑虑慢慢地打消，直到最后我提出解决方案，可以进行装船前抽样检验，客户才完全放心了，这个问题得以解决。

货期保证，由于我明确地告知了客户，我们工厂是暂时停产状态，因为环保检查发现了问题，在整顿，所以，客户很担心，会不会无法及时供货。因为我们要求的付款方式有30%的定金，客户更加担心，定金（15万元人民币，数目不算小）给了我们，我们却不能供货。

我耐心地解释，停产是暂时的，只是因为小问题在整顿，五月初肯定可以恢复生产，并且当着他的面反复地跟工厂确认，客户算是基本相信了。更重要的是，我提出了最完善的方案，他是担心给了我定金我却迟迟不供货，让他资金成本升高，那我们做100% L/C at sight好了，我们不要定金，表达出实实在在的诚意和自信。客户的疑虑烟消云散。

这些谈完，基本上到了中午，客户下午还有其他的安排，于是只能起身离开。虽然价格不能达成共识，但是其他的几个方面都已经解决，客户愿意跟我们保持沟通。前提是我继续跟老板沟通获得更低的价格，我当然会答应，约定晚上继续谈。

下午考虑了好久要不要降价，重新计算了利润，跟领导沟通了一下，决定继续坚持，不再降价。

于是晚上见面，告诉了客户这个坏消息，客户再次要求我跟老板沟通，如果我们可以让他们满意，他们就不会再去考察其他供应商，而是给我们留下时间讨论合同的细节。

致电老板，聊了20分钟，不可能再降，客户要去见其他的供应商我们也没办法。

客户略显失望，几乎是最后通牒，他们很欣赏我们的专业，解决问题的能力和合作的诚意（因为客户问我，我们是否订了回程的票，我说没有，我们来的目的是跟他签单，我们会把所有的问题都落实清楚再决定何时返回。无论是去见客户还是客户来，我都是这个态度，不可能客户说一句，好吧，他们考虑一下，后期再谈就轻易放弃，我会问他考虑什么，很多问题我们既然见了为什么不现在谈呢？依然记得某个订单，客户考察完就要走，说回去汇报，我就问客户为什么一定要回去汇报，可以现在就汇报啊，电话、视频，任何方式都可以，我就在旁边，有什么疑问可以当场解决，效率要高很多的！当场汇报，他们老板问了我很多问题，当场签单！)，但是价格肯定可以再降，希望我考虑清楚，再跟老板通话，明天早上八点，我们再次碰面。

这里有必要说一下，每次跟客户谈完我都不会急匆匆离开，而是从头到尾地简述一下这次谈判所谈到的所有问题，一条条地写出来，解决了的勾掉，未解决的标记出来。然后给客户一条条地看，这条解决了，对不对？这条没问题了，对不对？这条我会在明天过来的时候给他答复，对不对？还有其他的问题吗？没有了，我就先走，明天见，希望明天可以解决所有问题，达成合作。

这样做的目的很明确，一来确认一下我所掌握的结论是正确的，二来让客户知道今天我们的进展是什么，三来让客户明确我们下一次会面的目的是什么，第四就是防止出现问题的重复，妨碍订单的进度。

于是双方开始博弈，如果客户真的去了竞争对手那里，很多事情都可能发生，局面就会失控，虽然他的目标价我们无法接受，但是再降一点还是可以的。

于是决定降价。当然只是降了一点点，离客户的目标价还是有很大差距的，但是，我们已经表达了足够的诚意。

八点，一见面，就直接跟客户说，老板愿意降价，价格是×× 。客户听了没有特别惊讶可能也是预料之中，因为目标价离报价的确有很大差距，只是试着问了下，××不可以吗？不可以再给你老板通个电话吧！

我只能一脸无辜，说："我前前后后给老板打了七八个电话了，老板都烦我了，您已经表达了足够的诚意，我很乐意跟您合作，所以说尽了好话，才拿到了最终的价格，老板不可能再同意降价，再打电话也是白搭了！"

客户沉默了一会儿，又跟他的同伴讨论了一会儿，同伴就离开了。后来才知道，同伴是去取消订好的车票。

“合同带了吗？我们讨论一下合同细节！”

于是修改合同，修改付款方式，加入装船前检验等，签订合同。

剩下最后一个重要的问题，就是操作流程。

操作流程，就是从我们发货到港口，货代装船发运，货物到达目的港，客户去清关这样一整个流程！

很多人会说，这个流程谁不懂啊，客户还需要我们来交代？我想说，你错了，有的客户可能真的不懂（遇到过不止一个），即便懂，我们也要说，目的很简单，从头到尾捋一下，看看客户在哪个流程有疑问，或者在哪个环节有特殊要求。

正是因为这个流程，客户发现很多问题自己都忽略了，于是针对这些问题，我又提出了解决方案，有些方案是确定的，因为我很肯定这样做是没问题的，但是有些问题，可能不会有完美的解决方案，只能从次优的众多方案中选择其一，这个只能让客户选择。

客户对我们更加信服，主动拿出几个产品让我们帮忙采购。所以，用解决问题的思路来谈判，可以让整个谈判过程简单很多，清晰很多，问题的解决是对谈判的推动，最后一个问题的解决则意味着订单的促成！

每次谈完，你要列出谈及的问题，找客户确认，一项项都已经解决，然后问客户，是否还有其他的问题？客户说没有了，好，那你们是不是可以把订单确认一下了？这就是缔结成交法。

所以这个思路要分为四个阶段：

（1）问题的预估，资料的准备，解决方案的准备。

（2）谈判中针对实际问题的谈判和解决。

（3）谈判每一个阶段结束，都要跟客户确认哪些问题已经解决，哪些问题没有解决，你会何时给出解决方案，他是否还有其他的问题，你会一同为他在下一个阶段解决。

（4）当你认为所有问题已经解决，需要找客户确认、列表、勾选；当客户说已经没有其他的问题，你要主动提出成交。如果这个时候，客户还说要继续考虑，或者回去考虑之类，你一定不能轻易放弃，要抓住他的疑虑，继续建议解决方案，例如视频汇报之类，争取成交！

第四节　思路的执行

表达要诀——高效

忽略谈判，外贸必死，之所以这样说，因为外贸的所有环节都与谈判息息相关，例如要跟供应商谈判，要跟客户谈判，要跟货代谈判，要跟老板谈判，要跟同事谈判。

如果你觉得谈判这个词太装腔作势，可以改成沟通。

外贸的终极目标是订单，而拿订单的过程就是沟通的过程。什么样的沟通有助于拿下订单呢？

高效，深入，全面！

那问题来了，如何做到上面的要求？要把这三个方面剥离开来讲，恐怕很难，所以我综合在一起阐述。

其实这段时间我一直在关注高效沟通方面的信息，因为我发现很大一部分外贸人跟客户的沟通效率都很低，其实沟通效率低浪费的是客户的时间，消耗的是客户对你的耐心，丢的自然是订单。

一、为什么表达要高效

外贸领域在强调高效沟通的可能也只有我了，为什么我一直在强调高效呢，因为现实所迫。

（一）客户的耐心越来越少

客户的选择越来越多，对待被选择者的耐心也越来越少，就如同一个导演挑演员，面试者只有五分钟的表演时间，在这段时间内你要打动导演，否则就会被淘汰。所以，五分钟以内你就要完美地把自己的一切表现出来，打动导演，当个群众演员，然后再找机会转为配角，如果你再有点才能、情商、手段，最后，有可能成为万众瞩目的主角。

所以，高效很重要！

（二）如果是中间商，他们必须拿到报价尽快交给客户

一个终端客户有很多个中间商，他们有自己完善的采购规划。例如，化工原材料的终端客户要控制自己的库存（安全库存管理），不会提前很长时间买，所以一旦开始采购就需要尽快做出采购决定，这么多年在化工外贸中摸爬滚打，我得到一个经验，一般客户的采购决定期就在三天到一周内。

那么不论是面对终端客户还是中间商，你的报价必须快，并完善地发给他们，供他们进行参考，做决定。

（三）快速消费时代，快鱼吃慢鱼

现在的沟通方式太多了，邮件、电话、即时沟通，尤其是手机端，对于沟通模式的冲击是巨大的。

免费的邮件让太多人有了惰性和依赖性，但是邮件的效率是低的。

（四）没人喜欢做事不痛快，吞吞吐吐的人

不从商业的角度，单纯从人的交往来说，你喜欢上面说的这种人吗？

跟这种人交往，一方面浪费时间，另一方面不能给人安全感，谁知道你的犹豫、半藏半露是因为你不懂不确定，还是骗人呢？任何一条都可以判你死刑。

所以，基于以上四点，必须高效。

二、如何高效沟通

（一）懂产品，懂行情

这个不需要多说，这是高效的基础，不懂产品，客户一问三不知，如何高效。

还是要强调一句，所有的方法和技巧都是以了解产品为基础，没有基础，就不能拔高。

（二）懂外贸基本操作

单据、信用证都是基本操作，我在谈客户的过程中，尤其是在最后逼单的过程中，都会进行操作流程的确认，中间可能会谈到很多操作细节，例如单据的问题，信用证的问题。

很多人会说，“我不需要了解信用证啊，因为我们有自己的操作人员”。操作的确不需要你动手，但是万一客户在谈判中提及一些信用证方面的操作呢？说什么你都不知道，你都要去确认，这种沟通就是浪费客户的时间。

我始终记着一位客户曾告诉我：“我跟某公司（我同行）谈，其实都谈好了，但是我需要做假远期，他们就是不明白，怀疑这是骗人的，所以，没法沟通，而你知道，而且操作过很多，跟你沟通没有障碍，只要你价格合适，我肯定跟你合作。”

（三）懂客户国家的规定

例如孟加拉国必须使用信用证结算；埃及原来必须做 CIQ（现在某些产品必须去注册且通过银行递送单据）；例如韩国很多假远期，很多无单放货。

那么即使客户不提，你也可以确定很多问题。例如跟孟加拉国客户谈判，就没必要再去争取 T/T，跟埃及客户聊的时候不需要对方提示你就知道你要注册，要通过银行递送单据。这会提高沟通效率。

如何了解？要关注你要谈的客户所在国家的相关惯例或者规定，网络上应有尽有，总能找到你想要的。

（四）不断地提升自己的英语听说读写能力

虽然英语不是根本，但它毕竟是你与客户沟通的工具。工欲善其事，必先利其器。我在这方面占有了很大的优势。无论跟任何国家的客户交流，我都不存在任何问题，所以跟我沟通过的所有客户都会说我的英语太好了，跟我沟通非常顺畅。

这也是我能跟客户谈得很深入的重要原因之一，我能把我自己的想法，把想要表达的信息表述得非常清楚，我也能很轻松地获取到客户的真实意思，甚至有足够的时间琢磨客户的话背后是否隐藏着其他意思。

所以，提高英语水平非常重要，这是提高沟通效率的必要条件。

（五）商务谈判不是文学创作，要简单直接

中国人做得最好的就是婉约，一件事明明可以直接说，非要拐上几千个弯，甚至有所谓的外贸高手在教大家语言的艺术。

我想说，商务谈判不是文学创作，尤其是隔着山隔着水，看不见摸不着，不直接，客户根本猜不到你是什么个意思，最致命的是客户不会去猜，甚至不会去问。

客户会说，“我就是要折扣，你能给我折扣我就合作，你不给我折扣我就不合作，取决于你”。我们很多业务员心里就不舒服了，觉得客户在威胁他，其实这不是威胁，这是国际贸易中很多老外的沟通之道。把话说明白很重要，能做就做，不做就不做，不要浪费彼此的时间。

（六）不要把谈判搞成辩论，要寻找共同利益点

很多人，尤其是新人会把沟通谈判变成辩论。客户说是，你说不是；客户说可以，你说肯定不可能，这样谈下去，很有可能会谈不成。

就像是（五）中谈及的问题，不要躲着藏着不敢回复，但是也不要针锋相对，例如，“我就是不能做。你找别人吧”，再例如，“我没折扣，不是我决定合作不合作，是你决定”之类。在一开始的时候，我也会这样去跟客户争论，发现没有好结果，所以很快我就变得灵活了，能降就降点，不能降就会直接说明白，真的降不了，当然会说一下我们为什么不能降，也就是卖点的宣讲。

（七）学会聆听

聆听是沟通的前提，要让对方充分表达自己，而你要尽量获知对方的意图或者潜在意图，再去一一化解，有针对性地表达自己的观点。

就算是在客户的表达中发现了一些疑问，也不能随意打断，你可以先记录下来，等客户充分表达完自己的想法之后，再去询问。

（八）使用不同的表达方式

沟通过程中，不仅仅使用语言、文字，还要穿插图片、视频，大家都知道，图片和视频的冲击力、说服力要远远强于文字或者单纯的语言表达。

（九）增强表达的逻辑性

要学会把话题分割，例如，我要把我需要表达的内容分割为产品部分（产品部分又分为产品、参数、标准、规格、包装、工艺、检验等），公司部分，订单价格部分，订单付款方式部分，订单货期部分，订单细节部分等，那么我在表达的时候就按照每一部分一点点地表达出来。

这样哪怕是再乱，客户再强势，你也能找到自己的节奏，如果真的遇到了不讲理的客户，就是不让你讲完，你也知道哪些还没有传达，以后想尽办法再把这些信息补全。

（十）学会类比

有些复杂的问题，任你再怎么解释可能客户还是觉得不太容易理解，这个时候就要学会举例，学会类比，找一个容易懂的例子。

其实这些东西都是可以模拟的，在模拟中就要把形象的例子准备好，我们公司规定每个月都要随机抽取两名同事来模拟谈判，然后打分，计入考核，这个过程可以让大家做好一部分的准备。

第五节 “议论文”在谈判中的妙用

什么是性价比？同等的质量比价格，同等的价格比质量。

实际生活里面，你去买东西，你可以切切实实地看到、碰到、体验到你需要买的东西，鞋子衣服都可以试穿，自行车可以试骑，汽车可以试驾，食品可以试吃……但是网络上，这一切都是虚幻的，尤其是我所说的外贸生意，B2B 或者是 B2C。远隔重洋，无法体验，所以，性价比就成了伪概念，价格实打实地摆在那里，很清晰，可比较，可是质量呢？比较质量只能靠卖家拍摄的图片，组织的文字，上传的视频。

看好主语，卖家！“卖家是一个想把东西卖给你，赚你钱的人，他的话不能全信。”这句话不是我说的，是买家说的，既然质量那么难判断，就只能看价格了。

我也是一个卖家，我也在跟客户强调性价比，可是，我跟很多人都不一样，我是一个写议论文的高手。

这不是我第一次提出外贸里面的“议论文”这个概念了，为何呢？当你跟客户强调你的性价比的时候，一定会举例你的东西到底好在哪里，你可以列出很多条，但是大多数人也就到此为止了。在议论文里面，这是论点，要写好议论文还应该有论据，也就是证明论点的证据，还要有论证过程。

所以，当我们列出论点之后，还要给出论据（证据），最好还要有论证，也就是完整的引导句子。

举例来讲，卖包。论点，我们的包拉链特别好；论据，我们使用了某个品牌的拉链（文字，图片，视频）；论证过程，我们使用了某个品牌的拉链，其行业地位如何，并且在权威机构做过测试，可以反复使用多少次（文字、品牌拉链的地位证明文件，测试的文件等）。

上面是 B2C 的例子，下面来一个 B2B 的。论点，我们的安全网质量很好；论据，我们使用了韩国进口的颗粒；论证过程，我们使用了韩国进口颗粒（证明），可以增强强度和韧性，我们找第三方做过测试，可以承受多少冲击力，我们自己也做过测试，150 公斤的东西，从 3 米高处数次冲击安全网不会损坏！

讲议论文的意图很明显，因为我们要玩性价比概念，而网络销售的劣势就在于体验性极差。无法体验，就会造成信任感差，增强信任感的方法，就要靠外贸议论文。

第六节　谈判初期：建立信任，打牢地基

part 1　外贸谈判必须做好充分准备

做事之前不准备，或者准备不充分，导致做事过程中，没有掌控力，没有节奏，觉得总体谈得不好，就不想再去总结、回顾，更不知道该如何跟进。你自己想一下你有这些问题吗？

举一个例子，我原来有一个业务员，她资格比我老，可惜就是一直没有大的发展，单子不多不少，撑不死饿不着。有一次来了一个客户，这个客户是我一直跟进的，我就想让这个老业务员谈一下，我提出来很多她的问题她都不在乎，我牺牲这个客户，给她一次最后通牒。

我把所有的邮件都转给了她，告知她这个客户三天之后到济南，让她事先准备一下，并且一再让她从网上了解一下客户的信息，准备充分一些。然后我就出差了，正好赶在客户来的当天回来。

我们一起去机场接客户，路上问她都准备好了吗，她似乎有点满不在乎，说没什么可准备的，场面见多了……

我无可奈何，说：“好吧，客户姓名的牌子你准备好了吧？如果没准备，

客户长什么样你有印象吧?”

她竟然答道:“没准备呢，还要准备吗? 知道几点下飞机，直接打个电话就好了，长什么样，我不知道，哪里有他的照片?”

我无言以对。到了机场，感觉客户已经下飞机了，她就开始打电话，结果对方一直关机，40 多分钟过去了，问武警同志某航班是不是还没到，武警说，早就到了，一个小时了!

一会儿工夫，客户打电话过来，问我们是不是没有去接他，因为机场没人等候，他是不是需要自己打车到公司? 我赶忙解释，对上号之后发现原来客户早就从我们面前走过去了，只是手机没电，找了个充电的地方充了电开机才打给我们。

工厂离机场有一个半小时的路程，业务员除了问了几句天气怎么样，累不累，再也没话可说了。我发现冷场了，赶紧打圆场，我记得他喜欢摄影，就聊起了摄影，但是我开着车，总是琢磨着怎么说，出了几次险情。

到了公司，我就去忙活其他的了，找了一个员工跟她一起谈，记录一下谈的过程。

谈判过程我就不用说了，一塌糊涂。到了办公室，上茶客户不喝茶，要咖啡，没准备，要样册，才发现新样册还在仓库，于是该客户让她放公司介绍的 PPT，取回样册，双方才开始谈，客户问了很多详细的资料，她都没有事先准备，去现查找，现打印，最后，算是对付过去了。

去车间看样机出了大笑话，新样机还没组装完成，旧样机已经被打了包装。于是她带着客户瞎转悠，看这个看那个，客户烦了，说算了，不看了，他还有其他的厂家要看，让她给他一个报价表，他带走，他考虑好了再联系!

过了几天，我把这个业务员叫过去，问她怎么谈的，有什么问题我们还能及时跟进。结果她迷迷糊糊说不出来。我又问她，她怎么跟进的?

她说了一句话，客户说考虑好了联系她，不联系估计是没戏了!

这样的业务员有多少? 很多! 虽然不至于像这个这么低级，但是总是会有这样那样的问题。

而我无论接待客户，还是去拜访客户、参与谈判、参加展会，还是电话销售，我都会事前准备，以便于事中掌控。如果当时拿不下，我会及时跟进，所以才会小有业绩。

我是这样做的：

除了《JAC 外贸工具书——JAC 和他的外贸故事》中介绍的接待客户的准备，我还会尽最大限度了解客户，以便有话题可以调节气氛，打破僵局。

一、准备资料

所有与谈判相关的资料都要事先准备好，例如样册、参数表、证明材料、资质、合同等。客户来厂若你没准备齐资料还能马上准备，如果是外出参与谈判呢，如何准备？所以，资料一定要事先备好。

二、了解客户的需求

事先准备与客户需求相关的东西，例如客户要来看样机，看试机，必须事先安排好。

三、事先预料客户的所有问题

客户可能会问到的问题，一定要想到如何应对。例如质量如何的问题，你要准备好相关的实际证明材料；价格高的问题，你要准备好话术；例如客户说他需要回去考虑一下，你应该用什么样的诱惑把谈判拉回来，等等，有备无患。

要想准备充分，你就要预料哪些问题是客户所关注的，价格、货期、包装？例如我遇到过一个客户，他就是对包装很看重，我们仓库当时准备了三种包装，一种很便宜，另外两种分别是第一种价格的两倍甚至三倍，实际上另外两种做了四五年都没有用过。客户看到我们的包装直摇头，说 No，这个包装太差了，我就笑着跟客户说，我们有其他包装，让他看看，就是贵点。客户说没问题，宁愿贵点，不能让货物到港损坏。

如果公司部门众多，谈判过程中可能会牵涉其他部门的问题，一定要事先打好招呼，随时配合。

四、准备好谈判的思路

谈判思路很重要。例如，见面了，你要先谈之前悬而未决的问题，还是直接谈新内容，是你主动提出许多问题，还是等客户提出，这些思路都是你必须事先要准备好的。

五、准备好谈判内容记录表

谈判过程中谈到一些敏感问题，要马上记录，而且要展示给客人看，例如客户提到他需要多少尺寸的产品，多少个，我会马上记录，然后给他看，让他确定是否正确。

这个过程一定要有，甚至占整个外贸工作的80%，只有准备充分，过程中才能有主动权，有节奏，才会胸有成竹，对于客户提出的大部分问题才能应答自如，遇到突发事件才能不慌乱。

后期的跟踪是基于你的整个谈判过程的，如果你不及时总结、记录，你就会忘掉谈判中的细节，所以建议大家都要总结，无论是邮件、电话，还是面谈，有空闲一定要马上记录。记录自己承诺了什么，以及提到的数据，例如价格、参数、供货期；记录客户提出的要求以及自己的应答，未解决的疑惑，以及你当时不能解决却答应客户解决的问题，等等。

没有这些记录，你就只能泛泛地去跟踪客户，说不到重点。例如展会之后的跟踪，是基于你跟客户展会上谈到的内容，涉及的问题，这样客户才会感兴趣。

part 2　外贸实务工作的难点：抓住行业成交规律

之前总结过公司某一年的状况，当年基本达到了年初订的目标。但是问题很多，最主要的是相对于海量的询盘数量和远高于同行的客户来访数量，订单数量少得可怜。最后，分析得出是临门一脚出了问题，因为整体的邮件沟通、电话沟通，效果都极好，客户对公司的员工和公司都非常认可。问题出在公司里所有的人都是外行人！

产品、技术都可以学，但是有一样东西必须经过实战才能获得，那就是行业的成交规律。

这个成交规律没有现成的文件可以学，更不会有人教给你。什么叫做成交规律？说白了就是价格、货期、付款方式、交易条件等。

每个行业都有一个大体的成交价格线，有一个基本上在一个区间的货期，有成熟的甚至是约定俗成的付款条件，例如有的行业是100%前T/T，有的是100%信用证，有的是信用证跟T/T结合，当然也有行业是D/P，甚至是OA360（例如农药行业），这些东西都要通过大量的调查得来。

对于大部分外贸公司来说，最方便的信息途径有三个：第一，听供应商说；第二，自己判断；第三，大量的客户反馈。例如，供应商告诉你，这个价格就是最低价了，很多时候大家会信以为真，信心满满地去找客户谈判，结果丢了一个又一个客户，还不知道什么原因，这就是供应商影响了你的判断，让你误解了行业的成交规律。

不遵循规律一定会遭到惩罚。例如，当你进入了农药行业，你还想坚持原来行业的100%前T/T，就只有等死。例如，当其他的大部分同行价格水平在10 000元，你非要坚持15 000元，产品又没有什么特色，也只能等死。例如，当行业的普遍规律是工程师上门安装，负责培训，有完善的售后，你还要坚持客户自行处理，也只有死路一条。

供应商提供的信息可以作为参考，但还要加上自己的判断，当然这些判断需要“材料”，而“材料”就是跟客户的不断沟通。

通过不断地跟客户交锋，得到客户的反馈，不断地跟供应商交锋，拿着客户的反馈去跟供应商谈条件，进而不断地接近那个规律，掌握那个规律。

我一直在告诉员工，没有订单、丢订单，不可怕，可怕的是不知道怎么丢的，丢单没有给自己带来有价值的东西。这个价值就是碎片，大量的碎片组合起来，就是行业的成交规律。其实这也是老业务员的价值所在。

客户有的时候会有大量的信息，但是未必乐于反馈，说的更严谨一点是，客户不乐于跟他认为没有必要的供应商反馈，所以，要想获得客户的最终反馈，运用好话术创造一个“必要条件”还是很必要的。

part 3　找到自己所在行业的谈判要点很重要

我在化工行业里待的时间很长，所以积累了一些经验，很多人问我怎么才能做好化工外贸，我说你要成为专家，那如何成为专家呢？

很多人不知道怎么下手，尤其是面对专业买家上门的时候，完全抓瞎。

众所周知的东西不再讲，只说大部分人欠缺的东西。

一、公司介绍的 PPT 必须有

客户上门的时候，必须准备公司介绍的 PPT，花上几分钟给客户演示一下 PPT 是很有必要的。

PPT 里包括：公司的大体概况，工厂的成立，主要产品，产量，相关认证证书，工厂照片、车间照片、仓库照片、包装照片、公司员工集体照片、活动照片，如果有视频，视频链接也要导入 PPT 里面。

其他一切你认为可以证明公司实力和文化的东西也要放进去。

二、价格趋势和决定价格的要素

产品价格只是皮毛，掌握价格趋势和决定价格的要素才是专业性的体现。

价格是谈订单最重要的交易条件，但是价格谁不知道？要谈，价格肯定背得滚瓜烂熟，但是只谈价格，就只能被客户砍得七零八落，所以你要掌握价格趋势，尤其要掌握是什么在决定你产品的价格。

化工品价格变化是家常便饭，谈判战线稍微拉长一点，价格可能就会产生变动，比如上个月报价，这个月来确定的时候可能价格已经上涨或者下跌，你如何去跟客户谈？尤其是涨价的时候，你说不出个所以然，怎么谈？所以，你要知道每年产品的大体变化曲线，要知道到底是什么在影响你的产品价格。

三、产品的原材料配比要精通

如何了解到底是什么在影响产品价格，当然是了解其原材料的价格走向。

举例说，A 产品生产需要 B 和 C 两种主要的原材料（当然会有其他的辅料，但是由于辅料用量极少，对产品价格的影响有限），每生产一吨 A 需要 B 700 千克，C 1.1 吨，那么只要你了解了 B 跟 C 的价格走势，就基本上可以掌握产品的价格走势。

那么，知道了这些，做工作就方便了。当你可以准确地说出产品价格趋势、原材料配比的时候，客户还会认为你是杂货铺吗？我曾经说过，客户总是会经意不经意地把供应商分为三类：

（1）专业供应商（未必是工厂，或许是贸易公司）；

（2）杂货铺；

（3）骗子。

你想做哪一种？

四、客户要了解

了解客户公司的规模、性质（贸易公司还是终端客户，绝对不一样的谈法），联系人的身份（采购员，采购经理还是老板，不一样的谈法）。这样也是对客户的尊重。

我曾经谈过一个客户，对其了解得很透彻，他的历史，甚至中间出过某些问题我也知道，客户抱着胳膊，笑着说："让我看看你得到了哪些信息。"

于是，我把自己了解到的信息一股脑全部讲出来了，客户频频点头，最后竖起了大拇指，说："我喜欢跟你这样的公司合作！"

五、检验方法要了解

化工品总是有各种各样不同的检验方法，不同的方法甚至可能会出现不同的结果，这是证明产品质量最直观的方法，你可以当着客户的面直接把检测结果拿到，展现给他。

当然，由于方法不一样，检验结果有时候会有很大差异，所以，要约定检验方法，不然出现赔偿或者退货的问题，后悔莫及！

六、合同

缔结成交法，什么都谈好了，你还不赶紧提出成交？要等着黄花菜都凉了吗？

其他的常规项目不再说。其实这些也是基础，并不是技巧，但却是证明你的专业性的最好方法。

part 4　利用客户信息采集表来锁定客户

计算机真的很强大，让原本很烦琐的客户整理跟客户管理工作变得很简单，一个客户管理软件就可以轻松地完成。

对于业务员而言，可以告别烦琐的客户整理工作，登录管理系统之后，搜索一下，某个客户的所有情况就立马显现出来，这也可以防止自己的客户被其他人跟踪，因为客户具有唯一性，此外，它还可以为你跟踪客户提供时间参考。

对于公司而言，可以比较安全地获取业务员的客户联系名单，可以准确把握业务员的登录地点、操作，防止客户流失、撞单，也有利于团队的发展。

但是这种便利，也造就了大部分人的懒惰，有了这个系统，业务员就很少再去分析客户，提取信息。而这些信息正好是我们跟客户谈判，跟踪客户的利器，例如，客户的民族宗教，爱好职位，习惯等。

因此，在这个管理系统之外，要建立一份客户信息采集表，用来从繁杂、海量的邮件信息中提取一些有效的信息。

从客户一开始联系，就要建一份档案，专门用来提取客户的信息，因为很多信息是隐藏在邮件中的，如果你不提取，随着客户、邮件、工作量的增加，很多信息就会忘掉，所谓好记性不如烂笔头就是这个道理。

例如，很多客户会在邮件的落款中写上职位，CEO、manager 之类，这类信息实际上很容易被忽略掉，尤其是有大量信息的时候，那么这一点你就要提取出来，放到客户信息采集表中。这是对客户身份的一个判断，要知道所谓的逼单，一定是逼决策者才会有效，客户是一个小采购员，你再逼也没有用。

再例如，有些客户在闲聊的过程中可能会透露出他的宗教信仰，例如，客户是穆斯林，信仰伊斯兰教，那么这些信息你也要立刻提取出来，记录下来，为你的跟踪提供线索，例如斋月，开斋节，或者跟客户闲聊的时候聊一些他们关注的话题，客户来考察的时候可以安排穆斯林餐厅等。

其实很多时候，客户在不经意间已经透露了很多信息给你，而这些信息可能被其他的冗杂的信息所掩盖，被你忽略，那么当你想起来，需要获取的时候，只能再去问客户。

还有一些信息是要花很多心思和时间去获取的，例如客户的私人问题，你拿着他的邮箱、固话、手机去 Google、Facebook、Linkedin 搜索，可能会获取一些业务以外的信息，例如客户的爱好、家庭情况、生活习惯，等等。这些都要汇集起来，备查备用。

总之，有了这份表格，你就可以很清楚地了解客户的一些细节，需要跟踪时，拿出一些来使用；客户来访之时，也可以做出较好的安排。

当然这份表格之外，还要建立客户来访信息采集表，用来记录行程、人数、酒店、接待等问题，如表 2－1 所示。

表 2－1 客户来访信息采集表

来访时间（要学会主动约客户，而且一定提出我们来接站）	
客户行程： 到达时间，在我司行程，济南行程，国内其他地区行程	到达时间 航班号（火车站、飞机） 出发时刻 到达时刻 （记住机场电话随时落实航班是否延误） 返程票：已定：时间： 从 至 待定：时间： 从 至
业务员	
小组参与接待人员	
需要其他小组配合人员	如特殊语种
建议陪同领导	
客户国家、电压、能源	
客户人数	男： 人 女： 人 共 人 需求车辆车型：
客户姓名/职位	
客户公司名及网址	

part 5 一种快速打消客户顾虑，获取客户信任的方法

先卖个关子，你要采购某一种产品，却遭遇到了这样两种情况，你会跟

谁合作：

跟 A 一直在沟通，价格挺合适，货期也可以，态度也不错，可是当你提出要去参观工厂的时候，他一下子结巴了，很明显有点慌乱，找各种理由说自己不在，或者工厂不方便参观，或者需要提前申请之类。

跟 B 也一直在沟通，价格虽然不是最好，但还可以，货期虽然不是最优也似乎可以谈，当你告诉他你有实际的订单，能否降价、调整货期的时候，他一直在邀请你去工厂谈判，希望你可以去参观了解一下，面谈。

如果真的到了需要做决定的时候，答案很明显，肯定是 B!

因为 A 让我有了不安全感。

所以，今天我要说的方法是，竭力地、反复地邀请客户来参观。

很多人说了，你让他来他就来吗?

这个，肯定不可能，其实来不来都无所谓，你只是表明一个态度，你不怕他来看，甚至万分地希望他来。

还有人会说，客户来了，肯定也看其他的同行，怎么办？我想说的是，那么怕竞争，绝对不应该选择做外贸。

你这样做，无非两个目的：

第一，告诉客户你不是骗子，你是很专业的供应商，他可以来看，来考察，来审核。

第二，你不怕他来比较，你欢迎他比较，你相信他比较完了一定会选择你。

其实这就是一种信心的传递。

外贸谈判，由于地域的限制，往往在建立信任方面比较慢，担心对方会不会是骗子？对方的产品质量真的很好吗？对方真的是工厂吗？对方真的有实验室会检验质量吗?

针对这些疑虑，一方面你可以通过文字描述、图片、视频让客户慢慢地信任你，主动邀请客户也是一种快速让客户信任你的方法。

当然，虽然是一种方法，但是从我自身来说，或者从我们公司来说，是真的希望客户来考察、面谈的，因为面对面的谈判是效率最高的谈判方式，而且，一直是我的强项。

所以，你要诚心诚意地邀请客户来，要给出一些理由：例如，他来了就知道你公司的实力，就知道你有多专业多职业，就会更加放心地把订单交给你了。这样他可以节省很多时间去做其他的更重要的事情。

再例如，你现在谈的单子出现瓶颈，你可以告诉客户你就是一个业务员，来了他可以跟你们老板谈，不光是价格，还可以谈很多其他的方面，为他解除更多的后顾之忧。

或者，他来中国可以多考察几家供应商，实际地看一看，做决定就会更加准确，成本会更低。毕竟现在骗子很多。

再者，告诉客户他采购的不只是一个产品，只在 e-mail 或者手机聊天，很多事情了解不到那么全面，你建议他来走一趟。

又如，如果你是采购经理，你还可以这样跟客户说说，他过来谈一下业务还可以顺便旅游一下，看看中国之类。

我们曾经还说，如果他来中国，来我们这里当场签单，我们可以为他报销一部分机票的费用，只是为了让他来考察一下，因为他来了一定会选择我们。

你看有这么多理由，客户还不来一趟吗?

当然，如果你是真心希望客户来，就要做很多准备工作，当然一张客户信息采集表是不能少的，此外还要准备很多与之对应的材料，产品相关，公司认证相关，以前的经验相关的资料。当然合同、形式发票必须准备好，用于最后的缔结成交。

part 6　做看似最苦最傻的事儿，你更容易成功

我不是江湖术士，没有那么多歪门邪道让你变得幸运；更不是神仙，可以为你改变命运。但是我可以告诉你一种方法：永远去努力!

你可能说我是不是要鸡汤了？不好意思，我永远会出乎你的意料，我不会鸡汤，我会用铁一般的事实，让你懂得什么叫做越努力，越幸运!

先举两个例子，这两个人现在都是老板，每个人都有二十几个人的外贸团队，而他们都是从 SOHO 开始做的，我要说的事情就是他们做 SOHO 的时候发生的。

第一个，年龄稍大，起步较晚，开始做 SOHO 的时候已经超过 30 岁，英

语不是很好，邮件也不太会写，所以他强迫自己多说，经常给客户打电话，就凭着不停地锻炼，他可以毫无障碍地与客户沟通。

他攻克语言难关之后，找到客户就给客户发邮件，客户只要回复，就跟客户约时间打电话，有些客户也会主动提出在某天的某个时刻给他打电话。他原本有一个房间是专门的办公室，在另外的房间休息，后来，他怕漏接客户的电话，或者怕起不来给客户打电话，直接买了折叠床放在办公室，床头就是电话。电话一响，立马弹起来，接听谈判。只要闹铃一响，马上起床，洗把脸，打电话，协商好，打完安排的电话，倒头再睡，后半夜要起来很多次。就这样，做成了一个又一个的客户，直到今天有了几十人的外贸团队。

第二个例子跟第一个大同小异，他善于发现客户的规律，有几个客户都是凌晨3点左右回复邮件，于是他定好闹铃，睡到3点，起来给客户发邮件，过不了一会儿，客户就回复了，于是他又回复，客户居然再次回复了……就这样，一个个订单谈成了，而这时同行都还在睡觉。

现在他有两家公司，每家公司的人数都在二十几人。

两个相似的例子似乎说明了半夜起来加班的重要性，但我没有建议你去做任何事，我只是想说，不管你是自己做，还是打工，外贸销售是靠业绩吃饭的，有了业绩就有提成，就会有信心，才可能升职，甚至有其他的职业机会。

其实，这两个例子都折射出一种非常重要的工作方法，我相信大部分人都发现了，但是大部分人都不会去做，为什么，不得而知，缺少动力还是缺少勇气呢?

再举一个例子，是我亲眼看到的，是我的员工，当然这只是其中的一个例子而已，做得好的，总是有很多共同点。

她是理工科毕业生，我看重她主要是觉得她老实听话，于是安排工作给她做，一开始就是最枯燥的免费B2B注册。她居然可以一注册就是三个月，没有一句怨言，只因为我说的，肯定有效果。

后来开始有询盘，要去工厂拿一些资料，工厂居然没有人会用电脑，没有车，只能自己坐公交车。她要冒着烈日坐一个半小时的公交车，再步行40分钟才能到达工厂。但她从来都是以最快的速度去，最快的速度回，中间绝对不休息，生怕耽误给客户回复。

英语不好，她每天一早爬起来背单词，办公位上贴满了需要记的单词，需要做的事情。有询盘就回复询盘，没有询盘的时候就Google搜索发开发信。

她现在的业绩非常好，很多大客户都对她赞不绝口。

这是运气吗？绝对不是！

part 7　提前做足功课，你懒惰才招致客户不下单

采购是一项非常累的工作，需要获取的信息很多，一封邮件出去可能会收到几十封回复，要做到尽可能全面地收集信息，那是非常大的工作量。

老外也是人，不管是老板、采购经理，还是信息采集员，都想轻松愉快地完成一项采购工作。如果你可以在某些方面做到让他们轻松加愉快，那么离订单就会更近一点。

销售是一项需要极大的主动性的工作，不能懒，你懒得做，客户就会懒得买，当然不是说不买，而是不买你的！

回到一开始，当客户有了大量的选择的时候，他就会变懒，因为报价的这些企业给他带来的麻烦程度不一样，有的资料翔实，而且整理规范，排版有序，可以打印存档或者上交报批；有的虽然也有正式的报价单，但是报价单内容不全，需要不停地去索取，索取完了需要费心整理进去；有的连报价单都没有，资料过于分散，需要大量的精力去整理。

这三种情况比起来，第三种肯定死得很快，因为你给客户制造了太大的麻烦，当客户有足够的第二种和第一种选择的时候，你将是第一个被淘汰掉的。

当然，第二种是一个理想状况，那就是客户愿意主动找你索取一些信息，有些信息如果可以一次性给客户的一定不能偷懒，谈判过程中要尽量减少在这些一目了然的问题上纠缠时间，要迅速转入一些更深层次的话题，把谈判推进。

所以，如果你打算好好对待这个客户，就勤快一点，把你的客户明确要求的信息，例如价格、付款方式、货期、质保、各类参数、电气材质之类，都详尽地列进去。当然你还可以把客户未提到的，但是你认为客户需要的信

息也加进去，例如更细致的参数、集装箱装箱的种种细节等。

总之，客户拿到你这份报价单，就可以解决绝大部分的疑问，不会再浪费时间去询问一些本应该轻松获得的信息是最好的。

很多人说，我的产品不需要报价单，我也从来没有使用报价单的习惯。那么我想说，你可以养成给客户报价单的习惯。我给客户进行化工产品报价的时候，原则上也不需要报价单，因为这个行业从来没有人给过客户报价单，但是，我在邮件里列明了各种条件明细之后，我还会规规矩矩地做一份报价单，列举各种交易条件，排好版。提示客户，他可以直接打印留存，节省他的时间。

很多人都羡慕我有一些大客户，为什么我们就是一个小工厂，却可以被行业里世界上前两位的公司看上？这完全靠的是专业而勤快的工作，一份份清晰的资料、文档。

还有，会谈纪要，当你跟客户面谈或者邮件谈时，或者电话聊天之后，一定要把这次谈判涉及的内容归结成文档，排好版，发给客户。第一，请客户确认是否有错漏；第二，保证你的承诺不是一时冲动；第三，客户既然问了这些问题，一定是关注的，或者需要向领导汇报，或者需要向客户汇报，或者需要存档，那么，不需要他自己动手，你给他做好。

销售员太懒，就会让沟通肤浅。可能很多问题未必谈得到，因为很多问题客户关注，但是他们不会主动问，一方面，他们怕问了露怯，让供应商知道自己不懂产品；更重要的是，客户需要知道这家供应商是否专业，如果足够专业，应该会主动介绍很多与产品相关的问题。

如果你懒于准备，就会陷入口说无凭的状态，没有说服力，随时丢客户。

销售员太懒就会让热度降低，客户的满足感下降，直接造成客户的忠诚度降低。

总之，你就是要让客户感觉到跟你合作是多么的便利，他只要选择你，就不需要再操心，他需要的不需要的你都会替他准备好。要让客户有这种感觉，只能从打交道的第一封邮件就开始勤快，拒绝懒惰。

part 8　如何让客户认同你工厂或外贸公司的身份

经常看大家找工作非工厂不去；也经常看到有人抱怨自己是贸易公司，

没有工厂，客户总是计较；还有一些贸易公司装工厂，怎么也装不像，客户根本不信任……

为什么会出现这些情况？

客户为什么会计较你是贸易公司还是工厂呢？我曾经说过买家一般会自觉不自觉地把供应商分为三类：（1）骗子；（2）什么都卖的杂货铺；（3）专业供应商。无论是贸易公司还是工厂，被客户打入前两种，都基本丧失了合作的可能性，很多贸易公司之所以被淘汰，未必是因为客户计较它是贸易公司，而是因为不专业，让客户有种不安全感。

很多客户都知道我是贸易公司的，还是依旧跟我合作，按照他们的说法，我的价格、供货期虽然比不上工厂，但是我的专业性是大部分工厂比不了的，公司操作的职业化，更是大部分工厂无可比拟的。

专业性主要表现为对产品的了解，如性能、参数、生产工艺、关键环节的处理、产品在终端客户使用过程中的表现、注意事项，再配以大量的图片、视频，深入浅出，客户会很信服。

职业性表现在对外贸本身工作的处理上，例如外贸流程、单据、惯例等，客户相信，交给我操作中不会出错，不会带来额外的损失。

一般来说，贸易公司做外贸会有两种模式：

第一，承认自己是贸易公司。这种模式要做好随时丢客户的准备，因为有些客户一听你是贸易公司直接不再理你。既然你选择了这样说，就要接受这样说带来的后果，也就不需要再抱怨。当然，面对这种情况，你也不要完全放弃，还是有一些话术可以用。同一开篇我所说的，有些客户不会非常排斥贸易公司，会给你机会让你表现自己，那就要表现充分，同上面所说的专业性和职业性。

第二，谎称自己是工厂。估计大部分的贸易公司都说自己是工厂，可是有时候会被客户一眼就看穿，为什么会这样？

你想一下，一个工厂该具备哪些条件？该有哪些东西可以展现给客户？

（1）厂房、车间、生产设备、大量工作的工人。

（2）厂区，这里的厂区是指整个工厂，包括工厂里的绿化、水池、人工湖之类。

（3）仓库，产品的库存。

（4）配件室、维修间，设备要运行肯定需要很多配件，并需要维修。

（5）实验室、化验室。

（6）样品间、试机间、样机间。

（7）工厂的大门，从大门看过去的厂区概况。

以上是基础条件，这些图片要有，而且每一样都要有大量的图片才行，有视频最好。

此外，要有大量的产品图片、视频，包括工人正在加工的产品，实验过程中的产品，机械试机时候的图片，产品装运在厂区时候的图片，还包括大量的产品细节图，例如，一个焊点，一个轴承，一个传送等。

还有很重要的一点，既然你是工厂的人，你要跟工厂有所联系，你在车间时候的照片，你在实验室时候的照片，你在陪同客户试机时候的照片都要有。

还有，临场发挥也很重要，例如有一天工厂正在试机，他们邀请我过去，我会特意跟客户聊天，然后告诉他，我们给其他客户制造的机械正在试机，正好给他看看，然后打开视频聊天，特意从办公室我的“座位”，慢慢地走到试机的地点，一路上给他介绍一下，这是办公室，这是我们的配件室，这是仓库……直播一下，客户会深信不疑。

有了这些，至少会让客户暂时认定你是工厂，后期的沟通，还是需要用专业性和职业性来征服客户。

其实，反过来想，如果你是工厂，这些展示也是必不可少的，否则，客户也难以确认你是工厂！

当客户来到中国考察工厂，该怎么办呢？

这个问题非常常见，估计做外贸的业务员都遇到过，很多客户上来就问，你是工厂还是贸易公司，然后各种答复，各种被淘汰。

遇到这个问题，首先你需要了解客户为什么要这样问？这里就涉及一个问题，客户采购时，到底在关注什么？客户为什么一听你是贸易公司就直接不理你了？

这是因为“外贸公司”和“工厂”代表了不同的交易条件。而价格、付款方式、交货期，都是影响单子是否能够成交的重要因素。此外，专业性、后期服务，也都是关键因素。在这些交易条件的提供上，在客户看来，很明显工厂更胜一筹。

工厂是自产自销，加入自己的利润就好，而外贸公司则需要再加一部分利润；工厂可以自己决定生产进度，保证交货期，而外贸公司则需要看工厂脸色，等待工厂排单；工厂有自己的技术团队、生产团队、售后团队，比外贸公司更加专业，更加了解产品性能，而且一旦产品出现问题，工厂可以迅速为客户解决；而外贸公司大部分不具备专业团队，他们需要求助于工厂，较为被动。基于这些原因，客户会比较排斥贸易公司，甚至一听你是贸易公司就直接不再联系。

我常用的办法是这样的，发开发信的时候说我是供应商，不提是生产还是销售，然后在专业性上提高自己，例如报价的邮件、报价单要专业全面，应对客户的问题，尽量从技术角度解答（当然绝对不是生涩地说技术参数，是跟客户的利益相连接），让客户相信我的专业性，放弃这方面的疑虑，即便后期再问起来是工厂还是外贸公司，也不至于直接被淘汰，因为我的专业性，是客户需要的。

极低的价格可以让很多客户铤而走险，放弃追究质量或者其他方面，所以很多客户被骗了，他们活该；极好的专业性可以让很多客户放弃纠缠价格，所以很多公司，同样的产品卖出了高价，你还在跟其他人进行价格血拼，这是你活该！

part 9　宣传和谈判中最朴实的卖点提炼方法

我一直在强调一个理念，作为一线销售员要想方设法地到产品生产的第一线去，为什么？

一方面，你可以自己拿到第一手的资料，例如技术解释、图片、视频，我经常拿曾经的一个助手举例，她就隔三岔五地跑到车间，自己拍照，自己录像，然后把这些素材积累起来，跟客户谈判。

到第一线还有一个非常关键的作用，就是从生产流程中提炼卖点。

这里我可以这样讲，无论你是B2B还是B2C，走到生产的第一线去学习，去提炼卖点都非常关键。因为买家最难拒绝的就是价格不是很高而又极其专业的卖家。

有一个问题，什么是产品质量的终极因素？原材料！

你的原材料不需要比你的同行好（继续强调一个概念：卖点不一定是别人没有的，或许是别人有但是未表达或者表达不够深入的），只需要你形象地、具体地表现出你原材料的特性就好。举例来说，我们的某产品使用的是碳纤维的材料，碳纤维的特性是：数一数二坚固的材料，比钢更坚固，而重量只有钢的五分之一。所以，产品会更加坚固，而且更加轻便。这样来写，比你单纯地写我们的重量轻，更加坚固，更有说服力。

这是从原材料开始到生产流程的梳理，找出卖点。

下面就是原材料如何处理，如何加工，这些加工过程是否可以挑出来作为卖点，例如刷胶，我们刷五遍，虽然我不知道其他家到底是不是也刷五遍，但是我就要写出来。例如干燥，我们采用了多少摄氏度多久的干燥，保证干燥彻底，水分更少。例如每一步我们都有质检，保证把问题消灭在萌芽状态，而不是到了最后一步统一检测，因为到了那个时候很多问题可能已经被后面的流程掩盖掉了。（流水线运作，每一步都要检测，例如表面打磨是否光滑，如果这一步不检测，上漆之后就无法再检测，上漆之后问题也就无法再改善。）

当然也可以来点虚的，例如你根据什么样的设计理念设计……

总之，你要进入生产流程，把从设计到生产的每一步都列出来，找一线工人问每一步的具体操作，然后把这些步骤跟你的产品表现、质量、客户的需求点相结合。如此一来，你就可以自信地表达出来，打动客户。

无论在宣传中还是谈判中，卖点一直都是一个非常重要的话题，卖点是销售的核心内容，找到了卖点实际上就等于找到了销路。

可是卖点到底要怎样提炼，或者什么才是卖点？

关于卖点，网上有大量的文章，但是大部分只是简单地提一下，要提炼卖点，打造爆点，到底该如何提炼，如何打造，却很少有人提及。

今天我尝试着解决这个问题。

一、卖点是买点的集合

买点是什么，顾名思义，客户购买的理由。有一个问题你需要想明白，你之所以能够销售成功，是因为你的产品能够满足客户的某种需求，也就是满足客户的“买点”。客户会因为自己需要而购买，很少因为你的理由而购买。

所以从这个角度来讲，你所要寻求的卖点就是客户的需求点！

宣传中的卖点要面对尽量多的客户群体，所以，卖点是大量买点的集合，以满足不同客户的需求。最简单的例子是，面对同样的设备，有些国家人工便宜，所以多个工人没问题，半自动完全满足需求；但是有些国家人工非常贵，那么就要尽量减少操作、维修等，就需要全自动，节省人工。

总之，你的顾客需求什么，什么就是卖点。

那么客户到底需求什么呢?

有一个理念，客户是为了某种产品的某种特性而购买某种产品。例如，购买饰品，是为了它的装饰特性；购买家具是为了装饰和家居的特性；购买设备是为了生产终端产品和节省人工的特性，等等。

你的产品你最明白，那么现在要做的就是，把所有的这些点一个一个写出来，稍微加工，放到你的宣传当中去。

我始终认为卖点绝对不是单一的，而是一个集合体，因为不同的客户有不同的需求点，去满足他们的需求点就好。

而当面对具体的客户谈判时，卖点可能就会单一或者为数不多了，那你就可以抛出一个又一个的点不停地去试探，我谈客户实际上就是不停地拿着我之前总结的所谓的卖点去砸客户。一旦对方表现出对其中的某一项或者某几项感兴趣，我就深入挖下去，重点阐述。

客户的兴趣点，需求点，买点，是你提炼卖点的依据。

二、表达让卖点变得更为独特

卖点的表达方式也可以让卖点更加独特，甚至会让本来不是卖点的商品固有属性变成卖点。

这里我不得不提我的第二个观点，卖点未必是你真正优于同行的点，也就是卖点不一定是“人无我有”或者“人有我精”，也可能是同行也有或者产品固有，但是他们未表达的点，还有可能是你的表达方式更加创新的点。

（一）加大沟通深入度

很大一部分订单丢失真的是因为沟通不够深入引发的，明明你不比别人差，只是因为沟通不畅，被同行给硬生生地挖了墙脚。

（二）紧密结合卖点与买点

将产品表达数字化、形象化，与客户的利益相关化。这是让卖点紧贴客户的“买点”，不至于自说自话，寻求一个共同点。

（三）卖点表达方式多样化

同样的一个点，因为表达方式的不同也会产生不同的效果。文字的表达作用肯定逊色于图片，而视频的说服效果又会远远好于图片。

所以，将你的表达方式多样化，文字、图片、视频多种方式相结合，让你的“卖点”更具有冲击力。

其实真正的外贸实战中，产品都是趋同化、无差别化的。也就是你有我也有，而且档次大多数都相差无几，如何突出自己呢？那就看谁的表达“载体”更让客户记忆深刻，理解深入。

（四）学会炒作，把产品固有特点变成卖点

这一点可以看做是第三点的延伸，其实就是卖点炒作。

炒作，就是用夸张的方式来表达。还说我的安全网案例，用文字说明，安全网可以承受多大的重量，多大的冲击力；用图片说明，一个很胖的人躺在安全网上，安全网完好无损；用视频说明，起重机把一个极其胖的人用安全网吊起来，安全网韧性极好。这些都是普通的表达方式，如何炒作呢？跳下去！

三、创造新买点

一个好的销售，不仅要学会满足客户的买点，还要学会引导他们的新买点，也就是创造新卖点。

举一个最简单的例子，当大部分设备采用合体式设计的时候，你的设备改用分体式，这样方便清理，而且一旦损坏，易于替换和维修，成本较低。当绝大多数工厂回避供水设备的高峰期供水难题的时候，你主动引导客户思考这个问题，并且提出一些解决方案，当然这些方案一开始可能只是缓解，但是已经让同行很难做。

四、你的卖点实际上也是客户的卖点

当你面对经销商、中间商的时候，其实你的卖点可以非常简单，就是让他们更赚钱，更有市场。

如何让他们更赚钱更有市场呢？就是你可以帮他们寻找他们的“卖点”！

你们是一条心的，你们有共同的利益，你保证让他有销路，有钱赚，他跟不跟你混？

五、如何提炼卖点

说了很多，聪明的销售员肯定已经明白该从哪里下手，但是为了让表述更加清楚，我还想继续加一点内容，卖点的提炼到底有哪些方面呢？

当然，这些方面你看了可能会嗤之以鼻，但是坦白说，无非就这么多东西。

从小到大，大家都是走同样的路，考同样的内容，做同样的工作，总是有这样那样的差异，或好或坏，结果的不同不在于你怎么样，而在于你怎么走。

（一）原材料的差异

你用的什么原材料是同行没有用的，或者说配比有了变化，甚至说，有哪些原材料同行在用，你却没有用，就如同洗洁精，同行都在用化工品，而你没有，这就是亮点。

（二）生产工艺的差异

客户不会管你的生产工艺有什么先进的，这跟他无关，他关心的是你的生产工艺让他有了什么实惠。

例如，改进了焊接方法，让焊接更加牢固、美观；改进了编织工艺，让编织品更加耐用、美观，而且独特，等等。

（三）设计的差异

这个似乎不需要多说，始终还是那句话，你的设计会让客户在使用中，或者销售中具有哪些优势或者好处？

（四）包装的差异

（五）功能的差异

这个是重点，使用中到底有哪些不同，这些不同会产生哪些影响？

（六）服务的差异

（七）交易条件的差异

很多人问了，这算什么亮点，我想说的是，这真的是亮点。

价格低，绝对是亮点，因为总有那么一批客户贪便宜，这就是为什么有那么多骗子。付款方式优越，也绝对是亮点，资金状况是制约企业发展的重要因素，你肯给对方授信，绝对是亮点。

（八）人的差异

跟客户沟通的是你，是活生生的人，法理学说，两无相交，必要带走什么或者留下什么，两个人的碰撞是最耐人寻味的，让自己成为亮点，有些时候也是很好的推销方式。

（九）表达方式的差异

上述有几个卖点提炼方法在《JAC 外贸工具书——JAC 和他的外贸故事》中已有介绍①。“卖点”的提炼需要销售人员做到对自己产品非常了解，也要对同行的产品有所了解，不能闷着头做业务，要经常抬头看看路，了解同行的方法。

JAC/旧文新看

关于卖点我已不厌其烦地讲了太多遍，只是因为销售的本质是产品，而决定产品能否有市场的则是其价值，而价值就是卖点，没有价值销售难做！

part 10　产品价格销售人员“说”了算

标题比较吓人，其实我想表达一个意思，产品值钱不值钱，客户到底会怎么砍价，砍多少，都是由销售人员“说”了算！

说得更清楚一点，在外贸的实际谈判过程中，业务员的表现很大程度上决定着最终的成交价格，这个表现不是指多么高深的谈判技巧，多么强的谈

① 《JAC 外贸工具书——JAC 和他的外贸故事》中介绍了“了解同行有妙招”、“做好外贸需要专业加职业”、“业务员一定要形成自己的谈判风格”，等等方法和技巧，在提炼卖点方面有异曲同工之妙，大家可以参考。

判能力，而是最基本的“说”，“说”产品。

所以，今天要说的绝对不高深，只要用心，每个人都可以掌握。

我谈过很多客户，自己的、同事的、下属的、朋友的，有一个很好玩的现象，面对着同一个客户，谈同样的产品，我的助手们苦口婆心没法达成协议的价格，到了我这里三下五除二就解决了，还是那句话，这里面真的没有什么高深的技巧和强大的能力，基本功扎实而已。

举个例子：有一次跟澳大利亚人谈一个单子，助手已经跟他纠缠了四天，只为了不到1美金的价差，就是谈不下来。

没办法了，助手来求助，我让助手把客户的信息发给我，让他告诉客户，他已经没有权限降价，可以跟他们经理谈一下。于是，我成了主谈人。

客户的目的很明确，降价。一片降价0.7美金，说句实话，我们一片也就是1.1美金的利润，降下来根本没法做，但是客户却不依不饶，根本不让步。

这个时候技巧根本不足以搞定他，能搞定他的只有一个，客观事实。

于是我开始跟他“说”产品。

首先是摆成本，一样样地算出来，原材料、销售、人工、管理等，我们的成本绝对不比别人低，所以要求很合理，我们必须赚钱，必须保证利润。

然后是说卖点。使用了进口的原材料；强度如何，韧性如何；可以承重静态物品多少千克，自由落体多少千克；提供了人跳下来的录像等。

有一点要强调一下，如果你的卖点里有很多数据，那么这些数据你要如何证明属实呢？当然需要权威检验报告。所以，你要给客户一些书面报告类的东西，例如你产品的抽样报告，国内权威机构或者第三方检验机构的报告，国外机构的检验报告，或者国外某些大客户自己实验室的检验报告。当然还要包括国外客户使用的案例等。

这些所有的东西，都是产品相关的素材，是常备资料，只要开谈，肯定要全部翻出来，倒给客户。

这些资料你准备了多少，我敢说很多人根本不会准备，跟客户谈产品也没什么可谈，除了会说自己产品的质量很好，其他的根本不会说。

实际上这种谈判思路叫做客观事实谈判，就是给客户摆出客观事实，成本在那摆着，价格不可能很低。而我们的质量的确好，好在什么地方，跟客

户的买点相结合，有条理地罗列出来。所以卖的价格高一点也无可厚非。

这些客观事实加上一些技巧方法，会让你的谈判无往而不利！

所以，你的生意如何，在于你如何“说”产品，你能卖多少钱，很大程度上也在于你如何“说”产品。不要抱怨客户给你还的价格低，那是因为你自己的所“说”让客户觉得你的产品就值那么几个钱。

外贸就是销售，销售实际上就是卖东西，跟摆地摊站市场的没什么两样，只不过看起来更加高大上一些，仅此而已。

卖东西，卖的是“东西”，消费者买你的东西，不是因为你可爱，也不是因为你可怜，而是因为产品本身，可以满足他们的某些需求。

我一直在说一个观点，产品不会说话，销售人员是产品的嘴巴，替产品说话。这是销售行为，是每个销售员必须具备的能力。要了解产品构造、产品原料、产品被生产或者制造的流程，了解并且熟记产品特性、优势，或者卖点，并且可以清晰地表达出来。

今天，我再从营销角度提出一个观点，让产品说话。注意这个地方是让产品说话，而不是靠产品说话。

让产品说话反映出一个营销理念，让产品变得鲜活、形象、具体，其实最直观的做法就是让产品成为表述人，成为第一人称的推销者。

其实说白了，还是销售人员在营销，但是不再是第三人称的营销，而是第一人称的营销。

很多人还是云里雾里的，举一个例子就清楚明了了。

从宣传角度来讲，宣传永远是销售工作的第一步，客人永远是通过你的宣传找到你。那么客户在看你的宣传的时候会关注什么呢？会因为看到了什么才会有兴趣联系你呢？答案很简单，是产品。

问题又来了，那么多产品，为什么会对你的感兴趣呢？因为产品说了话。

以往都是以你的角度来介绍产品，本产品如何如何，有哪些优势，哪些卖点。现在呢，你要让产品成为第一人称。

“我”的优势，“我”的卖点，那么最关键的问题出来了，“我”是产品，“你”是谁？

“你”当然是客人，那么“我”要表达的时候变成了“我”可以让“你”怎么样。“我”已经在以前让其他的客户变成了什么样子。

其实这种感觉类似于面对面营销的感觉，一个人称的变化，是角色的代入感。

人称变化之后，实际上突出了“你”，也就是正在浏览文字的客户这个角色，不再是干巴巴地说自己的产品如何好，如何有特色，如何有卖点，而是直接作用于客户，直接对客户进行冲击。

其实，这才是产品宣传的重点，让你的“卖点”，去主动契合买家的“买点”。

这样一来，产品描述就成了第一人称的表述了：

“My Name

My Advantage

能为你省电

能为你节省人工

能为你持续运转365天24小时无间歇。

我的成功案例。”

试一下这种描述宣传模式吧！

part 11　同质化产品，同质化供应商如何争客户

这是一个很现实的问题，如果你碰到行业的龙头或者知名公司，你不具有明显的优势，丢单无可厚非，这种情况下你可以通过一些话术周旋一番，死马当活马医，丢了也不用可惜，拿下来就当意外惊喜。

遇到竞争对手，你有明显的优势，你就可以通过彰显产品优势来搞定他们，当然优势必须是实际性的，形象化的，跟客户的利益相关化的。这些单子一般来说，你应该是势在必得的，也应该是你业绩主来源，如果这种情况下再频频丢单，业务员真该引咎辞职了。

那还有一种最常见的情形，就是竞争者中还有很大一部分是同质化产品，同质化供应商，客观角度来讲，同质化，质量相差无几，交易条件大致相同，公司规模、技术力量、核心竞争力也都大致相同，实在是讲不出什么花样来，去支持自己的论断让客户最终选择你，该怎么办呢？

请注意上面我的用词，“客观角度来讲”，也就是站在一个纯客观的角度

上，几个公司是同质化的，但是这种客观存在的现实是不会说话的，就如同产品不会说话一样，业务员是产品的嘴巴，这些客观的存在，都需要通过业务员的表达传递给买家，也就是我所说的客户。

那在同质化的现实跟客户之间多出来的这个环节，就成了关键，谁能更加充分地展现自己的产品特性、公司形象、个人魅力，谁就更加接近订单。

那答案就出来了，面对同质化的同行的时候，你的获胜之道就在于通过一定的方式方法（或者叫做更有影响力的方法）充分展现公司形象，产品优势；通过丰富业务员自身的知识，让自己具备一定的个人魅力，当产品和公司不能成为武器的时候，让个人魅力成为关键。

第一点，需要说的是，现在很大一部分订单是因为沟通不畅丢掉的，可能因为业务员的表达能力不行，产品掌握不到位，有些信息是客户关注的，他没有敏锐地察觉到，忽视了，或者察觉到了却没有充分地展现给客户，这样就让原本同质化的供应商，因为业务员的表达程度，变成了不同质，出现了差距，影响了整个订单的进程。

说了半天，如何充分地表达产品呢？还是那些方面，数字化，形象化，跟产品的利益相关化，你的产品不需要比同行好，只要质量合格，满足其本身所具有的功能性就可以了。

充分表达以掌握产品为基础，用文字、图片、视频等多种方式，给客户展现你的产品。

注意，掌握产品是基础，这些在于平常的积累，例如文字、图片，尤其是一些细节图片，可以支撑你说法的图片，例如你说，你的产品做工精美，焊接处平滑牢固，此时，如果你能马上给客户一张细节图片，说服力就会陡然增强。例如你说你的产品实验结果达到优质，是给客户一个COA，还是录一个实验过程，得出一个结果更有说服力？

所以，掌握或者熟悉产品会引发差异；表达能力有差距，也会让客户的感受不同；表达方式的不同，对客户的冲击力也会完全不一样。

上面是第一点。第二点其实也很重要，在产品、公司、提供的各种条件差别不大的情况下，业务员魅力会起到很重要的作用。

其实第一点，对产品的熟练、专业性、素材的多样性是一种个人魅力；知识渊博，对于一些大家都关注的事情有自己独到的见解也是个人魅力；跟客户的爱好相同，使双方有一个共同的话题，也算是个人魅力。

所以，对于业务员来说，想要在这个行业走得更远，就需要不停地充实自己，专业性和职业性自不必说，对于一些国际热点的大事，应该有一定的了解和自己的见解，培养一些自己的爱好，一方面可以让自己的生活丰富一些，另一方面可以学以致用，成为自己拿单的武器。

part 12　外贸谈判三阶段

所谓的三进程是从跟客户谈判内容来说，然后再通过这些内容判断客户的大体意向和谈判阶段。从谈判内容来分可以将谈判分为三个阶段。

第一阶段：谈价格

询盘，大部分是先问价格的。

如果某个客户来邮件先不问价格，你反而会觉得有问题。

但是，这一关很难过，估计有 90% 以上的订单会直接死在这个阶段上，相信一线的业务员深有感触。

为什么会这样?

一方面，定位不准确，不知道行业的价格水平，盲目报价，企图浑水摸鱼，或者希望等着客户去讨价还价。当客户选择很多，其他人的价格更合理的时候，客户未必会来还价，直接淘汰。当然如果某些公司只是做高端，报高价，那当然情有可原。但是高端真的不是说你的产品价格高就高端，是一个整体的体系。

另一方面，报价信息不全，客户可以问 please give me the price of 某某产品，但是你不能只回复某某的价格是多少，当然，你的价格极低除外。当你的信息不全的时候，客户可能会认为你不专业，或者不用心，而把你淘汰。

第二阶段：谈产品

当你过了第一个阶段，客户真的对你感兴趣的时候，会开始谈产品，了解产品细节、产品性能，以确定是否是自己想要的东西，或者这个东西能否满足自己的需求。

这个阶段，要求谈判者对自己的产品特性很了解，对产品的细节很了解，可以解决客户的大部分疑难问题，同时可以用一些实际的、直观的、形象的东西，证明自己的产品质量。

谈产品最忌重复地说我的产品质量好，首先，你怎么就知道同行的质量不好？其次，你好在什么地方？

如果谈判一直停在这个阶段，谈了很多很多，算不算有意向？算！

是不是意味着你能拿下？未必！

因为客户可能不光跟你在了解产品，也在跟很多价格在接受范围内的厂家聊，以确定哪个是最优选择，价格最合适，质量最可靠，服务最贴心，总之，就是买了最放心。

第三阶段：谈交易条件

交易条件不仅仅是价格，还包括付款方式、交货期等。

很多人说，他们的客户很有意向，谈了很多产品相关的东西，但是突然就没消息了，怎么办？

我想说的是，这个未必代表客户有意向，因为，客户可能是在为自己的选择收集信息而已，更因为，即便客户有意向，你对产品的解答真的让客户满意了吗？

如果一个客户真有意向，在谈完产品之后，确定要买之前，是一定会再谈及价格和其他的交易条件的。

一开始你的价格在客户心理范围之内，或者在可接受范围之内，客户不了解你的产品的时候未必有必要跟你讲价，因为不确定你的产品是否是他所需要的，是否是最合适的。

所以，只有当价格不离谱的时候才有资格被客户问到产品，只有在产品靠谱的时候才有资格跟客户进行最后的谈判博弈。

想下你的问题出在了什么地方。报价就死？产品谈了很多，但是客户突然消失？报价关过了，产品关过了，最后因为付款、一点点差价丢单？

想一下，自己可以做什么。

（1）报价不要离谱，互联网时代，透明度高得很，浑水摸鱼，难，除非你是垄断。

（2）对产品要了解，而且跟客户讨论产品的时候，一定要及时、全面、形象地表达产品的特性、优势；真挚、真诚、到位地传播你的服务体系，争取进入最终的博弈。

（3）前两关都过了，如果因为付款方式被做掉，是不是太惨？因为一点点的差距而放弃是不是太随意？老板真的是不能谈的吗？其实只在于个人。

part 13　策略的初选，修订与确定

现在我做的机械类产品，客户来考察的频度很高，毕竟是生产线，客户拿过去就打算长期使用，因此购买起来会格外谨慎。

面对频繁的客户来访，如果没有一个针对性的策略，就会出现很多问题，例如，谈判无针对性，提供产品、服务无针对性，无针对性也就是意味着无特色，无突出点。

原本看厂拜访是加分的好机会，毫无亮点的一个过程，很难博得好分数，如果同行提供了充分的亮点，你就会面临被淘汰。

所以面对不同的客户要有不同的策略，当然这个策略是根据客户的需求、特点，和同行提供的条件来制定、修订、确定的。

客户的需求和特点是通过考察之前的往来邮件获取的，例如各种参数，各种标准等。最直接的举例来说，客户需求的是 A 生产线，要求产量 1 吨每小时，全不锈钢机身，全进口配件，电力方面要求 60Hz、440V 等，这些都是客户的需求，你必须心中有数。客户到了之后，你应该让他看到这些所有的需求被满足，即便有些极其特殊的需求需要定制，也要一再强调一再确认你可以提供，只待合同签订为他制作。

很多业务很有意思，你能提供的某些条件邮件里写得很清楚，客户到了之后却不再强调，我想说这是完全错误的，客户既然需要考察就是不充分信任，不充分信任，邮件里的东西让他记住并且信任的就不会很多，见了面不强调，很容易让客户产生疑虑和怀疑，因为从心理学上来讲，面对面的交流是最顺畅、最有效，也让人感觉最可信的。你一定要抓住这个机会，不停地强调、确认，让客户记忆深刻。

客户的特点，指的是客户身上表现极为突出的点，例如：某些客户的表

现很明确，就是要求低价，一律低价，你不需要给他说什么质量、配置。这种客户，就要果断地将配置给他降到最低，压缩成本，降低价格，只待他到来之后，抛出这个价格，然后设定一个条件，例如今天如果可以当场确定，还能优惠多少，务求当场拿下。

还有一些客户，之前的沟通中对价格很少提及，只是不停地询问产品的质量、性能、稳定性，等等，对待这种客户，你要充分展示产品的性能、质量，让他对你的产品充分了解，或者让他动手去操作，感受操作的简便等。

当然，大多数时候我会把前面两点综合起来，充分展示产品的同时，提供优越的条件，但是也是要根据客户的特点对症下药，有侧重点，攻击其软肋，不然战线拉得过长，客户没有那么多时间不说，也会冲淡一开始已经形成的好印象。

关注同行也是必须做的，例如，首先你要知道的是客户去了哪几家同行，这个可以通过问或者观察来获得答案，问呢，就是关心的语气，获知客户的安排，尽量能让你往返接送（同地区），很多客户是乐意答应的。如果做不到这一点，那么就要好好观察，我一般都会要求去客户的房间（女同志需有人陪同），看看有多少样本摆放在客户的桌子上，基本上可以看到他们参观了哪些工厂。

还有一些招数，例如，要求查看客户的行程单，以免误机，这样你可以看到客户拿着哪些同行的报价单、信息表之类。拍照时，一定要提出给客户单独来一张，那么你可以趁机看到客户相机或者手机里面的照片，这个不需要多少了。

那看到同行，你就会心里有数，因为同行的特点你都很了解，例如这家是大公司，价格高，质量相对较好；例如这家是小工厂，价格低，但是质量却不怎么稳定，甚至有案例……

这个时候你就要设定你的策略了，总的原则就是突出你的点，价格低，质量稳定，还是其他？当然这些绝对不是说说就算，要举例子，拿数据说话，讲故事。

沟通是关键，你一定要拿出某些细节，给客户灌输理念，就当这些细节同行没有讲过。由于沟通的差异性，同行的产品细节未必都能表达清晰、完整，而一旦有某些地方漏掉，而你又一再强调，让客户感觉或者原本这些细节就很重要，他们会认为同行做不到或者做不好这些细节。

其实就是炒作一个理念，就如同当时的玉米油，西王之前谁知道玉米胚芽油这个概念呢？退一万步说，如果你的产品真的不行，或者到了该演示的时候没有调整好，没有出来预想的效果，也不是世界末日，客户也是人，机器不行，沟通弥补，招待弥补。

part 14　如何谈样品费、快递费，发样后客户为何不理你？

关于样品递送的问题，我自己也没有解决，网络上问了太多的人，也是都没有好的办法，这是一个无解无规律的问题，一直不想写，因为写出来没意义，但是看到网上一个帖子，把免费要样品，不付快递费的人直接当成骗子，我不同意，因为我有几个客户就是这样来的，去年还有一个印度客户也是通过免费的样品，进而谈判谈下来的。

简单地分析几点吧。

（1）样品的性质，有些产品是玩具、衣服，拿出可以玩可以穿，但是对于某些化学产品来说，拿去干什么呢？

（2）成本说，凡事都有成本，你可以为了做广告花掉十万二十万元，也不是立竿见影，一个小样品，几百元不愿意花吗？

（3）推测客户的心理。根据客户的种种行为进行判断，但是不能仅仅从表面行为进行判断，也不能单单从一个片段上进行判断。

某些客户很大，很强势，就是不付样品费、快递费。如果的确是很大的客户，我会努力争取一下，如果实在对方不想付，我会免费发，我们的样品很不值钱，几百元十几元的成本，主要是快递费，如果对方真的就是不付，我们看重对方的实力，也会免费发。

某些客户本不想付样品费，告诉你出单后给你补上，你却始终不相信对方是真实采购，认为对方是骗子。那么，在客户的心理上不被信任造成的伤害远比花钱更大一些，因此很多客户拿到样品，付了钱，也失踪了。

这是一个矛盾的问题，我也希望客户出快递费、样品费，痛快的客户也有，但是大部分都是想免费拿到。直接把他们都打入骗子的行列？那么我外贸不能做了；直接免费给他？总觉得吃亏，于是我也在拼命地找各种理由劝说客户，希望客户能稍微出一点，表示诚意，失败者多，成功者少。

所以单单从免费要样品、不付快递费来推测客户是不是骗子是不合理的，单子能否成交不在于怎么寄样品，而在于发样品前的判断和发样品后的跟踪。

一、判断

既然是判断就有对有错，你只能尽全力根据跟客户的沟通、来往的交流来判断。

（1）客户对产品的了解程度。

（2）能否从网络上查到客户的求购信息，或者网站的经营信息。

（3）如果客户不具备前两点，就要仔细地问问他是自己用还是中间商，终端客户的用量有多少，对参数什么要求之类，确认对方需要的真的是自己的产品，化工类客户尤其如此。

对于我们公司，基于以上三点的判断，如果客户要样品，我们是会发的。

二、谈样品费

争取付样品费，不会逃出下面几种说法。

（1）样品免费，但是快递得收费，这个费用，如果有了订单，我们会从订单的总值中扣除。

（2）样品免费，但是快递得到付，这样各自承担一部分，公平合理。

（3）样品免费，但是快递费用公司规定要他承担。如果中间双方讨价还价，不能达成一致就各自承担一半，你好跟公司交代，客户也显示了诚意，以后合作的时候再向经理申请价格优惠。

用尽浑身解数，还是不行，那也没辙了，基于以上判断，客户真的有需求，也还得发。

有时候我会把样品当作破解谈判瓶颈的一个武器，例如，某个单子僵持很久，对方的价格我们接受不了，我们的价格客户也不想接受，我会主动提出，先给他发个样品，让他看看，检测一下，就可以看到我们公司产品的质量，告诉他我们不是生产次等货，所以我们的价格不能再低。

三、发样后的跟踪

所谓样品的后期跟踪实际上是个伪命题，很多人发了样品后，客户不再理你，不外乎以下原因：

（1）客户是中间商，他们拿到样品后要做展览用，或者给最终客户，他决定不了最终的结果，所以你总催他也没用，不要跟得太紧，要让他感觉跟你是一条战线，你们是一起来拿下最终客户的。我催中间商从来不问样品的检验如何，我会告诉客户，有什么需要我配合的吗？有什么需要我做的吗？可能检验标准不一样，我给你一个我们的检验标准，你给客户，或许能减少很多误会。

（2）不满意，不合格，客户不理你。这种往往很难回头，唯一的办法是，试着重新发样，费用你承担，要求客户重新检验，但是由于客户已经从第一轮中拿到了满意的样品，客户是否会同意还是两说。

（3）检验需要过程。这个不多说，同第一点，不要一发邮件就是样品怎么样，有检验结果了吗？要给对方一定的时间去检验。

（4）收集样品。某些产品，客户只是想收集样品而已，拿到手了，就不理你了，这种其实不好判断，还是要跟踪。

（5）样品合格，但是条件不满意，这一条尤为关键，其实样品如何，后期的跟踪如何，很大程度受交易条件制约，如果你的价格、付款方式很有诱惑力，即便不合格，客户也不会完全不理你，你稍微解释一下，客户或许还会接受你发第二次样品。但是如果交易条件谈不妥，样品再好也没用，因为客户的样品不只你的，他可以从其他家拿到同样的样品，更好的条件。你只能出局。

（6）要学会跟踪的转换，样品发送后，一开始是所谓的样品跟踪，到了后期，实际上还是我常说的跟踪客户。你提样品客户一直不回复，就不要再提了，换个话题。

part 15　如何看待不付样品费的客户

首先我还是说明白我的观点，发样品跟发开发信一样，都是一个概率问题，不可能百发百中，如果你抱有发样品必须成单的想法，这篇文章你还是别看了，省得惹你心烦，这是第一点。

第二点，我反对那种客户不付样品费或者运费，或者什么都不付就打入没有意向的行列的行为。恰恰相反，你应该根据客户的不同表现，来判断客户的意向，再来决定你的策略，样品运费你全部承担还是分担，还是客户全部承担。值得一提的是，既然是判断就会有错误，我们必须允许这些错误的存在，否则会抹杀很多好客户。

第三点，产品的性质，上篇文章我说了，有些产品不能吃不能喝不能穿，不能送人，还占地方，客户骗来了有何用？还得想办法去处理，尤其是化工品，还得很谨慎地处理。所以，大部分买家要样品还是有选择的，前期稍微沟通，认为这家是靠谱的供应商，才会要样品。当然凡事无绝对，总有不靠谱的客户，可是如何判断呢？因为这几个客户丢失更多客户，谁都不愿意。

你也许会有很多理由去游说客户，例如，他先承担运费，等成了订单，你给他扣出来，但是效果并不是很好，这是被实践证明了很多次的。为什么呢？

第一，客户不会只找你要样品，这个客户你认为不靠谱，但是其他的供应商还就觉得他好，看对眼，免费了，那个时候客户还会再花钱买你的吗？除非你的产品是国际名牌。

第二，客户一次要四五家样品，都让他出钱，他肯定不想承担，尤其是中间商，要过来还不知道终端客户是什么情况，什么反应，白花钱。就算是成单了，一家的可以返出来，其他家的呢，钱还是花了。

第三，客户答应付钱，成单会返出来，但是结果样品不合格，钱白花了，客户不知道你的产品是好是坏，才会要样品，结果还是要付钱，心里肯定不舒服。

第四，信任度问题，你认为客户不付样品费、运费是没有诚意，客户会认为你不免费是对他们不重视，尤其是稍微有点实力的公司，不受重视，被人怀疑会很生气，认为你收他钱就是怀疑他不会下单，是来骗样品的。既然不信任，就没必要继续谈。

第五，要样品的这个人根本就是个办事员，公司不给他预算，他不能自己出钱，就如同你，公司就是不给免费样品，你也不能自己掏钱不是。

还有一个说法，收取样品费是为了让客户重视你，而不是觉得拿到的太简单，不重视。

对于这种说法，我只能说，你是小说看多了，得到的越不容易，越珍惜？客户会认为你给他一个收费样品就重视你吗？客户不付钱，你非要让他付钱，人家可以免费，你却要收钱，客户会重视你，放着免费的不要，要收费的？客户会重视一个不重视自己，不相信自己的供应商？

退一万步说，客户花钱买你的样品了，你会觉得他花钱了，不想浪费钱，就会找你买？结果你的价格高，质量一般，付款不好，客户为了省下百十元钱的样品费、运费，找你下单，选择一个非最优选项吗？

所以，客户是否重视你，不在于他是不是花钱了，而在于，拿到样品检验是否合格，后期的谈判条件是否能够达成一致。

客户后期是不是会理你并不是取决于样品收费还是免费，你以为客户真的会在乎那点钱吗？100 美元，对于生意人来说什么都不是。即使是你，你真的会在乎这几百元钱吗？无非是不想花冤枉钱，可是不投入怎么会有产出，不判断怎么会有结论？一概而论，一棍子打死，会有什么好结果？该争取还是要争取一下，如果因小失大，就有点愚蠢了。

第七节　报价 & 价格——谈判的敲门砖

part 1　报价策略

报价，始终是外贸实战中最核心的话题，也是大家最关心的话题，毕竟，绝大多数情况下，价格是第一筛选条件。

价格计算很简单，把数值套进公式就能得出一个精确的数字；但是报价很复杂，因为价格报的是否合适，会直接决定你的客户走还是留，你们是否有机会继续谈下去。

价格报得过高，客户就会失去砍价的兴趣，你直接被淘汰；价格报低了，万一客户接受，又怕自己吃亏，或者万一客户继续砍价，没有余地了怎么办？

这恐怕是绝大多数老板或者业务人员的共同心态。

但是，说实话，没有一个万全的策略，每一次谈判都是双方互相妥协的结果，当然，作为卖方的我们，可能妥协的尺度要更大一些。

所以，报价不能盲目，应该有一套明确的策略，对于我们卖方，报价时应该有四个节点：

（1）成本价。

（2）最低价。

（3）目标成交价。

（4）报出价。

成本价很容易理解，不需要解释。

最低价，就是你的底线。无论客户如何攻击，如何逼你，这是最后的条件，无法再让步。所以，这是谈判的最后砝码，只要这个底线存在，你就永远不会迷茫，如果客户砍价，你知道你还有余地，如果被逼到了这个底线，你就可以很坚决地告诉客户，无法再降！

这个最低价从哪里来呢？就是成本价加上你的最低利润，说白了，你要做这笔生意，如果赚不到这个最低利润，你宁愿不做，当然从生意角度来讲，也没必要做，不符合经济规律。

所以，这个底线很重要，从一开始准备报价你就要知道自己的底线也就是最低利润是多少。

这个所谓的最低利润，一定不是你单方面认为的最低利润，你可能认为10%就很少了，而实际上你的大部分同行都只加了4%，那么你可能还是被淘汰。还有，这个最低利润，还要根据客户的实际情况微调，量大的客户，价格就要更加低一些，因为他是几乎所有同行的追逐目标。量很小的客户，可能很多工厂、大公司看不上，利润就可以稍微高一些。印度客户，无例外的都是要求低价，所以期望值要放得更低，欧美客户稍微好一些，期望值稍微高一些也可以，当然这不是定理……

如果你们公司有很懂外贸的人，他可以告诉你这个行业的平均利润大概是多少，那么你在报价的时候就基本上可以确定自己的大部分报价在客户的心理接受范围之内，不会全部石沉大海。

如果没有，你就要拿客户做实验了，加15%，不行；10%，不行；8%开始有人回复；6%左右，成交，那么，基本上你就知道了大概的范围。我经常拿着价格跟踪客户，要么直接采用日系报价法，要么每次减一点利润，看客户的反应，慢慢地寻找客户的接受范围。

目标成交价，这个价格往往是低于报价，高于或者等于最低价。做生意，不可能每一笔都最低价成交，那样做起来就索然无味了。

了解了这些概念，最重要的环节出现了，就是报价。

这个地方需要说明一下，我们传统的报价模式一般称为欧式报价法，也就是一开始报一个高价，等待买家还价，你来我往，达成一个共识，成交。

还有一种报价法叫做日系报价法，可能知道的人不是很多，这个报价法可以作为一种报价策略，运用此种方法报价时直接给出最低价，引起买家的购买兴趣。

一、欧式报价法

我们回归到最常见的欧式报价法，理论上看起来它很美，但是，这里存在一个问题，你报价，客户未必还价。

我相信，所有的业务员都经历过而且现在还在经历着这样一个局面，客户来询盘，报价，客户失踪。

客户失踪的原因有很多，我相信有一个主因：报价虚高！

为什么叫做虚高，价格真的高吗，其实也并不是很高，但是连你自己都知道，这个价格很有水分，为什么有水分，因为你要留出余地给客户砍价。

那么这个水分到底该有多少？

我认为应该是次优报价！

如果最低价是最优报价，那么我第一次报价就会是次优报价，比最低价格高一些，但是不会高很多，如果客户很懂行，他会知道这个价格贴近成交价，只需要稍微费点唇舌，一般都能获得无限接近于最优报价的结果，这是客户产生还价欲望的重要原因。

很多人讲了，万一自己报得太低了，客户又砍很多，该如何招架呢？其实前面讲了，你被逼到墙角，不知所措只是因为自己的底线不明确，如果就是做不到，已经触碰了底线，你可以直接告诉客户，不好意思，你能提供的最低价就是多少了，当然，如果他可以改成100%前T/T，你应该还能帮他再申请一下。

即使客户不懂行，你的报价是次优报价，也不会比别人高，就算是高，也不会高很多，也往往会给你一个进入下一个阶段谈判的机会。

当然，这里的次优报价是一个报价组合，要让报价信函专业，用心。当然，如果能做一份报价单，就更加锦上添花了。

二、日系报价法

日系报价，绝对不是指这个报价只适用于日本客户，而是日本商人开辟市场（国内和国际）时所用的报价艺术和策略！日本商业发达，日本商人也是出名的精明，而这种报价方式是日本商人立足世界经济圈的重要武器！

很多人不理解这种模式的可取之处在哪里，我以自己的亲身经历给大家讲一下，面对印度客户，我一般都是采用日系报价法。大家都知道印度客户的特点，低价，低价，没有最低，只有更低！这种客户，只要你的价格稍高，他们就开始玩失踪，然后再问价格，高了，再失踪，总之，价格就是决定他们行为的根本点！

所以针对这些客户，一般我直接亮出自己的底价，然后什么其他的条件也不写，直接发给客户！此时很多客户都会给我回复，让我告诉他货期、付款方式，等等！

这个时候我会说，这个价格基于的付款条件为 T/T 100% in advanced，货期一个月之后，品质 90%……总之这些条件都很苛刻，既然给他底价，肯定其他的方面就要苛刻一些！

基于我们价格的吸引力，面对苛刻的交易条件，客户还是会跟我们继续谈，当然走的也有，概率的问题。开始谈判后，客户会要求付款方式要 L/C at sight，货期要两个星期之内，品质要求是 93%，说他们是大型采购公司，采购量大，他们一直都采用 L/C 付款，等等。

此时，我也有要求了，价格呢，如果是 L/C，每吨要加 20 美元，如果是 93% 的产品的话，估计也要加 20 美元每吨，货期我得为他申请一下试试，尽量往前排，当然他确定订单越早，我们的交货期会越早。

当然这个过程又会丢失一部分客户，还是那句话，概率问题！

日系报价和欧式报价目的都很明确，都是为了成交。欧式报价，比较符合客户的购买心理，由高到低，但是遇到对价格十分敏感的客户时，可能你都没有降价的机会。日系报价，比较有吸引力，能够打动一些价格型客户，但是由于其他的条件比较苛刻，如果客户对付款方式等条件也很敏感，很容易丢失客户。

但是人往往有这种心理，你报价那么低，就算是再加也不能贵到哪里去，可以深入地谈一次；如果你的报价本身就很高，再降，可能也降不了多少，干脆不理你；所以，面对价格导向型客户时，日系报价还是不错的策略！

日系报价在日常生活里面也处处可见，例如，某某品牌手机，900 元起！很多人比较感兴趣，就上去咨询，发现手机配置很低，于是销售员推荐其他型号，价格肯定上涨。很多人会质疑这种方式是否能够提高销售额，我想说的是，那么多商家都在使用的招数，如果效果不好，怎么可能大行其道呢？

其实这个地方有一个点，日系报价往往会隐藏其他的交易条件，仅仅靠价格来吸引客户，价格是最具吸引力的销售手段，绝大部分客户会上钩；而欧式报价则不同，因为价格不低，往往要附上其他的条件，一方面显示专业性（客户喜欢）；另一方面，万一价格偏高，可能客户会看中某个交易条件也说不定！

part 2　提高报价效率，避免无谓的丢单

业务辛苦，成交一个订单非常难，需要各个环节都做得完美，但是丢一个订单却非常容易，任何一点失误，哪怕是很小的失误都会让订单功亏一篑。

更可怕的是，订单丢了你却不知道怎么丢的，因为，这意味着，下一次，你还会这样丢。

所以，我喜欢统计订单丢失的原因，如果有机会，我一定会想尽办法找客户搞清楚，他为什么不把这个订单给我。因为，成功的方法和技巧掌握并实施起来往往很难，但是知道前方有个坑想要绕开还是相对容易的。

众所周知，价格是影响订单的第一因素，因为大部分客户的第一个考虑的要素是价格，这个不需要多说。然后是付款方式，很多人可能搞不清楚为

什么付款方式那么重要，曾经给大家举过一些例子，不妨再说一遍。我们丢了很多客户，尤其是大客户，订单量比较大的客户，都是因为付款方式。我们明确地知道某客户获取到的价格比我们高很多，有一个产品大体价格在2 000 美元左右，客户居然 2 170 美元购买，只是因为那家公司可以接受 L/C120 days。而且业务员犯了一个很低级的错误，我一直在跟他们强调的错误，他搬出了公司政策为说辞，客户直接不再理他，想想也知道，客户知道他不是老板，既然公司政策这样规定，以后就没有任何接触的必要了。

再例如货期，尤其是工厂采购或者为工厂采购，如果满足不了货期，也会丢单。当然，如果是工厂，可能会每个月都采购，这个月满足不了可能还有下次机会。

还有很多，例如产品质量问题、表达的问题、专业度的问题，都会影响到一笔订单，但是还有一个因素，可能很多人忽略掉了，那就是报价效率。

曾经写过一篇文章，叫做“你为什么不报价”，痛斥了一些很低级的外贸管理方式，其实这种行为对于订单的影响是很大的，这是很多客户亲口告诉我的。

跟客户面谈往往会有一些意想不到的收获，我很喜欢跟客户吃饭，喝酒聊天，因为正规的场合下双方很多话不说，一旦到了随意的场合，很多话就会说出来了。

曾经跟一位德国客户吃饭，他是一个贸易商，我们合作过一个大货，每年都有几百吨的采购量，同时他也需要很多其他的产品，因为他们是德国某些工厂的采购商，但是报了很多次价格都没有合作，我们一直以为是价格的原因，于是我们把他曾经问过的产品打印了一个表格出来，重新报价，当然这次价格低了很多。

当客户拿到表格，喜笑颜开，一个个地跟我们对，然后告诉我们，某个产品其实我们当时报价并不高，他们可以接受，但是我们报得太慢了，类似的还有很多。

客户还说，中国跟德国有七个小时时差，客户向我们询价的时候往往会要求当天必须报价，很多时候我们都是下午才得到客户的询盘。他给包括本国供应商在内的很多人发去询盘，但是那个时候我们是晚上，没有回复，第二天早上我们回复的时候，他已经是下班时间……

印度客户告诉我，他有很大的巴西市场，他可以坚持不睡觉去跟他们沟通，我们好像做不到。

时差原因可能是小众原因，但是对于很多有时差的客户，采用适应对方时间的方式去报价、谈判，已经被证明很有效果，新人不妨用一下。

part 3　价格谈判之降价

外贸，就是买卖，有买卖就会有讨价还价，卖家想多赚点，买家想少花点，于是双方开始心理较量。无论卖家报价多少，买家都会说太高了，能否便宜点，卖家呢，不知道降多少买家会接受，更害怕降了之后买家得寸进尺，纠结呀。

如果我遇到这种情况，两种处理方法。

（1）如果你的价格你认为很靠谱，或者面对注重质量的欧洲、美国、日本客户，你要通过不同方式展现你的产品品质，公司资质和服务，用产品打动客户。

（2）如果你的价格报的的确有点高或者面对着印度、巴基斯坦、印尼等国家的客户时，基本上要直接问客户他的目标价是多少，他想花多少钱买，得到的答复一般有两个。

（当然有无答复的情况，那大部分是认为你的报价实在太高，客户没必要跟你多说，就如同我们买东西一样，我心理价位 50 元，结果一问 500 元，差距太远了，就没必要讨价还价了，客户愿意回复往往是好消息。）

第一，你能降多少，客户怕多花钱，会把皮球踢过来，那就看你对自己产品的把握了。你如果真能降，就适当地降一点（这个适当取决于你对同行的了解），伴以设置一个条件，例如你可以打 1 个点折，但是预付款需要上调百分之十，诸如此类，让客户知道你让步，但是没有白吃的午餐，这样让客户一方面不会不停地砍价，一方面注意力会转移一些。

如果你已经是底线（注意我说的是底线，不是最低价，这个底线可以是最低价，也可以是公司规定的价格底线，更可以是你的心理底线，你认为对方应该可以接受这个价格），直截了当地告知客户，你已经报了最低价了，实在无法再降。很多人不敢说这种话，怕丢客户。既然你都不能降了，还有什么害怕的，万一客户实际上已经接受了你的报价，只是试探着再让你降一点呢？

我就有若干个这样的客户，每次报价都是条件反射地问能便宜多少？我一开始还给他降，后来我发现我降了之后他马上接受，我猜不降也行，于是我就开始拒绝降价，果不其然，客户看我拒绝，还是说，给他合同吧。

第二，客户会直接告诉你，他能接受多少（具体的数字），有些客户很不靠谱，例如我报 2 500 元，他回 2 000 元，我一般这样写，省去一切的问候，做惊讶状，直接就是 Really？You mean **（产品名）？Are you sure you are talking about the price of **？Your price is much much much lower than our cost！Our lowest price is##. Where did you get this offer？If you really can get this price，I really would like to buy from you！Please kindly reply to me with your price CIF to Qingdao and COA.

若回复的价格的确在你的接受范围之内，这样一般来说是有人提供了类似的价格给客户，你不做有人做，不妨就接受，放长线钓大鱼，当然还是加点你认为客户能接受的附加条件，等价交换。

当然，还是会有不靠谱的客户，拿着你的价格再去找别人压价，然后，再拿着别人的价格来压你，如果客户已经给了目标价，你接受了，又回来砍价，这种人你就直接告诉他你不喜欢跟他这种人合作就结了。我做了十多年的外贸，碰到过这样的客户，可是还真不多，毕竟客户也怕得罪供应商，就算有再多家供应商，他这样谈，也会都得罪掉，这也就意味着他的选择越来越小。

此外，还有一种状况，你考虑的时间过长，导致丢单。我说的过长可不是一个月两个月，甚至不是一个星期两个星期，有可能是一个小时两个小时，如果到了这一步了，要求你的反应必须迅速，能做就做，不能做就直接告诉对方不能做。切身经验，这个时候一个电话很有效，如果我发现到了这一步我会直接一个电话过去，告知对方可以，我能接受，我会让操作把合同做给他，请他确认。之所以要求快速，是因为已经到了最关键的缔结成交阶段，你要专注，客户发邮件后，你能在短时间内马上回复，抢在同行之前跟客户缔结成交很重要。因为如果他跟同行确定了，你就追悔莫及了。

产品不一样，规则就不一样，掌握好你行业的规则，对你的谈判很有利。

还要说一句题外话，很多外贸人进入某行业就后悔，认为这个行业供应商太多了，客户不好谈，因为客户的选择多。的确是，但是决定一个行业容易做还是不容易做，竞争只是很小的一个衡量标准，市场容量才是具有决定性的。就像我们的某个产品，竞争的确是小，容量也小，这才受到了限制，我不卖给他，就没人买我的货，那才更惨。

part 4　价格报错或者有效期内价格涨幅太大怎么办？

我经常看到有人提这些问题，在报价时没把握好度，要么少算了成本，要么没把握好范围，价格浮动超出了预算。

他们一直没发现价格有问题，客户却回复了，愿意接受报价。真正要开始制作合同的时候突然发现或者突然被告知，价格太低做不了。

有很多人都会说了，都是老板报价，与他们没有关系。是，与他们没有关系，责任不用他们承担，但是客户是他们的吧，解释不清楚，丢的是他们自己的客户，损失的是自己的提成。

没有业绩，老板还是会认为业务员无能。

外贸人员就是这样，受很多条件的制约，前期的报价，后期的货期、质量，一旦出了问题，就是风口浪尖，业务员们最受罪，所以一定要有一些处理问题的技巧。

那么报错价格了，该怎么做呢？

以下讨论只针对从没有合作的客户，老客户不在讨论范围之内。

报错价格分两种情况处理。

一、客户未回应，你就发现错误

第一种情况，你及时发现了价格错误，或者报的价格太高直接吓到了客户，或者报的价格太低丝毫没利润，此时客户还没有做出回应，这个时候你要直接追加一封邮件进行解释，为你的错误道歉，并且报出你能接受的最低价格，当然这只是说辞，是不是最低，只有自己知道。我的很多新人都遇到过这种情况，及时解释，会让客户感觉到虽然你犯错了，但是比较坦诚，有诚意合作，反而会留下好的印象，我之前遇到类似问题的追发邮件如下：

Dear ××，

This is Eason，Kiki's general manager from Shandong JAC industry. （表明身份，总经理出马，表示重视）

I must apologize for our fault. （废话别说，有错就得道歉）

When Kiki sent you last offer，we made a serious mistake. The price for ** should be 1 050USD，not 950USD.

At that moment，I was on businees trip outside when Kiki telephoned me to get the offer for *** I should have checked the offer again before sending to you.

Sorry to make so many troubles.

To show our sincerity，I would like to give you our bottom price：1 010 usd/mt.

Wating for your feedback.

Eason

从效果来看，这封信非常不错，甚至比平常的报价信效果都好，所以我把这个作为跟踪客户的一个手段，如果发送报价后，客户长时间不回复，我会追加一封这样的邮件，去刺激客户反应。

二、客户接受报价，你才意识到问题

如果你还没发现，客户已经接受了怎么办？

我的意见有三点：

（一）成交，赔也做，赚个好名声

这是一个不得已而为之的办法，现在很少有老板能够接受这个，而且客户不一定会领情，下次还可能用低价来压！怎么办呢，关键在于你接受时的表达技巧：

“我们会为您准备合同（we will make the contract for you），成交条件为：……（pirce，payment，delivery 等）。

说句实话，我给您核算成本的时候，出了点问题，实际的价格应为……，比成交价格高……，但是既然已经给您报了价格，而且给出了有效期，我们遵守诺言（keep our promise），用报价成交。愿我们建立长期的合作关系！（long time business partner）”。

（二）向客户解释出现问题的原因，重新报价

这是大部分人的第一反应，但是很多人重新报价后，客户就再也没有消息了，因为这样给了客户你很不专业，有效期内随意更改报价的感觉，让客户对你产生不信任感，我带的新人也出现过这种情况，至今客户仍然不搭理我们公司。

当然，这也要看客户，有的客户比较通情达理，可能会理解，再加上一定的表达技巧、真诚的道歉，以及解决问题的办法，例如，你愿意让一步，给出最低价，或者让一步接受一个什么样的付款方式等。只要你给出的价格有诱惑力，客户还是会合作。

解释的邮件如同上面的邮件，基本上可以通用。

（三）给客户开出难以接受的其他条件

按照你对客户的了解，开出一些其他的付款方式等方面难以接受的条件。如你的客户已经说明白了，只接受 D/P 或者信用证，你就严格要求这次合作（记住，是这次合作，因为你的报价很低）前 T/T，让客户为难，为难走他就得了，再或者客户非要这个月货期，你就说这个月生产线满了，只能排到下个月了，客户自然也会另寻供应商。

这样的结果可能也是不合作，但是至少是因为双方一些条件协商的不一致，没能合作，下次还可能有谈判的机会。

以上皆是我自己的建议和想法，以及自己处理的一些方法。我还是建议大家报价的时候要细心，要考虑全面，尽量不要发生这些问题。

报价时，必须分三步走。

（1）计算，必须仔细，考虑到所有的成本，这个实际上很简单，就是公式，FOB，CIF 等，只要你牢记公式，报价就不会丢三落四。

很多人说，自己不核算，要向老板要，所以真的没办法，我还是那句话，同样是要价格，不同的说法，会出现不同的结果。

（2）审核。倒着推回去，看看成本是不是跟出厂成本有差别。即便你自己不能算报价，你也可以审核老板或者经理的报价，你根据计算公式倒着推回去，就有个大概的情况。例如经理给你了 CIF 价格，你试着减去海运费、保险费、杂费等，就可以得出一个大概的价格，这个价格你心中要有数，下次再报，如果出现很大的差异，你就要注意了。

（3）有效期，必须加入有效期。

part 5　面对客户砍价的终极处理方法

价格谈判是外贸业务的重点内容，也是每一个外贸业务员都无法回避的矛盾点。

谈判过程中，客户提出，你的价格太高了，你要给他降价，你该如何面对？总结了一下，常见的说辞如下：

（1）我们的质量好，服务好，品牌好。

（2）我们的成本高，规模大，各类成本都比较高。

（3）您能告诉我您的目标价格吗？

（4）不好意思，没法降价。

对于某一个外贸的具体问题，真的没有所谓的标准答案，其实上面几种说法我也都说过，当然我可能会说得更加具体，说理加案例试图说服客户，有些时候效果不错，有些时候则效果不佳。

有一个问题你需要想明白，价格或高或低是绝对的吗？

当然不是，是相对的，那么客户说价格高，相对于什么呢？

所以，你要获取到客户的参照物是什么，这个很关键。

大部分外贸人员一遇到客户说价格高了，就会慌神，忙着解释，其实你应该先问一句，他的参照物是什么呢，他是跟谁的进行比较呢？

相对的问题，你就要用相对有效的方法来解决，而不是用绝对的答案来回复客户。

当你的客户说价格高，砍价的时候这样处理可能更好，注意，我说的是可能更好，因为还是那句话，这种实际问题绝对没有标准答案，也没有万能的技巧和方法。

你问客户："您说的价格高，是以什么为参照呢？是因为贵公司的预算不够吗，是觉得经济不景气所以在控制成本？有其他家给您的价格低？您觉得我们的产品不值这个钱？我们哪里做得不够好？"这个地方注意，哪里做得不够好，可能是实的，我们资料不全，解释不详细，也可能是虚的，是不是这个人有其他的特殊要求。

第一种情况我做设备的时候遇到过，一套设备我报价120 000美元，客户反馈，太贵了，一开始我们也会解释，我们的产品如何好，如何省人工，如何省电，如何服务有保证，可是客户还是不为所动，问下来才知道，客户的预算根本没有那么多。

面对这种情况怎么办呢？很多人的第一反应是减配置，不是，绝对不是！而是去试探客户是否可以增加预算。当然我向客户宣讲，这个配置是贵，但是比另外一个配置有优势，优势在于哪里哪里，可以节省运营成本，虽然前期投入会有一定的增加，运行起来成本会低很多，等等。如果客户不接受，无法调整，那再减配置。

有时，你也许会遇到客户说你们同行比你报价低，这种情况可能是最常见的，客户砍价的时候一般都说他可以拿到更低的价格，甚至会告诉你一个他拿到的低价。

想一下，不管客户是否已经拿到这个价，他还在跟你沟通，说明他对你还是有一些认可，否则他完全没必要找你多说，因为供应商真的太多了。

面对这个问题，你首先要核算，核算客户所说的价格是否真的可以做，因为并不是所有的客户都是骗人的，至少我碰到了很多客户都会真实地给予反馈。计算完之后你心里会有一个底线。这个时候我一般采用两种方法。

第一，直接降到客户可接受的价格，但是辅以交换条件，例如增加量，提高预付款数量等。

第二，稍微降价，辅以卖点的不断宣讲，卖点的提炼我已经重复了太多遍了，不再多说。

如果客户认为你的产品不值这么多怎么办？两个方法，成本拆分和卖点宣讲。

把成本一五一十地拆分给客户，让客户自己算加法，看看你的产品是不是值这么多钱，当然，产品值钱是因为其卖点好、卖点多，所以，不能忘记不断地强调卖点。

经过以上分析，你可以很清晰地得出一个结论，客户嫌价格高是一个相对的问题，你不可能用绝对的答案来应对，要去找那个相对点，也就是参照点，找到参照点再对症下药。

这个过程有两个问题需要提示：

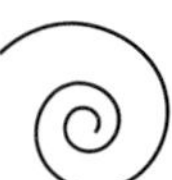

第一，少用邮件，多用即时沟通、电话、手机端沟通等，这样沟通会更加顺畅。

第二，给客户的第一封报价邮件，就要给出你最大的卖点，以免价格偏高直接被淘汰，也方便你以后跟客户拉锯。如果没有特色，客户没有那么多闲工夫理你。

part 6　如何跟客户谈付款方式

价格谈判我写过不少东西，作为外贸谈判中的另外一个决定性因素付款方式我却没怎么写过，实际上我是真的不知道怎么写，很多新人上来就问，他们公司只做 T/T，客户非要做 L/C，怎么办？如果双方都不让步，真的没办法，我也因为付款方式丢了很多订单，到现在为止，纵观外贸界，各个行业，各个公司还没有出现一种行之有效的方法，让所有的客户跟着各公司的付款方式走。

我们公司的付款方式比较灵活，从 T/T，到 T/T + L/C，到 100% L/C at sight，甚至 L/C 30 days，我们都能接，而且接了不少，这就是为什么我们贸易一直做得不错，单子不断的原因。

我写这部分的出发点就是告诉大家如何尽最大可能将订单的付款方式谈成 T/T、部分 T/T、部分 L/C，或者 100% L/C at sight。

如果你们公司规定必须做 T/T，其他的一概不考虑，那么这一节对你的作用不大，除非你的行业竞争不大，或者你的产品价格具有优势，或者品牌具有优势，不然你丢的订单数要远远超过你所能签下的订单数。

先说一下谈付款方式比较忌讳的一个话题，举个例子，我们公司有个泰国客户，要了样品并检测合格，报价也基本上谈妥之后，因为付款方式的问题，双方达不成一致，一直没做下来。对方要求 100% L/C at sight，其实这个付款方式我们能接受，业务员想拿到 T/T 全款或者一部分预付款，就告诉客户，我们公司规定，而且按照行业规矩，必须有一部分定金甚至 100% 的预付款才能合作。客户几分钟之后回邮件了，上来第一句，不需要他教他做生意，他在这个行业十几年了，行业规矩非常了解，既然我们公司有规定，那是没合作机会了，因为他们公司也规定必须用 L/C at sight。以后这个业务员再怎么联系也不回复了。后来我去泰国，跟他见了一面，聊起来，他依然提起了这个事情，说他觉得 L/C at sight 很过分啊，如果按照谈业务的经验，他应该提出 D/A 或者 D/P，让我想办法说服他做 L/C，我们那个业务员太不懂谈判心理了。我解释，实际上当时我们是刚刚成立工厂，资金有问题，所以急需流动资金，业务员可能怕他对我们公司的生存能力生疑，没敢说，才说了那些话。他笑着说，直说啊，生意不就是互相帮助吗，我资金有问题，他帮我，他周转不灵，我迁就一下他，不就行了。现在这个客户一直在合作。

这种情况非常多见，像这个客户看到这种话还回复一封邮件已经不错了，大部分客户看到你说公司规定、行业规矩，估计就直接不再理你了，除非你的产品竞争力很强。

所以谈付款方式的一个忌讳就是，不到万不得已，千万不要说公司规定如何，行业规矩如何。还是那句话，除非你产品竞争力很强，客户选择不多，不然客户看到你这样说话，你很危险。

下面说一下我用过的具体方法吧，这些方法，并不是百试百灵，有时候可以，有时候无效，反正理由总是一个个想出来的，到时候逐个试吧，就如同你追一个女孩子，女孩说，你告诉她一个理由，为什么她要接受你，于是你搜肠刮肚，一个个地讲，到了最后她可能接受你了，但她真的是因为某一个理由吗，更多时候可能是因为所有的这些理由。

一、分层次报价法

我报价都会分层次，例如，

If the payment is 100% T/T in advanced，the price is 1000USD/mt.

If L/C at sight，1020USD/mt.

If L/C 30 days，1060USD/mt.

让客户去选择，一个小柜 24 吨算的话，如果选择 L/C，就要多花 480 美元，选择 30 天，就多花 1 440 美元。客户会综合考虑成本，是要资金流动优先，还是省钱优先。

二、货期差别法

仔细观察客户，例如前几天有个泰国客户打电话，非要七天内交货，付

款方式信用证，我就直接从电话里告诉他，信用证收到就要三四天以后了，三四天之后开始生产，肯定来不及，而且线上还有很多货要生产，很多都是给过钱的客户，这样最早也得下一个船期，如果他能接受 T/T，我可以跟老板申请，把他的货排在第一个位置，先满足他使用。客户挂掉电话，过了五分钟左右打过来就接受了。这是要货比较急的客户，有些客户你判断不出他是否赶货，也可以用一下，一个理由呗。

三、哭穷法

此法我经常用，成功率不算低。我会这样说，由于我们工厂刚刚建了一个新厂（谁知道建没建，反正确立了付款方式以后也很少改），或者新投入生产线或者进行了技术改造，资金相对困难，所以公司推出了回收资金的特殊优惠，凡是接受 100% T/T 预付的客户，在最低价的基础上再优惠 10 美元/吨（如果是设备，就再优惠 5%），以促进资金的快速流动，解决资金流动困难。

四、样板工程法

我们公司在开拓贸易初期，就定了一条思路，每个产品都找一个行业里面比较权威的采购商，哪怕是平价出货，不赚钱，只要退税也要留住他，就是为了建立样板工程。客户在讨价还价，纠缠于付款方式时，我们都会拿出样板客户，作为我们的武器。例如有一个印度客户，价格给我们砍得很低，利润只有原来的一半，还非要做 L/C90 天，这个时候我拿出他们行业里的一个日本客户，这个日本客户在他们行业赫赫有名，我直接把合同给了他，当然合同的大部分信息都处理掉了，只留下了对方的印鉴（证明是真的）、价格、付款条件和货期，直接告诉他，日本的订货量非常大，才给他这个价格，他就一个柜子，也是这个价格，而且付款方式还是 100% T/T（实际上是 50% T/T，50% 见提单副本，结清电放），他们那么信任我，合作了这么久，他还有什么不放心啊？

最后，客户乖乖就范。这里需要提一句，ISO 的认证体系里面有一条是对供应商的认证，对供应商的评估是必须做的，如果该企业跟该行业最权威的企业的供应商合作会大大加分。

五、装腔作势法

这个法子不怎么用，但是好几次被印度人和韩国人逼急了，还是用了，就说我们现在线上货太多了，公司不再接货，除非付款方式是 T/T，可以为他预订下个月的最早货期。这个方法比较牛气，得罪了很多客户，但是死马当活马医，使用此招的目标群是自己觉得自己比较厉害的那帮客人，逼急我了，就用这招，别说，还是成功个把客户。

六、原料涨价法

这个方法适于差别定价，就说原材料价格下月要涨，如果他能接受 T/T，我拿到钱先给他采购原材料存下来，可以维持现有价格，不然，就得按照新价格执行。

七、循循善诱法

有些客户非要做 100% 见提单复印件付款，甚至 D/A 或者 D/P，我们就再加一招循循善诱，就说，相信他不是没钱才要求这样付款，肯定是对我们不放心；实话实说，第一次合作，我对他们也不放心，这是实话，所以我们很难接受这种对我们没有保证的付款，我知道他对我们不放心，所以我们没有要求 T/T 全款，甚至没要求他付定金，就是要求 L/C at sight，银行做担保，对双方都公平。

八、固定付款方式法

我们公司也做机械，机械类产品的付款方式不需要多说直接就是 30% 预付，加 70% 到厂验货付清，然后出厂。做这个行业的客户还真没提出过什么异议。如果某些行业形成了固定的付款方式，就不要打破，例如某些农药，90% 是放账，几十天的信用证甚至 D/A 或者 D/P。

九、志存高远法

这个跟哭穷法有点像，但是又不一样，哭穷是说自己没钱，是刚刚建完工厂，刚刚升级完设备，刚刚革新完技术；而志存高远是说，我们打算建新厂，打算买新设备，打算革新技术，中国贷款的流程比较慢，因此这段时间推出优惠措施，能接受 T/T 的……这样一说让客户觉得，这个公司生意好，有发展，客户还是愿意跟这种工厂合作的。

十、刺激客户法

这招我用来对付过几个印度客户，这几个印度客户的最大特点是，成天说自己公司如何大，如何实力强，如何有钱，但是一谈单子，就开始拼命砍价，付款方式还非要信用证 30 天，好几次都在这儿谈崩了。最后有一次我实在是急了，他总是在那说，只要我愿意接受付款方式，他可以给我多少多少的订单云云，我就抓住他这一点，说，好吧，是不是他这段时间没钱？我去找老板给他申请一下，照顾照顾他，毕竟是贸易商，赚钱的确是很困难。这下子他急了，说："No，I have lots of money. OK，I will pay you 30% T/T of total value. Balanced 70% by L/C at sight，OK?"

其实我也没想到会这样，后来跟几个朋友聊天分析起来，才明白，这个客户很要面子，一直强调自己有实力有钱，生怕别人误会他没钱，价格相对便宜了，他又不舍得放掉这个赚钱的机会，于是忍痛接受。

十一、公司规定，行业规矩

说了一大堆，什么理由都找了，客户就是不接受，算了，机会不大了，直接说吧，因为这段时间活比较多，公司规定不接 T/T 和信用证以外的订单。

以上就是我用过的所有方法，排序不分先后，有的一个理由就谈下来了，有的所有的都罗列上还是没用，所以还是那句话，没有任何一个人可以说他能说服所有的客户接受他的付款方式。

part 7　跟着印度人学"反砍价"

做外贸销售，天天都被客户砍价，面对着咄咄逼人而又训练有素的专业买家，外贸业务员经常被逼到墙角，无处可逃。

其实，讨价还价本来就是生意中的常态，卖家想利润高一些，而买家也从来不会嫌便宜，于是你来我往，为了蝇头小利唇枪舌剑，你应该学会适应这种生活。

但是实话实说，即便是适应了这种生活，实战中也有种无所适从感，因为客户绝对是咄咄逼人的，不拿到折扣或者目标价决不罢休。而你通常处于“弱者”的角色，说轻了，客户根本不听不信，说重了又怕得罪客户，真是纠结致死！

之前公司因为需要 SEO 建站，找了行业内鼎鼎大名的印度人来谈判，因为对 SEO 较为了解，对他们的服务也算有点耳闻，所以没聊几句，直接进入了价格谈判。

当然，我跟我们的客户一样，不管他说多少钱，我都说“your price is too high”，其实我一点都不指望他听见我这句话就马上给我降价，稍微有点常识的业务员都不会这么做。

不出所料，他开始说像他们这种服务，这种水平，这种年限（三年），能达到这么好的效果，这个价格一点都不高，在我们国内估计一年就要几千美金，我真的觉得高吗？

这些说辞也在意料之中，就像是我面对客户说价格高的时候也会说，我们的质量好，服务好，信誉好，所以价格并不高。

因此，我完全不理会他的说法，就说，我知道他所谓的服务和水平，还有所达到的效果，不然我也不会找他来沟通，我会选择别人，但是现在的问题是，我觉得价格太高，我想要折扣。

印度人砍价是出名的难缠，我就想知道，他们在反砍价上是否也有两把刷子，当然能把价格砍下来还是主要目的。下面就是这位销售员的表演时间了。

他见我始终不依不饶，于是拿出了自己的套路，之所以是“套路”，因为我看得出，他的说辞很程式化，不需要思考，是完全的复制粘贴过来的，因为一个人的打字速度无论如何也不可能那么快。

当然所谓的复制粘贴不是无意义的，而是有理论有数据，层层推进，一环扣着一环。例如他又把他们所能提供的服务完完整整地叙述了一遍，而且每一个都对应着切实的数据、案例，让我看到了效果，而且又不得不信。

这一招很厉害，名义上砍价，实际上成了他大肆介绍自己，宣传自己的好机会，因为砍价的时候双方都会很谨慎，不会随便退出，因为都想得到一个结果，所以会给予对方更多时间，他正好掌握了这个心理，先给我有理有据地说明了他们的产品和服务到底有多么的好，为什么一定要那么贵。

正如我一直所说的，我们拿质量作为价格高的借口并不是不可以，但是一定要有理论、有数据、有案例、够形象，能够真正和客户的成本相结合，否则就等于废话！在这一点上这个印度销售员做得非常好，我认为他是受过很好的培训，一定是强训，估计他们公司的每一个人面对客户砍价的时候都是这样应对的。面对这些数据，我是有一定的让步的，至少心理上是，当然嘴上是不会承认的。

其实，上述的方法还不是所有，他还有一个很厉害的点。

他会把这些东西一股脑地全部写出来，根本不管你在说什么。

我说过，他是在复制粘贴，所以很快，所有的内容都出来了，很多人会说，这样做有用吗？根本没有看清楚看明白。

当然他有后手，当说完这些内容后，他就开始问，我对他前面讲的这五点他们公司所要为我提供的服务和能取得的效果有什么不懂的地方吗？而且问了几遍，他这样问，我肯定会花点时间去前面看看他到底讲了什么，因为我肯定是希望了解服务和效果的。

他会留下几分钟时间给我，然后再重新问，直到听到我说，没有，我很清楚。然后他又说，他们能提供这么好的服务，能达到这么好的效果，而且是三年，我还认为价格高吗？总之这句话，在整个谈的过程中出现了数次。

当然，我还是会说，对的，我还是觉得有点高。

他继续说，有哪些附加服务之类，会写到合同里，是正式的合同，还有达不到效果补偿的协议之类，总之还是在说他的效果，意思是这个效果绝对值这些钱，我之所以讲价，还是不相信他们的效果。

就如同我谈订单的时候，也会用这一招，客户砍价一定是不相信我的产品质量，那我就让他对质量放心好了，然后采用各种方式，承诺、文本、合同等，来让客户相信我。

所以，我也不吃这一套，我始终在砍价。

紧接着他让步了，说这个价格真的是最低价，没法再低了。

我说我明白，他的意思是他不可以，但是他的经理可以，我可以教他怎么跟他的经理谈，去要一个更好的价格来。

这一招我也会用，当我发现真的没法再谈的时候，只能这样托词，不管我的上面是否有经理，说出这一句，然后给出一个有折扣的价格。

当然他们后来也给出了一个有折扣的价格，但是我依然不满意，希望可以更低，因为他们用更低的价格做了其他的客户。然而他们当然不可能再轻易让步。

那就只能等着了，本来想还价的，朋友说先不要还价，等他降价，因为按照常规，几天之后他就会撑不住了。

不管结果如何，不得不说，他的反砍价体系还是很完善的，要不是我知道一个很低的已成交价格，或许我已经投降了。

作为业务员，被砍价是家常便饭，如何应对非常重要，反砍价也是有程式，可以训练的。

当然，客户是否跟你砍价取决于你的第一封报价邮件是否合理，是否让客户喜欢，是否让客户觉得有必要……而在报价中非常重要的一点就是关于报价单的制作。

谈这个问题之前，先说一个笑话。记得我在博客写完了报价的文章之后，有个小姑娘留言说，写得不错，但是不如某大神写的开发信那么简洁明快，有点复杂。然后下面有一个比较幽默的哥们留言说："曾经有个农业大学植物专业的高才生，去山村体验生活，看见一个老农在打理一棵果树，就上去说，'大爷，你这样种苹果是不行的，不科学，结不了几个苹果'。大爷看了他一眼，抽了一口烟，说，'是呀，你说得对，的确是长不了几个苹果，因为这是棵桃树'。"

之所以拿出这个例子来，我想说明一个问题，报价邮件不同于开发信，开发信是有一个陌生人突然来推销，写得太复杂，对方未必愿意花时间浏览，所以要言简意赅，说对方最感兴趣的就足够了。

但是客户来询盘问价格，你回复，可能只有一次机会，这一点相信绝大多数的外贸人员包括做了很多年的外贸老人都深有体会，客户来询价，回复了就再也没有消息了。那么你要做的是利用这一次机会给出一些信息，这些信息要足够的细致、全面、易懂、有吸引力。

所以说虽然客户来邮件只是说，请给他报价某某产品，但是对于你来说绝对不能仅仅是报价。

你的报价邮件的信息要全面，报价本身就要包括术语、付款方式、有效期、包装方式、集装箱容量、交货期等，这些当然都要有。其他的还要包括你产品的优势，甚至需要简要地介绍几句你公司的优势，这个地方很多人有个误解，认为客户发来询盘就一定是对公司有所了解，其实不然，很多询盘是群发，根本就不知道你是哪家，是贸易公司还是工厂，有什么认证之类，所以简要地说上几句公司概况还是需要的。

如果是机械类产品，还要有图片、型号、尺寸、包装之类，更加复杂了，若是这些内容都挤在邮件里，邮件就会很臃肿，所以需要单独做一个报价单，这是报价单的必要性之一。

很多人说他的资料简单，不需要报价单，一封邮件足可以写得清清楚楚，那么我说，不是不需要，而是看你愿不愿意做，因为报价单有第二个功能，就是方便客户统计、汇总资料。有一个问题，大家一定要记住，出来要报价这位未必是做最终选择和决定的人，他可能需要汇总一些资料给做决定的人，这个时候如果你把报价单单独做出一份来，他直接下载就可以，这是什么感觉呢？虽然他不能做最终决定，但是他可以决定把谁的交上去，把谁的删掉。

还有第三个功能，就是报价单本身具有的备忘功能，要知道，客户收到的报价非常多，他未必每一个都统计，可能只是用一分钟的时间，选择出最终的几个入围者，其他的根本不再联系。但是如果他一直在采购，就有可能还考察新的供应商，他不可能挨个邮件去翻，谁是某产品的供应商，但是他可以通过报价单找到信息。我有很多客户都是发报价单的时候未合作，是后来他们在报价单上找到我的信息，与我联系，我慢慢跟踪，后期合作的。

基于报价单以上的三个功能，我制作报价单的时候格式和细节是这样的。

（1）我会把一些较为关键的内容，同时放到邮件正文里，例如总报价、我们的突出优势，等等，这些都是引子，让客户有兴趣打开报价单。

（2）我提供报价单，会提供至少两种格式，第一种 Word 文档，这是供客户修改使用的，要知道，很多中间商或者拿佣金的个人，他们需要在你价格的基础上修改价格，Word 文档比较方便。但是由于 Word 文档版本的差别，可能打不开，所以我还会提供一个 pdf 版本，pdf 版本比较正规，是标准的文书，没有 Word 文档编辑时留下的换行符号之类。我还可能提供一个图片版，万一客户 Word 文档打不开，没有 pdf 浏览器，就要寄希望于这张图片了。

（3）无论提供什么文件格式，发之前必须预览，保证客户拿到手可以直接打印使用。我会在邮件最后部分写上，详细报价资料请参见附件中的文件。我提供了三种格式，Word、PDF、JPEG，视他的电脑软件情况选择最合适的格式，而且我都已经排好版，他可以直接下载打印使用。

（4）报价单的命名一定是公司名称加产品名称，例如 jacindustry quotation for food machine，保证客户随时能够知道这份报价单是什么产品的报价单，来自哪个公司。

（5）报价单一定要有页眉页脚，页眉页脚大家肯定都会设置，可以加入自己公司的标志、名称、电话、传真、邮箱，以及公司的一些理念、口号，这是用来提升形象的一种方法。

（6）报价单的第一部分一般我是写公司介绍，当然不是放在网站上那种介绍，简介要突出优势，例如专业生产多少年，拿到过哪些认证，把公司办公室的图片、工厂的图片、车间的图片都放上。当然凡是出现图片的都要打上水印。

（7）下一部分是最重要的部分，报价部分，插入表格，将每一部分的价格标注清楚，包括每一部分的型号、大体参数尺寸、品牌、质保年限等。当然还是要出现报价的关键因素，付款方式等。

（8）下一部分将是上一部分的扩展，例如客户要了 10 个设备，上面对于每个设备都简略地用表格报了价，这个部分就需要放上每个设备的图片，这个设备是否有认证，有哪些具体的参数、优势等，当然还包括这个设备的包装类型、包装图片、配套的配件数量等。如果是成套设备，同理，上面列出了每一部分的价格，下面也需要图片、具体参数、运行条件等。总之这一部分是为了告诉客户，你的产品为什么值这个钱。

（9）如果是成套设备还要有一个配件表，要标注出来。

（10）案例图片（如果有）。

（11）很多公司有集装箱摆放软件，如果有，可以在最后一部分演示一下客户需要的产品如何摆放，总计需要几个集装箱，彰显专业。

（12）要注意分段，不要出现很多文字一大段的情况，用不同的颜色文字标记不同的重点，加上图片，图文交叉，可以做出一个非常漂亮的报价文件。

（13）报价单的开头部分（公司简介之前）， 我会加入TO 某个客户，然后注明报价单制作时间，有效期时间。

第八节　谈判中期：应对谈判僵局

part 1　跟客户谈判时重点把握的几个要素

外贸的过程就是谈判的过程，谈判要掌握四个点。

一、产品

你究竟凭什么跟同行竞争啊，你优于同行的地方是哪里？你的产品性能，参数是多少？这些问题必须吃透背下来，光知道自己卖的什么，却不知道卖的东西的卖点，就如同卖辣椒，非要说辣椒苹果味，如何能够谈判？

很多人容易犯些低级的错误，就是不停地说质量好，比同行好，敢问你了解你同行哪里不好吗？你的质量好在什么地方？你敢举个例子吗？谈判必须点透，说明白，你的质量到底好在哪？你知道吗？

二、客户

客户关注哪些要素，是价格、质量、交货期，还是付款方式？知道了就容易对症下药了。如何知道这个答案，客户关注的地方往往是强调比较多的地方，你要留意客户平常的交流都在说些什么。

例如我有个美国的客户，还没成交之前，他要了我四个月内的所有 COA，十多张，那么我就知道他重质量，要做的工作就是让他对质量放心。给他发些实验室的、实验设备的照片，产品检验时候的照片，仓储的条件等，后期客户再谈价格的时候我就比较有把握了，他说价格，我就说我们的质量好在哪些细节，他再说价格，我还是说我的质量控制如何完善，最终价格没动，就拿下了客户。

再例如我的某几个印度客户，回盘信息很全面，包括了付款方式，写明白了T/T or L/C at sight，他还追了封邮件问能否接受 L/C 30 days，说明他的初选条件可能是付款方式，先接受这个付款方式，再接着往下谈，价格反倒成了其次，当然价格不能太离谱，不然什么都救不了你。

价格导向的客户再明显不过了，报价过去什么都不看，就咬着价格不放，你再说你质量好也没用，他就看价格，这就看你的价格底线了。

三、挖客户

很多客户已经有不错的供应商了，怎么挖过来，抨击同行？说他们产品不好？万一这个客户再跟这家合作呢。你不是说客户没眼光选了一家不好的公司？这种情况我一般都会看客户的反应，他是有意想多找几家供应商还是根本不考虑其他的供应商，如果是前者，直接报价，谈谈各种因素，看看是否能够合作；如果是后者，那就是持久战了，我经常用的方法还是第一个点。例如，我会告诉客户我的其他客户用我的产品的时候发现加入一些其他的什么材料，更有利于最大限度利用，节省成本，等等，这让客户觉得我很专业，慢慢拉近距离。

四、谈判人员的身份

跟你交流的人是什么地位，是老板，采购经理还是小小的采购员，很多人会问，如何知道对方的身份？一来是签名，客户使用了什么签名；二来其他的辅助工具，例如 Facebook 等，判断对方的身份。

跟不同的人要有不同的沟通重点。例如采购员，他们做不了主，你再逼他们也没用，他们只是汇总信息，进行初步的筛选再告诉负责人，那么你可以多聊些其他的话题，慢慢熟悉，让他帮你着重推荐一下，胜算就大一些。甚至，你可以采取某些特殊的手段拿到负责人的联系方式。对付他们就是感情投资，或者一些小恩小惠就可以。

例如采购经理，他们掌握着采购权，却又不是老板，那么一方面让他信任你，相信你的质量不会让他做了决定被老板埋怨，另一方面让他知道跟你合作好处多多。

例如老板，他们是主宰者，跟他们沟通可以尽量放到一个行业里来谈，例如整个行业的状况，他的竞争对手的状况，你的产品可以让他减少多少运营成本等。

part 2　谈判进入僵局后如何打破

很多人和客户谈一段时间之后，因为某些原因会进入一个休克期，也就是僵局。出现这种局面可能是因为价格不合适，双方却都不让步；也可能因为某些技术性参数双方沟通上出现了误解；还有可能客户的采购并不着急，销售员却沉不住气。到底因为哪些，我相信在第一线的销售人员一定有足够的认识。

如果是因为价格，而你的价格还有余地的话，你干脆给出客户你能够做的最低价；如果是因为技术参数，一定要一遍又一遍地确认；如果是客户有采购计划，你要沉住气，但是绝对不能放松跟踪，而是要逐渐增加你的获胜砝码，不断地给同行挖坑。

如果说，你这边已经做了最大限度的让步，已经没法通过让步来让客户改变，怎么办？放弃吗？当然不是，其实你也有一定的方法来打破这种僵局，当然这些方法绝对不是万能的，还是那句话，没有方法是万能的，死马当活马医，看看能否起死回生吧。

一、小语种跟进

这个要归结到客户信息采集表，在你采集信息的时候，如果了解到客户所在国是小语种为母语的国家，那么你在进入僵局之后，就可以让小语种同事出面，作为公司的小语种服务，以旁敲侧击的方式试探，推荐。

例如，你可以让小语种服务，切记不能是销售，当你的公司是企业邮箱的时候，直接开一个小语种服务邮箱就好，例如 spanishservice@ldfoodmachine. com，等等，这样看起来更加可信。

没有小语种怎么办，你不是有群，有圈子吗？找人帮帮忙好了。

二、样品跟进

这个绝对是打破僵局很好的方法，尤其是当产品是低附加值，或者单位产品是低附加值的时候。我的很多客户都是这样拿下的。

当我发现真的很难推进，再往前推可能会直接谈崩的情况下，我会暂停谈判，提出可以给客户免费寄样品，免样品费，免快递费，门到门。

这样做一方面是表达诚意，另一方面是证明一下产品，不管是对因为价格高，还是对质量的不信任引起的谈判僵局，这都是不错的方法。

三、邀请参观

当你的产品不适合发样品的时候，邀请客户前来参观是很好的方法。

客户认为价格高很多时候往往是因为不了解产品，有些产品从表面很难看得出好坏，所以要实际看一下，体验一下，这样可能会更加直观地体现出你产品的优势。

很多人说了，你邀请客户来，他就来吗？

当然，客户来是要花钱的，如果你给客户报销路费，或者路费的一半，成功率自然会提高。这种没法发样品的产品往往价值稍微高一些，利润也会高一些，你可以给客户承诺，他来参观，如果最后能在中国定下订单，采购这条线（限定产品）的话，你可以报销他的机票住宿费，或者一半，视金额大小决定。

四、视频推进

当发不了样品，客户又不愿意来，但是就是对产品有疑虑的时候，视频或许是比较好的解决方法，有的时候，有些视频你未必愿意给每一个客户都看，但是如果看一段视频有可能搞定一个客户的话，我想你还是十分乐意的。

其实比较简单，你可以上传到某些视频网站，加密，告诉客户密码，供客户浏览。甚至可以给客户邮寄光盘，突出差异化。

如果视频说服力不强，就要用到我经常说的无线网络传输技术，通过手机 APP 或者特定的网页地址，访问工厂车间的摄像头，清楚地呈现车间的整个生产流程，这更具说服力。

当然你还可以带着手机或者平板电脑，利用移动 Wi-Fi，跟客户直接视频聊天，让客户身临其境。

五、看能否找到客户的其他信息

当然这里说的其他信息实际上客户信息采集表也已经涉及，也就是客户的一些喜好，个人的一些细节的东西。

这些东西怎么获得，拿一切与客户相关的信息进行搜索，邮箱、人名、固话、手机、公司名称、公司网站，等等，在任何可以获取信息的地方，Google、Facebook、Twitter、Linkedin 等。

当一切进入僵局之后，不如暂时抛开业务，从客户的爱好下手。

例如，这次穆斯林的斋月，进入斋月之前的一封封问候，让我们很多原本没有希望的订单，变得又有了一些生机。

很多人说，他用了，他找到了客户的爱好，不管用啊。

于是我看了一下这个人的邮件，上来就写，他知道他喜欢下象棋，其实他也喜欢。这个未免太明显了。让我我会说，这几天的沟通让我感觉到，商业谈判真的像是下象棋，每一步都要很细致，但是不能为了一点利益毁掉全局，所以我们真的已经做了很大的让步。这感觉就会完全不一样。

还有人说，他知道巴西世界杯，就去祝贺巴西客户，说盛世之类的话，但是客户骂了他一顿，因为客户告诉他，他讨厌世界杯在巴西，因为税收加重，什么都不方便了。

所以，在使用具体技巧的时候要注意表述方式，否则只会弄巧成拙。

六、团队配合

真的进入僵局之后，客户或许认为你已经说了底线，已经无能为力了，所以，不愿意再理你，这个时候，你还可以找一个老板的邮箱，例如 boss@ldfoodmachine. com，如果是较为复杂的设备，可以找工程师邮箱 engineer@ ldfoodmachine. com，来接手谈判。

谈判一开始就直接说，你是某某公司，某某人的老板，知道他们最近就某个产品进行了相关的谈判，不知道现在为什么进入了僵局，你一直听某某说他是 VIP 客户，所以想跟他沟通一下，是什么让你们一直没有合作，你们可以直接沟通，你会给他最大限度的让利。

很多客户真的会重新开启谈判，会说，他的最低价是多少钱，但是业务员说最低多少，没法进行，你是老板，你认为这个价格能否接受？

能或者否，你要很干脆。能，好，你会让某某给他做合同，请他在三天之内打定金进来。否，不好意思，这个价格真的做不了，你的最低价就是×××。

part 3　谈判中的虚与实

商场如战场，真真假假，虚虚实实，所谓无商不奸，如果太信商人的话，那你就等着吃亏了！

今天我说的虚虚实实，不是指真真假假，因为我的宗旨不是骗客户，而是忽悠客户。

骗和忽悠是两个概念，骗客户是拿客户的钱不给货，或者给客户假货；忽悠，是因为客户总是不肯就范，用点小话术，小手段，让他尽快决定买你的产品，客户的产品可能不是什么优等品，但是绝对能用；可能问题挺多，虽然不能马上解决，你也绝对不会撒手不管……

今天我想说的是，如何避实就虚，回答客户的一些问题，什么问题呢？

例如客户问你做没做过这个市场，让他怎么相信你的质量？

下面就产生了，实和虚两种答复了。

实：对自己的产品绝对有信心时，你可以说："您放心，绝对不会出问题，一年内主机出现问题（非人为），我们无条件上门维修，因此产生的一切损失我们承担，如果您想退货，我们也是无条件接受，可以写入合同，甚至留上1%的保证金给您，一年之后您给我，怎么样，到时候您一定会给我，因为您还想继续从我这边买产品！"

对于我的某些产品，我就敢这样说，因为技术完全没问题，质量绝对有保证，这种非常实的回答，会让客户获得非常大的信心，对于订单是一个极大的促进。

虚：对自己的产品没底，因为经常出问题，售后忙都忙不过来。此时，你可以说："就是因为没做过你们国家，所以我们把你们国家市场作为重点开发对象，您想想啊，既然我们想做这个市场，就肯定希望已合作客户用我们的产品都好好的，当别人问的时候，您会帮我们说说好话，所以，我们肯定是给您最好的产品，最好的服务，不能前几个单子就把我们的巨大市场给砸掉吧？没人敢说自己的东西不出问题，但是我们会第一时间为您解决问题，还希望把您做个样板。"

这就是纯忽悠，感觉说得很好听，但是没有一点实际内容，听起来的确很有道理，可是对卖家没有多少约束力。

这就是实和虚，实，就是给客户一些非常确定的东西，例如保证、赔偿，前提是对你自己的产品有把握，不会因为出现问题而遭受损失；但是，现实很残酷，大部分企业，尤其是业务员无力掌控全局，老板不发话，就说自己的产品好，但你清楚肯定会出问题，就只能玩虚的了。

再例如之前我说过的一些话，客户问，跟大工厂相比，你那小厂有优势吗?

你就只能玩点虚的，说对于大工厂，他是普通客户，但是对于你，他们就是 VIP，产生问题，大工厂要走流程，一级级审批，而你们就是老板一句话，等等。

其实就是玩文字游戏，但是很多时候，这种文字游戏不玩还真不行，硬碰硬，很多小企业会死得很惨。

再例如，客户说 2 000 元做不做，你的真实情况是做不了，就实说，不好意思，这个价格不够成本，你真做不了，你的最低价就是 2 100 元，让客户看看可以不可以。明明白白清清楚楚。往虚了说，就是，你给他申请了一下，真做不了，这个价格你把你的工资奖金都贴上，老板也未必接受，最低价格就是 2 100 元了，他能省点，你还能拿点提成。

你看，实，说得是很清楚，干脆利落；虚呢，啰唆，连哄带忽悠！

其实客户也不傻，也大概知道哪些是实，哪些是虚，但是一来，他们没其他的办法，被逼无奈；二来，某些人就是喜欢听好话，在价格条件等差别不大的情况下，也会因为一些“忽悠”而下订单。

part 4　如何引导客户推进谈判

很多人都在问，为什么客户不下订单？客户到底在想什么呢？我用我自身做采购的经历告诉大家，影响客户做采购决定的因素到底有哪些。

价格、付款方式、交货期，已经不需要多说，在《JAC 外贸工具书——JAC 和他的外贸故事》第三章第八节 part 5“客户为什么会下订单给你”一文中已经详细地阐述，大部分时候，这些是合作的必要条件，也就是说，这些因素满足了，才有可能拿到订单。

但是随着信息的透明，价格、付款方式和交货期已经不是秘密，基本上都在一个水平上，相差不会很大，这个时候客户又是如何做决定的呢？

我说一下我跟客户谈判的一个引导过程，中间插入影响客户决定的因素。当我发现一个客户，无论是搜索也好，客户来询盘也好，首先想到的是一个点，就是客户的兴趣点，这里就出现了一个兴趣点的选择问题。做过采购的人都知道，采购对什么感兴趣？价格？不，绝对不单单是价格，而是合适的产品跟合适的价格。首先你得有客户需要的产品，在此基础上，质量要优质，价格要公道。

那么你给客户报价的时候就要注意了，报价绝对不仅仅是一个报价那么简单的。因为客户可能只给你这一次机会，就如同一个表演比赛，你到了场上，评委就是一场定成绩，你要在有限的时间里，表现出自己的亮点，展现出自己的才能，才有可能进入下一轮。

所以你要充分利用这一次报价，让客户对你产生兴趣，那些所谓的半遮半露的报价等于自杀；追着客户问具体型号，不然不报价更是自废武功；而那些追着要客户公司信息，联系方式的，就只能称为可笑了。

那么这个问题就转换为如何制作一封好的报价邮件的问题了。

报价邮件的写作

首先，要素要全面，基于不同付款方式的价格（要合适，不能漫天要价），例如，CIF 或者 FOB 要清晰标明，集装箱容量、单位包装细节，价格基于的参数等级，有效期等。这是一封好的报价邮件的基本要素。

其次，如果你害怕自己的价格没有优势，你就要突出产品的优势，那还是我说的产品优势的数量化、形象化、跟客户的利益相关化；或者用独特的方式表现出你产品的性质，让客户记忆深刻。

如果你能通过有限的信息找到客户的更多资料，这些都将成为你的资源，例如你通过搜索邮箱，Facebook，Linkedin 找到了客户的很多信息，就都可以巧妙地加入到报价中，以求让客户对你产生兴趣。

如果可以，为客户制作一份报价单，把报价单排好版，让客户可以直接下载打印。提醒一下，即便是有报价单，邮件中也要尽量出现价格，以防报价单打不开，使客户对你失去耐心，有一个合适的价格，客户还会再找你要

具体的报价单。

上面就是我所说的兴趣点，这个兴趣点是为了让你有机会进入跟客户的下一轮交涉。现在你可以仔细回忆一下自己的报价单，价格是否合适，产品的优势是否突出，如果都是平平，估计大部分没有什么回复了。

当你找到了客户的兴趣点，客户才会找你讨价还价，谈到更多的方面，这个时候，一个业务员的专业性和职业性就非常关键。

因为这个过程你会面临客户的刁难，例如价格，客户会跟你讨价还价，甚至给出你根本接受不了的价格，怎么办，放弃吗？当然不能！

这个时候你就要运用你掌握的公司资料、产品知识，为客户讲解，你的产品可以如何让他节省成本，如何让他市场更好等，还可以说，你这个行业的现状，的确有很多小工厂价格可以很低，很多贸易公司从这些工厂拿货也能便宜很多，但是质量如何，还有待考证。例如某个参数，需要投入几十万元建立实验室才能检验出来，那些小厂有吗？你不介意他比较同等规模的企业的价格，但是小作坊，真的没法参考。

或者你还可以说，他的市场上客户群体是如何的，你做了多少年了，对操作非常熟悉，可以让他省掉很多后顾之忧，不会因为某些方面做不到位产生额外的费用……

说辞有很多，总之是要体现出你对产品很专业，你们公司很专业，你对外贸操作很职业，你们公司操作很职业，让客户从最基本的层面认可你的产品和公司。如果说价格和产品是合作的基础，那么这些方面就是合作的关键因素！

在跟客户谈判的过程中，如果客户愿意跟你聊天，那么你很幸运，你有很多机会可以去了解客户，表现出自己更多方面的东西。例如跟客户相同的爱好，对某些有共鸣的事情的看法，如果你事先储备了很多对于生意，对于某些方面很深刻的观点，那么你会让客户刮目相看，对你的人进一步认可，这个认可，让你的很多表达更加有效。

为什么这么说，客户对你的印象是个系数，你的说辞乘以这个系数是达到的效果，印象平平的时候，系数是1，效果也就是1×说辞；当客户对你印象很好，有了认可，基本的信任，系数将会成为2，甚至3，那么即便说辞差一点，效果也会非常好。

以上就是引导客户的整个过程。用基本的订单条件吸引客户，在沟通中充分展示你的产品和公司的操作，同时让你的客户对你这个人产生认可。

说起来很简单，但是实战中往往会遇到这样那样的问题，例如，客户就是看重价格，价格合适就好，不谈其他的，那么你就要随机应变。

方法是死的，人是活的，你会在实际业务中遇到很多方法中没有提及的问题，这个需要业务员灵活应变，举一反三，通过不断地调整，修正思路来解决实际问题。这才是授之以渔！

part 5　抓住谈判的火候，促进成交

谈判是一个循序渐进、由浅入深的过程，也是一个把客户越拉越近的过程。但是谈判的过程再精彩，技巧再丰富，缺少了最后的成交，这次谈判也是失败的。所以，谈判的目的永远是成交。

但是大部分的外贸业务员都在犯同一个错误，就是等待客户提出成交，自己从来不敢提，结果错失了很多机会，丢了很多订单，或者造成了一些额外的困难，费神费力。所以，要善于去增加谈判的火候，判断火候，抓住火候，一击即中。

其实敢不敢提出成交是销售高手跟一般业务员之间最大的差别，也正是这一点，造成业绩的很大差距。

其实谈判中你要考虑一个很重要的问题，有的时候客户经过筛选、淘汰、判断、分析，最终剩下的未必只有一家供应商，可能有两家甚至更多。他在这几家之间徘徊，选择不定，因为这几家价格、产品、服务、人员素质都相差不多，客户陷入两难中。

这种情况我遇到过很多次，分析客户的意向，谈判的阶段后，认为客户应该下订单了，可是客户就是一直不做决定，于是我会去函或者电话询问，他是不是还有什么疑问或者还有什么疑虑，客户说，没有疑虑了，不过还在考察，等他们决定会告诉我。

得到这种答复，其实挺危险，虽然口头上告诉你没有疑虑，但是实际上有很大的疑虑，他的疑虑是怕出现选择错误。

这个时候，你要主动出击，给他一个选择你的理由，例如，赠送一些小

附件，告诉客户现在签约的话，以后的配件打八折；如果是化工品，你可以加重砝码，例如，如果出现跟样品不一致的交货，你接受全部退货，并且赔偿损失，等等。

当然这些条件说完，都要加上一句话，你的合同或者 PI 已经做好，如果他同意，你会把这些条件加进去，发给他，请他签字回传，并且安排定金或者信用证或者全款。

一、对比法

当然主动成交还有一种重要方法，就是对比法，有些时候你通过了解，知道客户是在哪两家或者哪几家之间摇摆，这个时候你需要列个表，当然这个表很明显是需要以己之长，攻彼之短。也就是为什么买你的，不要买他们的。

当然这个攻，绝对不是攻击，而是通过罗列事实，或者数字，或者效果，来直观地让客户知道你的长处。

二、打感情牌

还有一个成交的方法，是打感情牌，这个要建立在跟客户有了一定的交往，客户可能对销售员有一定好感的基础上，毕竟是已经进行了一段时间的谈判，甚至很多还是见过面的，客户对于销售员会形成基本认识或者评价，这个认识或者评价销售员能够在日常的沟通中感受到，一旦发现对方对你有好感，在火候到的时候，可以打一下感情牌。

我曾经的一个销售员跟客户说过这几句话，让客户下了接近 6 个柜子的订单。注意前提，这个客户已经跟踪了很久，还考察了工厂，应该是所有条件都已经接近成交，但是客户有老供应商，所以在犹豫，要不要开始跟我们合作，或者考虑给我们几个柜子让我们尝试。

业务员是这样写的："您好，迟迟不见您的订单下来，我真的非常着急，因为您告诉我，您对产品、价格、付款条件都没有疑义了，但是真的不知道是因为什么原因，您一直不肯把订单给我。为了拿到您要求的价格条件，我向老板承诺了，只要是这个价格，您一定会下订单的，可是，这么久过去了，老板虽然不催我，但是我还是觉得不好意思。是不是您觉得价格还是不合适，我们的价格是真的不能再低了，要不，我把我的提成给您，6 个柜子的提成大约600美元。我把合同做给您了，如果您觉得我说的合适，我们可以另外签订一个合同，我承诺给您600美元。”

客户回复，谢谢她的努力，也谢谢她的真诚，他愿意帮她，让她向老板有个交代，合同已经回签。他会在合同规定期内安排定金。至于600美元，让她拿出一部分请他吃饭就可以。

后来客户来到我们公司，一个劲儿夸这个业务员，用功、真诚，让我们好好培养她，当然他也没有让业务员请吃饭，而是请我们公司的所有人吃了一顿饭。

方法有很多，宗旨只有一个，发现火候恰当了，立马提出成交，不会方法？那简单，你学会几句话就好了：“您没有其他问题了是吧？那么我们把合同签了，您尽快安排货款，我们好给您备货。”

part 6　别让合同条款成为订单的最后障碍

业务员都知道，拿下一个订单是多么的不容易，无数封邮件，能得到三五个回复，已经很不易，从这三五个里面，抓住一个，若干封邮件来往之后，讨价还价，费尽心力，终于让客户认可了，价格、付款方式、货期都商定了，皆大欢喜，于是要做一个业务环节最重要的步骤：签订合同。

相信绝大部分客户都可以顺顺利利地签订合同，但是总有一些特殊的客户，尤其是大客户，会对合同吹毛求疵，要求各种各样的条款，若是双方因为这个谈不拢，就会前功尽弃。

但是，你分析一下特殊条款，实际上它就是对前面所谈要点的确认或者加强，例如：

（1）交货期确认，若产生延期，卖方必须赔偿一定金额。

（2）质量条款确认，要求质量是某个参数，如果低于参数，买方可以退货或者索赔。

（3）交货标准确认，是按照质检单标准交货还是按照样品标准交货，确认后，若交货不满足要求，买方可以要求退换货。

（4）单据制作确认，规定如果因为卖方制作单据出现错误影响买方提货，卖方承担一切责任。

（5）包装条款确认，包装使用标准，包装张贴物，等等问题，如果出现不一致买方可索赔金额。

其实你这样列举出来一看，根本不苛刻，这些都是你答应给客户的条款，只不过通过合同确认，然后加入了处罚条款，很多人就不敢接受了，为什么？轻言许诺！

为了拿到订单，很多东西都是张口就说，货期自己都不知道能否赶得上，质量自己都没把握达到某个标准，为了拿下客户满足答应，签合同的时候又不同意了。缺乏契约精神！

很多企业老板喜欢口头承诺，因为口头承诺到时候实现不了，没有证据可以追究或者处罚，一旦写入合同，就害怕了。

于是让业务员告诉客户，你们不同意加入这些条款，让客户放心，你们一定能做到，不需要加入。客户则会想，你这么一说，他就信吗？既然你什么都能做到，为什么不敢写进去呢？看来你是做不到啊！那么前期承诺的都是假话啊？你这是明摆着要骗他。这种情况下，除非客户实在找不到替代者，一般都会开始迟疑，甚至不再下单。

其实大部分人没有想到，这个不应该成为丢单的原因，相反，它应该成为拿单的利器，刚开始开拓市场之时，我都会把这些条款当作拿单的利器。

例如，我跟我最大的客户谈判时，客户回复我说，他们是行业内最大的企业，而我们则是不知名的小企业，他为什么要跟我合作呢？除了《JAC外贸工具书——JAC和他的外贸故事》中介绍的如何让自己的劣势变成谈判优势外，我做了如下两点。

（1）独家经销协议，保证我只从他这边联系他们公司，绝对不会通过其他的任何渠道联系。这个类似于企业的独家代理协议，只不过这个是跟个人签订的，目的是让他放心，我们只把信息给他，其他的人不会得到真实的信息，如果他有什么特殊要求，可以随时给我们提。

（2）做了一份合同，里面清清楚楚地写明了几个条款：

①货期条款，最迟装运期为某天，如果延误，每延误一天，赔偿损失货物总值的××。当然，限定一下，若因政治、极端天气等人力不可抗拒的因素引起延误，双方本着谅解的态度商定新货期。

②质量条款，约定交货参数为……，如果实际检测结果，低于交货标准，

我方愿意接受全部退货，损失我方自担，而且我方愿意承担因此产生的卖方损失。当然，限定条款，检验方法为……，必须保持一致，不接受其他的检验方法得到的结果。

③单据方面，保证交付单据不会为卖方带来清关麻烦，如果引起清关，额外费用或者港口费用，我方愿意承担。当然，限定条件，如果因为买方未及时提供信息，或者提供了错误信息，或者完全按照买方意思制作的单据出问题，我方概不负责。

④包装方面，我方承诺为标准包装，保证按照要求印刷、贴标签，若不符合要求，给买方带来损失，我方一律承担。当然，限定条件，我方会在交货时拍照，如果交付时完好，符合要求，运输途中出问题，我方概不承担。

总之，事先约定条款你都要敢加入，当然也要加入一些限定条件，最大限度保障你的利益。实际上这也是在给同行挖坑。你敢做，同行不敢做，很容易引起买家的不信任。很多同行就会这样被淘汰掉。

part 7　做好所有工作，订单水到渠成

做外贸，做业务，我最喜欢说一句话，做好所有工作，订单水到渠成。

所谓水到渠成，也对也不对。

对，意思是拿订单需要做很多准备工作，前面的种种工作做不好，做不彻底，就谈不到订单的成交，从这个层面讲，水到渠成是完全合理的；不对，意思是，水到未必会渠成，或者说，水到渠成绝对不是自然而然的，等待水到渠成，等待订单成交，只会让你丢掉很多订单。

大部分的外贸业务员，包括我自己，都是缺乏攻击性的，在大部分的外贸业务环节里面我们都会很主动。主动去找大量的邮箱地址，每天主动发大量的邮件；主动发大量的宣传信息，包括免费 B2B 发布，收费平台的维护；主动跟踪客户，跟客户沟通，主动做很多工作让客户认可我们。

可是一直很主动的我们，唯独有一件事却不敢主动：成交！

绝大多数的业务做了大量的工作之后，就开始等待，等待水到渠成，等待幸运到来，等待客户提出签订合同。客户主动提出成交是最理想的情况，可是在很多情况下并非如此。我从一个订单成交的前提条件开始梳理一下。

（1）价格合适。

（2）付款条件合适。

（3）产品表面看起来符合要求。

（4）对公司和人员大体满意。

这些条件都满足客户需求之后，还会出现一种情况，同一个客户联系的人太多了，很多订单马上就要成交了却被人截和。我曾经就有这种订单，几乎跟客户将所有的细节都已经谈好，只信心满满地等待客户下订单，结果若干天之后获得消息，客户已经跟其他的供应商合作。前几天，我的业务员也是这样丢了一个订单，所有的细节都已经想到，接待专业细致，客户满意无比，说回去就考虑下订单的细节，可是若干天之后，再跟踪，客户承认已经跟另外一家同行合作。

这就是所谓夜长梦多！

所以你的主动还应该包括主动成交，在销售理论里面，这叫做缔结成交或者叫做假设成交。

最常见的表现是变“你是否买”到“你买多少”。

还记得那个经典的板面理论吗，一个老板问客人要不要加鸡蛋，另一个问是加一个还是加两个，这就是典型的假设成交。

所以，一个好的销售还要会判断客户的诚意，谈判的火候，抓住机会，果断地主动地提出成交，抓到手里的订单才是真正的订单。

有一个点需要重点地说一下，并不是所有的问题彻底解决了才能提出缔结成交，而是可能遗留了一些问题，正在探讨，但是你判断了客户的意向，觉得如果这些问题能够解决，成交的可能性极大的时候，你就要试探着提出成交。

例如我经常会这样说：“我们针对付款方式谈了好久了，我想问一下您是不是只对这个方面有疑问了，例如价格、质量、货期都已经没有问题了（早就探讨过了）是吧？也就是说，如果我们可以接受您的付款方式，我们一定会合作，对吗？如果是这样，我先把合同做好，您帮忙审核，可以不确立合同，付款方式一栏空白，我带着合同去找老板申请一下，如果他能接受，我们就合作。”

再例如：“我不是老板，也不是什么管理人员，只是一个打工的，老板告诉我这就是最低价了，为了您的价格我已经申请了很多次，估计老板都烦我了。希望您能够体谅我的处境。但是我还是愿意为您尝试，如果我接受您的目标价是不是您一定跟我们合作，而且还要给我们几个柜子（多多益善）的订单？如果得到您的肯定答复，我跟老板申请的时候，可能会容易一些。”

再例如：“我们已经沟通了这么久了，很多问题都谈过了，我认为是时候结束这个订单了。”够直接吧，很多时候我会直接这样告诉客户，客户也会告诉我他的真实打算。

当然还会有一些其他说辞。客户来访，对公司产品都较为满意，沟通的也不错，交易条件也谈得差不多，客户可能会说等他回去做决定。这个时候，我绝对不会放客户就这样离开，而是再加一把火，告诉他：“您都来了，是本着最大的诚意来的，我们也拿出我们最大的诚意，我们今天把合同条款落实好，签订好，我去找老板申请一下看看能不能赠送您几套配件（或者折扣，或者报销一部分机票之类）。”

当然，合同签了并不算数，收到钱才算，所以我还会找客户要一点现金作为定金，哪怕几百美元都不打紧，总之，绝对不能让他轻易就走了。

所以，逼单要有诱饵。当然，逼单要看对象，一定要面向有决定权，或者影响最终决定的人。不然逼单就没有什么实际作用了。

第三章
跟踪谈判得当，事半功倍

part 1　如何分析旧客户的资料

很多外贸人都不知道客户完全不理你、中间失联，或者煮熟的鸭子飞走的原因。找出原因，然后针对原因找出对策，去实施，去解决问题就成了最重要的工作。

如何找出原因？以下的方法绝对是行之有效的，只要你按照我的方法来，保证你可以通过你所有的旧资料分析出问题所在。

第一步，从你跟客户的第一封邮件开始，包括即时沟通（备忘录）、电话记录（备忘录），把客户曾经关注的问题一个一个地列出来。

第二步，把你回答客户问题的答案一个个对应地列出来。

第三步，把你没有回答的客户的问题一个个标出来，这个很重要，并且一定要分析出当时为什么没给答案，是根本没看到，还是当时不会回答，还是根本回答不了。现在的答案能否给出？如果能，必须马上对应地写出来，如果还是不能，要想到如何跟客户解释。

第四步，以你现在的角度来分析你客户的问题，分析我们之前的回答是否真的合适。是否真的已经完全解释了客户的疑问，是否真的已经解释得很透彻，还是仅仅点到为止。

第五步，查看是否有原则性的争议，例如是否有付款方式不能统一，是否因为价格很难达到对方要求等，然后检视针对客户的付款方式你有没有给出不合理的不能接受的建议，是否建议了新的你认为合理的付款方式，合理之处在哪里，当然也要检视当时客户的回盘价格你是不是真的不能接受，还是想磨客户却把客户磨走了。要知道如果因为价格原因丢客户了，那么针对这个客户，价格就一定要做出调整了。

第六步，分析是否遗漏了一些重要的交易信息，例如付款方式、价格、货期、包装细节、对方的具体需求等。如果没有，说明根本还没有涉及成交环节，需要从基础问题开始谈起。

经过这六步，你基本上就可以判断与这个客户交流的问题出现在哪里。没有消除客户疑问的，继续去做工作，消除其疑问；没有沟通深入的，继续去深入沟通；没有谈及重要问题的，你要主动去给客户提供这些信息，看客户的反馈；原来有冲突的，你要尽最大努力调整；以上一切的出发点是找问题，只有找到问题，才能有针对性地给出解决方案，有了解决方案才有可能拿下订单。

此外，还要分析以下几点，其实这些点以前都写过了，只提一下，具体内容可以去看《JAC 外贸工具书——JAC 和他的外贸故事》一书。

（1）主谈人的身份地位。

（2）主谈人的其他联系方式。

（3）主谈人的性格习惯，最近动向。

（4）对方公司的详细情况。

（5）海关数据查其信息。

（6）你的底线在哪？

part 2　价格变动更新不及时导致丢单

这是一个非常实际的问题，最近公司的某产品连续地丢了一些客户，这些客户很多都是样品合格了，却在最后一轮把我们踢出局。

原因有很多，其中有一个非常低级的错误，没有及时为客户更新价格。

没有更新的原因很简单：第一，跟市场脱节，根本没有关注到市场的价格变化；第二，发样品之前的价格可能处于高位，而检测样品消耗了一些时间，可能是几天到几个月不等，而这个时候恰好价格下降，我们却没有及时为客户更新价格，可能业务员认为客户如果接到更低价会主动联系我们的，可是不是这样。

很多人都在说跟踪客户，但是大家是否意识到更新价格是跟踪客户的最好方法。

第一个原因我不需要多说，作为一线业务员除了谈客户，还有一个很重要的职责就是关注供应端的信息，了解市场上的风吹草动，否则就会跟市场脱节，不经意间就会被市场淘汰。

第二个原因就需要说道说道了。很多时候，客户会先问价格，然后根据价格判断你是否可以进入下一步谈判。客户会根据当时的行情来判断这个价格是否合适，如果合适，就会要样品，然后就是等待。

除非客户的需求非常紧急，样品的检测结果会很快出来，这样或许价格没有变动，那么客户会象征性地砍一下价格，因为你的价格可能已经非常接近他的心理预期。但是大部分情况下，客户不会那么着急，所以样品检测不会那么快，可能十天半个月甚至更长，如果你的产品属于价格有波动的产品，这个时候你就要注意了，在等待的期间你要根据行情为客户及时更新价格，不然就会出现我们开始的那一幕。

很多人会疑惑，客户为什么不再找你沟通呢，你的样品都合格了啊。

原因有几个：

第一，跟你联系的人中有一些是中间商，他们每天都在采购大量的产品，根本没有时间紧盯其中的一个产品，在一开始阶段进行完必要的价格比较后，他们选择拿你家的样品，样品送达最终客户后，他们也开始等待结果，这个过程中可能不会再主动获取这个产品的任何信息，所以，样品合格后，他们并不知道价格变动了，还是会按照原有的价格盯终端客户，结果可想而知，价格太高，淘汰！

第二，很多客户是终端客户，就如同上面写的一样。但是有一点不同，贸易公司一般只会拿一个样品给终端客户，但是终端客户会有很多家贸易商，也就会拿到很多样品，获得很多信息。当其他家的信息更新较为及时，而你却没有主动为客户更新时，可能就会给客户误解，你的价格高，而如果高很多的时候，客户可能连理都不会理你了。

所以，为了杜绝这种低级的，可以避免的信息误差，你要把所有的事情都做到透彻。不要想当然地认为这个客户可能知道，那个客户可能能得到消息，客户应该会来跟你商量……

你没有这样丢过单吗？好好想想，你的样品合格了，订单却飞了，分析过吗？

part 3 如何跟踪客户

跟踪客户的前提是什么呢？分析客户！如果通过搜索能搜到客户的众多信息并可以为你所用是最好的，如果搜索不到，也不能不跟踪。

第一次联系就能成单的客户有吗？有，但是很少，我也想一封邮件过去，经过简单的讨价还价就把客户拿下了，但是我做不到，我90%以上的客户都是通过后面慢慢地跟踪拿到的。

我说要不断地骚扰客户。可是如果把你放在采购者的角度来看，你也会烦那些整天有事没事没话找话说的推销和骚扰。这样的骚扰根本没效果，甚至会让采购者更加讨厌，起到反效果，让关系更加疏远。

凡事换位思考，就会容易得出结论，至于我，我更愿意接受两种类型的骚扰，第一，对我确实有帮助、用途或者说好处；第二，有一些话确实能够说到我的心坎上。相信对于大部分人来说，面对这两种类型的骚扰，不会厌恶吧。

那你就可以在这两点上做足文章。

一、聊对客户有用的话题

（一）产品价格

客户肯定关注他所要购买的产品的价格。我通常都是每个月的月初把最新的价格报过去，如果遇到价格变动比较频繁的时候，我会视变动的频率给客户发邮件，并且设置上有效期。

我有个巴基斯坦的客户就是这样拿下来的，他就问了一次价格，然后就没消息了，照很多人的说法，对方不再反馈就别理他了。我没有，我每个月或者价格变动时都会发邮件给他，连续七个月，突然某天我接到一个国外的电话，说他已经在上海，准备去济南参观工厂。我比较纳闷，这是谁啊，就问他是哪一位。

对方重复两遍邮箱我才想起来，于是我安排好去机场接他，一见面，他就竖着大拇指说我很敬业、很勤勉，虽然他不回复，但是他都会看，这次来中国，考察了原有的供应商，然后顺便来看看一直不放弃的我。

我说我吃惊，他就给我发了一封邮件，然后七八个月不理我，现在居然来了，太高兴了。当时，我心里很明白，这个就是白赚的。

他一到我们工厂就高兴起来了，尤其看到我们的检验设备，当场就问我，我月初给他报的价格还有效吗？我说有，他立刻下了一个柜的试订单。

（二）行业状况与趋势

例如，我会为客户预测每年一个时期我们产品的趋势，提醒客户早作存货或者不要出手。我记得曾经有一个客户，无论如何也不理我，我们当时几个人预计到这个产品一定会涨价，因为每年基本上都是这个趋势，今年也有了苗头，就给客户发了一封邮件，标题，you must buy ×× within one week，or you will regret，这样极度自信的帖子，它让客户很吃惊，发了一封邮件过来，问我预测的准确吗？我说这样吧，他跟我签合同，如果价格涨价，按照签订合同的价格合作，如果不涨，我给他降到最低价合作，如何？

还有我会告诉客户，这段时间中国有某会议，某些行业会查得比较严，甚至公路运输都很麻烦，如果不想耽误工厂进度，希望提前备货，例如奥运会前期，我们的产品是危化品，河北是主产地，河北的大部分工厂停产，我们虽然生产但是青岛港因为帆船赛禁止危险品出运，我事先提醒了客户，客户没当回事，后来为难了开始找我帮忙，后期对我也是很认可。

（三）专业性

我们有个做橡胶的客户，需要用我们的产品作为催化剂，当时我从网上看到一篇关于他们产品生产流程的文章，说是加入某种配料能让做出的橡胶韧性更强、更抗老化，这篇文章是最新的研究成果，我有收费账号可以看得见，于是我把这个文章做了简要处理，发给了客户，客户没回复，过了几天，给我回了一封邮件，说是真的，很开心，一个客户就这样拿下来了。

（四）其他产品相关问题

客户需要其他的产品的相关问题，你可以帮助客户，收集相关产品的信息，给客户汇总报过去，这些也是对客户有用的信息。

（五）样品法

对于一些跟踪陷入僵局，谈判无法推动的客户，我会果断地采用样品法进行跟踪。

样品跟踪法，真的会让谈判进入一个新的局面，当然我说的是免费样品，并且免快递费。

二、能引起客户共鸣的话题

（一）客户的爱好

这里分析客户拿到的资料就能用上了，例如我曾经分享的案例，我知道客户喜欢山地车、自行车，我就可以拿这些话题做文章，找到了共同爱好，就会更方便接受我们。

（二）事件营销

（三）客户个人资料相关话题

有几个人知道客户生日怎么获知呢？就是网上搜索，或者客户的邮箱自带的信息。我有个客户的邮箱是 max790506×@yahoo.com，在5月6日那天我给客户发了一封邮件，祝他生日快乐，客户很惊奇，发了一封邮件问我是怎么知道的，是熟人吗？是以前合作过吗？我就说我看他的邮箱是这样的，所以，客户很开心，说我的确很会营销。一下子少了沟通障碍。还有一个客户我搜索他的邮箱找到了他在某论坛的注册 idgfs0728，我以为是他生日，就发送了邮件，客户回复了一封，虽然不是他生日，而是他的结婚纪念日，但收到我的祝福也很开心，非常感谢。当然会有弄巧成拙的时候，例如，某客户也是0823这种形式，可是，这个日期却是客户老婆的忌日。

可是总不能因噎废食，这种事情碰到的概率还是很小的。

以上两个大类，只是稍微举例，大家只要认为是有用的，能够打动客户的，都可以用。

三、奇思妙想的跟踪策略

有一些小偏门可以用来跟踪客户，也有可能获得意料之外的结果。

（一）用错误的 PI

这个我经常用，就是同行刺激，找一个比较大的同行，因为大公司部门多，根本不好调查，所以客户没法辨别真假，但是看到了 PI 他就知道原来我们跟那家大公司有合作，有一定的刺激作用。甚至拿到订单，论坛有个女孩子试验过了，很好用。

（二）要报价，骗客户回复

（三）换邮箱

我们有个客户很有意思，我用其中一个邮箱联系，他理都不理，另外一个他就很乐于回复，所以大家可以更换邮箱试试。

part 4　保持销售的热度，让业务细水长流

销售，严格意义上来说，是一项趁热打铁的活，火候到了，该收就收，凉了，就什么都没了。但是，很多人似乎都热衷于成交之前的“火辣”和“热情”，成交之前有足够的耐心和热情去跟客户聊天、解释、谈判，一旦成交，立马冷下来，似乎变了一个人。这前后的对比，就会让客户很不开心，很多问题就会浮现，明明是小问题，引发了严重的后果。

销售是一整个过程，不仅包括了宣传、找客户、谈判、跟踪、成交，还包括了成交之后的对接、交代、进度反馈、使用回访。

只有在这一整个流程中保持热度，才会让一次销售顺利完成，甚至不断返单。

这个话题我可以把它拆分为四部分，前三部分我在《JAC 外贸工具书——JAC 和他的外贸故事》及本书前文中有详细介绍，此处不再赘述。

一、宣传的热度

实际上就是我们宣传的频率和深度，频率指的是信息更新必须及时，例如官网的新闻、产品更新等；深度呢，就是指各种介绍可以打动受众。

二、跟踪的热度

实际上就是跟踪客户的频率和有效度。

三、成交的热度

也就是抓住时机，果断提出成交。

四、成交后的热度

还是拿我们公司举例吧，做了这么多年的外贸，我所成交的客户忠诚度都非常高，流失率极低，不仅仅是我们的产品质量好，更重要的是我们成交后的热度保持得好。

我们给客户耽误一个月船期的情况有，整批货出问题退运的也有，因为货物里面出现杂质，造成客户失火，巨额损失的还有，但是这些客户依然跟我们保持合作，为什么？

我们一直遵循一个原则，成交后只能比成交前热度更高，绝对不可以低一分！

很多人会问，成交之后哪还有那么多可以沟通的啊，不能每天都问问好，汇报一下产品进度吧？我想说的是，成交之后，我们能聊的太多了。成交之前不能聊的现在能聊，因为已经产生了实际的交易关系，走近了很大一步；成交之前，客户不愿意跟你聊的，也可以聊，因为客户或者给了你定金，或者给了你其他的保障，反正是把货物供应的主动权交给了你，一定不希望出现问题。

合作之后，客户还是很乐意更深入地了解一下你、你的产品、你的公司的，毕竟可能是长期的合作关系。尤其是小客户，很多人说，越是小客户越挑剔，越难伺候，合作了之后毛病太多。其实，你想想就可以理解。小客户实力弱，资金少，承受不了太大的压力和损失，他们必须保证你不是骗子，或者货物一定能按照要求提供。

所以，他们隔三岔五地骚扰你一下子，只要你回复，说明表面上还是很靠谱的，不会卷钱跑了。若是产生对比，合作之前你随叫随到，恨不能“秒回”，成交之后，你变得懈怠，这都可以非常直观地凸现出来，增强客户的不安全感和不满，这种情况下，如果你的货物延误或者质量出现了状况，那不好意思，肯定会被骂得体无完肤，甚至要求各种赔偿，其实，这都是因为你的“冷落”。

（一）汇报进度

从上面来看，时常跟进，汇报进度是必需的，而且要经常，例如20天货期，你至少要汇报三次进度，让客户知道他的货物到底是什么状态，他会自己估计时间，预先做出一些安排，这个时候哪怕你耽误个三两天，客户也不会计较什么，因为你们保持着充分而有效的沟通。

这种做法是对客户负责，客户能体会到。我会经常让车间拍照给我，如果是化工品，上个五天周期生产了多少吨，各种标签都已经做好，包装也完好干净，每批都有检验，化验单是怎么样的。如果是机械，工作更好做了，三五天说一次，做了哪几个系统，外观良好，做工不错，单机运行稳定等。

这个过程中客户会跟着你一起，关注着他要的产品一点点地最终完成，他会非常踏实。将心比心，你买东西，没买的时候销售员殷勤无比，随叫随到，给了定金甚至全款之后，人就消失了，不跟你主动联系，你主动询问的时候对方也是爱答不理，你会踏实吗，你还会再找他买第二次吗？

除了汇报进度，产品相关详情，还有什么可聊的呢？其实，商机就是在这出现的。

（二）挖掘商机

当你向客户汇报进度的时候，客户是愉悦的，也是放松的，这个时候，你可以适当地问一下其他问题，例如他对产品的了解情况，如果是中间商，可以询问一下他在行业内的历史、客户规模、采购规模；如果是终端客户，可聊的就更多了，产品的消耗问题、操作问题、使用率问题，甚至是客户的规划都可以聊得到。

例如，做化工的时候，我会找中间商聊，看他对产品的了解，他在行业多少年了。客户会骄傲地说多少年，有多大的规模，多少客户。我也会说，某某知名企业是我的客户，他会很惊讶，问对方的需求量，问怎么联系之类。我也会问他，现在大约每个月能采购多少啊，都是从中国买吗，有几个固定的合作伙伴等，总之，能获得很多很多有用的信息。

找终端客户聊会更加深入，我会按照我的了解告诉他我们的产品在其他客户生产过程中的消耗，会使用哪一些添加剂，中国市场行业如何，污染情况如何，安全性如何。一方面客户会觉得我很专业，另一方面，我能了解到很多我想了解的信息，例如客户的使用量，客户对于其他产品的使用量，客户更关注生产中的哪些方面，等等，这些都是我以后的销售工具。

当然，还可以谈一下私事，如果时间充足，这是培养私人感情的好时机，很多客户都成了我的好朋友，即便很多年不合作，还是会经常你来我往，互相拜访，会帮我做当地市场的调查，会给我当托，会介绍他的朋友给我认识。这些都是在合作之后建立起来的友谊。

很多业务员觉得没什么可说的，所以，公司会设立客服或者叫做跟单这个角色，但是我还是习惯自己跟单，或者习惯让业务员自己跟单，因为里面会有商机，会有返单的，甚至会有相关产品的订单。客服和跟单，这方面的敏锐性还是很差的。

保持成交之后的热度，有利于提升客户的满意度，在产生问题的时候，至少可以保证对方不会因为你的冷落而故意刁难，更有利于长期合作，何乐而不为呢？

part 5　公司经营反思录——如何跟踪来考察过的客户

我愿意把自己置身在一个喧闹的环境中，因为在这种环境中，除了思考什么都做不了。越喧闹，越冷静。

这是公司经营反思录的一部分，也是整个系列中最重要的一部分。

企业经营沟通很重要，要设定沟通方式；培训很重要，要加强培训。这些初衷是好的，方案也是好的，但是能否执行才是决定最终是否有成效的根本原因。

本节就从客观的视角分析和调整执行力问题。

执行力的好坏会直接反馈到工作的成果上，所以，用结果来衡量执行是否得当绝对是一个较为合理的方案。

好的执行力的前提有三个方面：意愿、环境、能力。

员工的意愿需要靠沟通激发，说白了就是奖和惩，让他们甘心去做，或者不甘心也要去做；环境需要公司创造，而能力则需要公司的培训。

公司想创造一切条件去增强执行力，首先管理人员要有执行力，把既定的方案落实。

机制健全了，管理层首先要执行到位，然后是督促员工执行，这段时间要主抓两个方面的执行力。

一、客户到来之前，工厂的挑选、准备、资料的准备

我们公司是贸易公司，合作的工厂有若干家，但是工厂良莠不齐，无论是规模、机器齐全度、技术成熟度、工艺熟悉度都有很大的差别。

客户来到中国之前，都是经过了一定的初选，会告诉被选择的工厂要达到什么样的条件，你既然答应了，让客户来了，那就一定要做到，做不到意味着出局。所以，选择合适的工厂很重要，选择的前提就是对各家工厂的技术能力、车间现有设备有个及时全面的了解，当然如果你有主要的合作工厂，客户来一定要见到某设备，而工厂没有，那跟工厂关系再好，也要割爱选择其他家。

选定了工厂，下一步就是试机，要不停地试，一直到可以实现客户的要求为止，录像、照片是必需的，样品也必不可少，只有这样，才不会因为基本的东西被淘汰。

资料的准备，已经说过很多次，标准化文件、客户信息采集表。我发现很多业务员对于客户信息的采集还是比较粗的，没有进入一个较深的层次，例如，只准备表面的东西，不准备隐藏的但是可能很重要的东西，最简单的例子，例如来了印度客户，除了谈产品，还需要一些场外资料，例如音乐、电影，等等。

客户往往会问，你是否往他们国家出口过，这个时候你准备资料是否齐全就很关键。给客户看看你去某城市拍的照片，你跟客户的合影，等等。

二、客户离开之后的跟踪

很多客户可以当场签下，但是还有一部分甚至大部分是需要回国协商考虑的，例如很多公司是派采购经理过来，但是实际上采购经理在对于机械的采购中说法的权威性未必强，所以你会听到一句话，他需要回去跟工程师商

量，哪怕是老板，也会这样说。当然很多老板就是工程师，这样绝对可以当场逼单。

所以了解客户的身份和对机器的专业程度相当关键，这都要去问，在谈的过程中获取信息。

拿着这些获取到的信息，后期的跟踪就会相对简单很多。我的习惯是这样跟踪：首先，客户回国的行程我一定要记住，不论多晚，都要跟客户发个短信或者 WhatsApp 等其他的任何方式，让他落地开机就能看到。

其次，一定会拍照，到时候通过邮箱发给客户，当然也会通过 WhatsApp 一张张地发，提醒他。

再次，肯定要询问，他什么时候会见到决策者，毕竟客户来中国看了这么多工厂，他真的可以清楚地记得每一家公司的特点和优势吗？即便是他记录了，可能也是零零星星，但是这些东西的反馈对于决策者做出决定是非常关键的，所以，后期的跟踪有很重要的一项，就是重复会谈内容，尤其是你的强项，你的承诺，你的服务等。要告诉汇报者，这些都是他看到的，你能做到的内容，为了方便他汇报，你稍微整理了一下，让他看一下。

如果当场接待的不错的话，客户还是很愿意你配合他做这项工作的，知道了大约什么时候汇报，什么时候结束，结束之后，你可以选择发邮件或者发消息，甚至通电话去跟踪，去获取老板的决策信息，或者倾向信息。甚至可以试探着问，老板一般会在什么时候做出决策呢，你很有诚意跟他们合作，也肯定能够做好，服务好，你还可以陆续提供一些资料供贵公司参考、决策。

当然在这个过程中，一份精美的报价单，一个合适的价格绝对非常重要，尤其对于机械，报价单一定要是一份标书，这样拿来做决策才不会因为信息缺失而被淘汰。

这些都是一些常规跟踪，但是有些时候常规跟踪会陷入僵局，当客户的采购计划比较长远的时候，你可以通过不停地沟通、提供材料来建立信任感，但是如果客户回到国内之后，采购规划进展比较快，那么就必须马上打破僵局。

说得好听叫做打破僵局，说得不好听就是提供更多诱惑，诱使客户做决定的时候倾向于你。

其实整个接待过程或者跟踪过程，客户透露出了哪些信息，表现出了哪些倾向，作为当事人是最清楚的，只要谈判的人思维敏锐一些，就可以感觉出很多问题，例如，对产品有疑问、对产品不满意、对后期服务有顾虑，或者单纯的因为价格，这些东西都会让你的谈判陷入僵局。

很多人问，为什么客户不提出来呢，其实我想说的是，客户可能已经透露了很多次，只是你没有察觉到。忽略客户的感觉，就等于送死！

那下面的话就比较俗套了，对症下药，症在哪？症只能靠你来诊断。只要查到病症，才会有好的方案。其实你可以很轻松地罗列出客户可能出现的疑虑，然后逐一排除：对价格不满意；对质量不肯定；对后期服务有疑虑；对交期有疑虑；对付款方式有疑虑；对你们的专业性不信任；对你们的接待不满意，汇报的时候没有为你说好话；跟其他的供应商达成了某些默契；对产品了解不透彻，等等。

怎么去了解，去感受，去往这些方面靠拢，看客户反应，或者直接打电话过去问。我会经常直接问客户，他对我们不是很满意因为什么呢？价格？质量？后期服务？为了彼此的合作，我们可以再就这些问题重新理顺一遍！

part 6　为什么要跟踪客户，绝对不是你想象的

不想再说 80% 的客户是在超过 7 次的跟踪中拿下的，因为这个理论并不适合外贸，不用说 7 次了，17 次，70 次，170 次的都有，还是半死不活。

很多人说，客户他跟踪得真不错，也找到了客户的很多特点，客户也蛮喜欢他，可是就是不下订单，这是什么情况。

我想说的是，朋友，你真的理解错了跟踪客户的目的。

可以这样说，跟踪客户不可能直接拿下客户。

有人看到这句话，肯定会拍案而起了，那你一直说什么跟踪客户不是害人吗，逗人玩啊？不要暴躁，且听我慢慢道来。

每个买家都有自己的供应商体系，做外贸这么些年，经常跟不同的客户谈起这个问题，选择的方式五花八门，但是也有一些共性。

一、现有供应商

这个层次可能不止一个，例如，很多客户在采购的时候，会人为地平衡几个供应商的关系，每家都拿一点，这里说的每家，并不是随意的，而是已经考核了很久，对其质量、价格、付款方式有了一定的把握和认可。每家拿一点的主要目的是维护好这几家供应商，如果只靠一家，一旦出现问题，再去考察将会造成意想不到的损失。

二、备选供应商

备选供应商有几个就不可知了，这些可能偶尔合作过，但是不频繁，或者根本没合作过，但是有某种程度的了解，例如，会把他们作为采购时比较价格的选择之一，也会愿意少花点时间去维护这些供应商，因为常态化供应商出问题，供货不及时的时候，可以立马拿出来谈判，或者采购。

三、炮灰

客户的备胎多得自己都记不得有几个，你还喊着，你要做备胎，冲向前沿，果断地做了炮灰。其实炮灰未必永远是炮灰，只要等着前两者都死绝了，你就是赢家，可是你能等吗？反正我是等不了！

不能等？好呀，甩开膀子往前冲，盲目地往前冲。一次又一次的失败，估计大家都已经体会到。

我把这个不断地去当炮灰的冲刺称为跟踪。

跟踪的目的就是，不论用什么方法，让客户愿意看你一眼，形成基本的印象；然后不论用什么方法，让他们多分点时间给你；最后不论用什么样的方法，让客户在真正采购的时候愿意把你放进备选名单。

所以，跟踪不能直接拿下客户，只是让你成为真正的备胎，然后在客户的备胎体系中慢慢地往前排，排到客户可以给你一次机会。什么机会呢？在真正的采购期，愿意找你要报价；愿意认真地看一下，考虑一下你的报价；愿意根据你提供的条件跟你进行充分的谈判。

书归正传，客户给你报价的机会，愿意认真考虑你的报价了，你要果断抓住机会，给出极具诱惑力的价格，一击即中。

客户会因为你的跟踪对你产生好感，但是并不意味着，客户愿意接受不合适的成交条件。反而，你跟踪那么紧那么有诚意，又给出不靠谱的条件，只会让客户觉得你很不严肃，适得其反。

所以跟踪换回来的机会，你要把握，把握不住，再想获得一次机会就会比较困难。

part 7 关于客户拒付货款的退运问题

客户拒付货款，货物退运是非常悲惨的一种情况，这也是为什么中国那么多公司只做100% T/T In Advanced，杜绝一切风险。可是悖论来了，客户也被中国的供应商骗怕了，至少经常听说有很多骗子欺骗客户的事件发生，客户也很难接受100% T/T In Advanced。但是单子又不能不做，于是收上一部分定金作为担保，其他的用信用证或者见提单复印件付款。

可是，天有不测风云，夜路走多了总会碰到鬼，万一不小心碰到一次客户拒付，定金当然不足以弥补成本，能够承担来回的运费就不错了。

货物当然还是要拖回来。可是怎么拖回来呢？

退运的手续和提供的条件跟因为质量问题而退运的情况差不多，只不过把第三方质量检验报告和退运协议，换成“退运情况说明”（说明货款未收到而退运）和退运协议（随便做你懂得）。在这个环节里，最重要的步骤是，离开对方港口。

这是一个很有意思的现象，因为对于世界上的大部分港口而言（以前，都是说巴基斯坦、印度、斯里兰卡、土耳其这样个别的国家，实际上世界上的绝大部分港口都同样），货物一旦进入目的国港口海关的控制之下，哪怕是提单上的发货人也失去了对货物的实际控制权。也就是说，货物一旦抵达对方的海关管控，即便是发货人想要退运，也不是那么容易的，一般来说，是需要原购买人（实际购买人，注意，不是收货人，而是货物的实际购买人）出具的“退运声明”，或者“同意货物转卖的声明”。

如果客户拒付货款，并且同意发货人退运或者转卖，一切皆大欢喜。万一客户不付款，却一直不给出具声明怎么办呢？各国的海关都会规定一个时间，规定的时间内没有清关，也没有人缴纳港口的各种费用，货物会被充公拍卖，以收回各种港口费用。

如果你不想落得这个下场，就要尽快退运，没有声明又没法退运，这个怎么办?

有两个办法，大约可行。

（1）找一个有实力的货代，这种方法费用会有点高，但是却能解决问题，最大限度地挽回损失，怎么做，只能去找你的货代去问。只要货代实力足够强，所有问题都迎刃而解。

（2）找当地的使馆，这个也是很有效的方式，即便你是小企业小单子。把资料准备好，一次性都交给使馆工作人员，让他们去协调，说句实话，这个方法可能会稍微慢一点，毕竟要经过好多部门协调，但是也不失为一个补救的方法。

大使馆的经济商务参赞处还是比较愿意帮助中国的企业处理一些问题的。

这两个方法是事后补救的方法，这种事情不要发生最好，一旦发生，不要慌，首先要做到跟客户有理有据地沟通，同时准备各类证明材料，联系好货代，做好退运的准备，一方面让货代寻求可以在目的港帮忙的关系，另一方面找到各类有用的联系方式备用，一旦跟客户谈判未果，立马果断地提请处理，越拖越麻烦。

第四章

面对面谈判，快速推动进程

第一节　面对面交流，张弛有度

part 1　多次邀约——外贸面谈制胜法宝

做外贸这些年，收获订单无数，总结一下，制胜方法有三。

一、准备充分

每个员工都要仔细地做工作，客户信息采集表、产品资料等都要非常详细；谈判思路，谈判目的明确。

二、展会中通力协作，保证质量条件下提高效率

保持良好的协作、秩序，清醒的心态，让每一个客户感受到你的热情和专业。

三、多次邀约，绝对不允许存在浅层次问题

一个订单不能签订肯定是有问题，而你轻易地放弃面谈的机会往往导致没有办法解决这个问题或者根本没有意识到其中的问题。这条思路必须明确，否则可能让你的谈判、面谈、展会上谈客户流于形式，也就是表面上看起来见了很多客户，但是所有的客户都没有什么实质性进展。因为你没有意识到有问题，或者意识到有问题却没办法解决，只能终止谈判，任由客户跑到同

行那里。

所以，无论你是上门拜访、展会见面，还是客户来访，如果订单没有签，你就要分析其中的问题，当然什么问题，其实最清楚的应该是你，毕竟你对客户，对这个订单最了解。

要问客户下面的问题："您是打算最近就买吗？大约什么时候？这一周还是下一周？"

这些问题很重要，因为决定着你要采取什么策略，如果他说条件合适，会马上有订单。而到了最后他却根本没有下订单的打算，你就要分析是不是哪里出了问题。或许是他想在比较完其他家再决定，或许他对你的某个条件不满意。

可能你一时间拿不到准确的点，或者说意识到了某些问题的存在，但是却没法马上解决，需要很多时间进行调整。例如我曾经有个客户，试机器，第一遍失败，客户很生气地走了，问题很明显，我们要解决这个问题。客户走后，工程师花了几个小时找到了问题，那么我们要做的就是再约客户，再来试机，结果又失败了，客户无可奈何，很生气，回到了酒店。我们继续研究，继续约客户，客户不来，我们就直接去酒店等着，反正就需要脸皮厚，见了面他不可能一点面子不给，简单地说明问题，客户居然又去了，但是不巧的是，居然又失败了……当然我还是试着去约客户，客户却再也没来，但是失败两次客户都愿意来，说明多次邀约是有必要的，而且是有很高成功率的。

还有很多时候，你可能真的没想到中间有什么问题，但是客户就是没有签单，走了，这样的客户更要多次邀约。要知道，如果客户同意你的二次、三次邀约，说明他对你有最基本的好感，不然他为什么浪费时间？这个时候再好好地沟通、询问，尽量找出问题所在，有方法，马上给出，没有方法，找到方法再去邀约。

很多时候，你去找客户谈判，客户突然变更了条件，或者加了产品，客户最常说的是，你回去找一下这些产品或者重新给他一个报价，发邮件就行了，他决定以后会告诉你。

大部分人就走了，回去做好，再给客户发邮件，却不再约客户，我们是一律要求再约客户见面，把修改好的、加好的新文件给客户看，挨个产品看，挨个条件捋，有不理解的立马问，客户有误解立刻解释，这要比其他的任何方式都快速高效。

我还遇到过这种客户，谈判中客户突然提出一个问题，我一下子难以解决，当我提出我可以打电话询问的时候，他就说，他很忙，后面还有几个会要参加，让我写邮件给他。其实我也看得到，真的有其他人在等他，继续纠缠只会把事情搞得更糟，于是收拾东西走人。

拿到答案之后，我的确会写邮件给他，但是我会再次邀约，要求哪怕五分钟，也要见面解释，大部分客户都会同意，即便他不同意，不要不好意思，问他展位在哪儿，没有展位，酒店在哪儿（每个客户我都会询问客户的酒店名称地址，这是一开始客户采集的工作），办公室在哪儿，厚着脸皮去，他还能把你赶出去？

很多人说什么这是骚扰客户，你不想想，客户根本没让你发邮件，你却天天发开发信、跟踪信，天天 WhatsApp，这不也是骚扰？只要你提供的信息有价值，客户是不会反感的。什么是有价值的信息？客户提问了，你的答案就是有价值的信息。

还有的客户扔下一个目标价就走了，说如果可以做发邮件，会给你确认是否给你订单，这样的客户你绝对不要去邮件确认，一定要再次约见，能做不能做，摊开来说明白，客户不会不给你机会的。

还有一些客户，中间谈了很多重要的问题，但是却没有文件对应，虽然客户一时间记得很清楚，但是无论是拜访、来访，还是展会，每天都有大量的事，现在记清楚的问题，可能一个小时后就模糊了，一天之后就忘记了。所以，你要做备忘录，发到客户的邮箱一份，再次邀约，就跟客户强调，昨天谈到了很多重要的问题，关乎他的利益，你想当面再跟他确认一下，只需要十分钟。带着做好的备忘录，或者重新整理的很多文件，再谈，再逼单。

来访的客户或者参加展会的客户，可能第一天就见了你，但是客户还想多比较几家，就离开了。你永远不知道同行提供了什么样的条件，永远不知道客户会投靠谁，所以，在客户行程的最后几天或者展会的最后一天，一定要再次约见客户，询问客户有没有做出最终的决定，或者有没有什么重大收获之类，也会帮助你避免一些不明不白的丢单。

part 2　如何为自己的面谈续命

你有没有遇到过这种状况，无论你是去拜访客户，还是客户来访展会见面，有的客户上来就明确地告诉你，他大约几点有事，你看了一下，发现他说的那个时间实际上就是十分钟之后，或者虽然是一个小时之后，但是要到达目的地就要提前半个小时走。那么这就是一次短命的谈判。

这么短的时间，很难谈出什么内容，哪有可能赢呢?

所以，不能太把客户所谓的行程当回事，你等他一天，他告诉你就给你十分钟，你不计较就不错了，还要遵守他的时间表，怎么可能。

话虽这样说，你不能拿链子把客户拴住。但是，你要找一条无形的“链子”，不能一直拴着，但是可以多拴一会儿，听你把要说的说完，要表述的表述完，再让他离去。

那么，这条无形的“链子”到底是什么?肯定是极其吸引客户决定听下去的东西，这个毋庸置疑，但是如果答案这么简单，就不需要写这篇文章了。有一点大家需要注意，要不要留下来继续听你说，是客户的一个综合判断，不仅仅是因为你留下了一个好的话题。所以，在前面的表述中一定要把自己的优势特色全部表达给客户，表述得越全面越清楚就越容易抓住客户，这样不管客户能不能继续留下来，至少可以给客户留下非常深刻的印象，因为有些客户可能真的没法调整行程表。

如果客户可以调整，前面的表述加上最终的话题，才可能让客户产生推迟下一个行程的决定。

大体是这样的，所有的表述让客户产生兴趣，再下一剂猛药。

所以，在跟客户谈判的过程中，有什么卖点、优势一定要尽快表述完毕，不然没用的啰唆的谈判会让客户产生想要提前离席的冲动。

如果你想要了解的信息还没有来得及了解，想要表达的也没有完全表达完，就要拿出续命大法了。

我一般是这样说：“您知道为啥往年价格都那么低，今年却这么高吗?”

“您知道下个阶段这个产品价格会怎么变化吗?”

“您知道某某公司吗（肯定是他们行业在他们国家的大客户）？我们也在

谈合作。”

“您知道某某公司（大公司）为什么跟我们合作吗?”

“您知道某某人（大公司的采购负责人）吗（这招对于那些采购经理或者贸易公司的人很好用，他们也想结交这些大公司的采购）?”

注意，这些话题一定不能等到客户提出告辞的时候才说，一定要把握好时间，剩下还有五分钟的时候，提出这些话题，往往会拖住客户，至少我几乎每次都是成功的。

当然我只能根据我的产品来提出例子，你的产品的说辞只能你自己找了。

part 3　成交

外贸好比一场足球赛，了解对手是最基本的要求，不了解对手就很难制定有效的策略去应对、防守、进攻、相持，取得最后的进球。不同的足球队有不同的打法，有全攻全守型，打起来大开大合，相当好看；有防守反击型，一直龟缩防守，只是偶尔骚扰对手，伺机致命一击；更有的毫无章法，乱打乱撞，逮住弱队猛敲一通，遇到强队未战先怯，缴械投降。但是无论何种打法，目标只有一个：进球获胜。

就如同外贸，有的外贸人谈判注重方法、技巧，整个过程占据主动，拿单拿得漂亮，丢单丢得惨烈；有的外贸人小心谨慎，不露锋芒，就等待机会来临，或给予致命一击；还有一部分外贸人，毫无章法，乱碰，碰到实在客户、新手采购就狠敲一笔，碰到老手就束手无策，白旗高挑，只能寄望于运气。无论何种谈判方法，最终目标也只有一个：缔结成单。

我做采购这么久，经常有销售员打电话，只问我考虑得怎么样了之类。有一个俄罗斯的销售员就很厉害，几次讨价还价后，他觉得时机应该成熟，就在我说考虑一下之后说，他会制作一份 PI 和合同，确认一下我们商定的内容，告诉我如果我觉得合适就确认一下给他，他马上给我安排生产运输。这就是缔结成交法。

这是一个经典的销售技巧，又称为假定成交法，假设这笔单子已经完全确认，做好一切成交所需要的工作。

这种方法有两个好处。

（1）让你能够获取客户的大体想法，尤其是打电话沟通时，一旦涉及这个流程，你要毫不犹豫地打电话过去，告知对手你会制作相关协议，供他确认，然后等待他的反应，很多客户会很痛快地说可以，他会确认，说明他的采购是有谱的而且要近期进行的；很多客户会直接说，他们会在一段时间之后才采购，或者支吾，这说明对方没想马上下单，这个要靠感觉，多练，多看点心理学。

（2）能让订单不停留在讨价还价阶段，转而进入新的成交阶段。做外贸之所以累，就是因为总在成交阶段之外。你不能总等着客户提出成交，要瞅准时机，自己往前推一下这个订单。时机很关键，不能乱用，客户就问了一句，你就给合同，客户会以为你疯了。什么是恰当的时机，例如客户问价格，讨价还价，后来他虽然没说接受你的价格，但是没继续纠缠，而转向了付款方式和货期等其他问题，当你给出你的最终答案之后，就可以提出成交了，你假设客户已经接受你的条件，试着提出成交。说不定会有不错的效果。假设成交法配合着条件诱惑，还是有很高成功率的。

有诱惑力的条件有哪些呢？

（1）价格说，因近期公司急需资金，所以公司规定在××日之前下单并打定金的额外优惠××，这招对贪便宜的印度人很有效。

（2）涨价说，你已经接到上层原材料的报价，原材料已涨价了，你也要涨，所以如果他要买，不管他是否在你这儿买，请尽快，免得额外支出费用。

（3）货期说。

（4）市场说，近期他们国家问得较多，市场应该很好，不知道他是否调查了。兵贵神速，莫失良机。

（5）谷底说，类似于涨价说，就像是股票如果你认定触底会反弹，一定及时出手。

总之，当你发现到了关键阶段，一定要趁热打铁，主动往前迈出这一步。

part 4　如何迅速提高面谈能力

以前，我带着业务员去谈供应商，发现了一些非常严重的问题，例如紧张、逻辑性差、缺乏观察等，这些问题都会影响谈判的进程，谈供应商会如此，谈客户同样也会如此。供应商谈好了，可以拿到好价格，好货期；客户谈好了，可以有好价格，好利润；跟老板谈好了，可以有好待遇好提成，怎么能不重视谈判呢？知道了谈判的重要性，如何快速提高面谈能力呢？

一、要求每个人做 PPT，然后按照 PPT 讲解公司和产品，并且记录时间

制作 PPT 可以锻炼一个人全面考虑问题的能力，公司要展现哪个方面，产品要展现哪个方面，选择完后，要变成文字、图片、视频系统性地展示出来。

大体顺序是公司简介、公司文化照片、公司团队照片、工厂照片、设备、实验室、仓库、发货、产品包装等。

那么问题来了，如果你的 PPT 太长，几个人会有耐心看完呢？

所以，讲解者要学会把握客户的时间，如果充裕，就讲得全面一些，如果紧急，很多页就要一带而过，把重点突出出来。什么是重点只有自己最清楚，那么在训练的时候，就要分不同的时间，可以给一个小时，你要有话可说，可以给十分钟，你也必须把重点讲完，这样才算是基本合格。

讲解的时候，要留给客户思考和提问的时间，一定要注意客户的表情，如果客户的动作和表情证明他们感兴趣了，这个地方就要着重去讲，如果客户很明显觉得索然无味，就要快速跳过。

很多人会讲了，客户不想看 PPT 怎么办，客户不理你怎么办，客户不回复你怎么办，客户不想见你怎么办，很明显，你缺一个理由。如果你说，他理你，回复你，见你对他有非常实际的好处，客人还会不理吗？什么好处？想想，这个客户你谈了这么久，最关心什么？

二、不要让客户自己看材料，要一页页地给客户讲

递给客户材料，然后起身，离开你的座位，站在客户身后，无论客户看到哪一页，只要可以显示公司好、产品好的一定要及时补充，言简意赅，不要太长时间。

这是怕客户漏掉一些重要信息。彩页、材料不可能面面俱到，只能通过

人为补充。如果是重点内容，要提示客户记录，或者自己拿出留有自己公司抬头的白纸写下，备注好，留给客户。

三、试着去问客户问题

业务员不是没有问题，可能有很多问题，但是不敢去问。这个现象很严重，在很多业务员身上存在。客户一直在问，你一直在答，但是你心里有无数个问题，却又不知道怎么去问，什么时候去问。其实很简单，等客户说完了一段，至少他要表达的表达清楚了，你说一句："May I ask some questions?"客户一定会让你说的。

这个时候，你就要把你的问题提出来，一个个的来，你要说你有五个问题，第一个是……

这一点不要仅仅看，要去练，因为在心里你可能有一万种打算和表达，张口却非常困难。

注意一点，当客户在说话的时候，不要打断他，哪怕这个地方你出现了一个疑问，要记录下来，让客户把自己想要问的问题问完，你再去问，因为客户的思路也是要连续性的，可能被你打断就无法再接下去，这样就容易漏掉一些重点信息，对你实际上是不利的。

四、锻炼抗干扰能力

这是极其重要的能力，很多业务员告诉我，事先准备得很好啊，可是被客户的思路打乱了，就不知道再从哪里讲起。

所以，要事先写好你的思路，你要先讲什么，再讲什么，一二三四地记录下来，当然不是让你见了面就像背书一般背出来，很多问题客户会问，你就要用简练的语言回答，还有些问题，客户可能没有问，你要主动表达。

有时候，客户问完了自己关心的问题就开始瞎扯，你千万不要太抗拒，要跟客户闲聊，当然要适时地拉回来，把你想要表达的表达清楚、完整。

其实，客户不是真的不关心了，而是他不知道要关心什么了，所以，你下面的表达可能又会让谈判进入一个新的阶段。

五、锻炼自己打破尴尬和僵局的能力

面对面打破尴尬和僵局其实比邮件更简单，僵局的产生无非有两种：

（1）遇到了争议的问题，互不让步；

（2）时间充足，但是好像没有什么可谈了。

如果是第一个问题，例如价格、付款方式有争议，双方都很强硬的时候，实际上是在试探彼此的底线，因为强硬的态度和紧张的气氛最能考验一个人的心理素质，撑不住的会松口让步。

所以这不是什么大问题，绝对不会动手打起来，要沉得住气，微笑看着客户就好了。

当然这种局面持续了一段时间，例如超过了两三分钟，双方还是不说话，那你就要想办法打破这个僵局了。因为，客户毕竟是优势群体。这个时候，你有几个选择，第一，给你的老板打电话，或者假装打电话；第二，如果还有其他的话题没谈，先绕过去。这个时候客户因为气氛紧张也会暂时松口气，当然还是有客户说，价格不合适，你们是没法继续的，这个时候，你还是要打电话或者假装打电话。

所以，你要对自己的价格底线有一个明确的把握，打电话或者装作打电话的时间内要想好对策，降价还是不降价，让步还是不让步。

如果是第二种，那就是你的问题了，说明你事先根本没有做好信息采集，不知道客户喜欢什么，在意什么，不知道当地有哪些风俗习惯，因为有这些话题，绝对不可能冷场的。

六、锻炼自己的脸皮

这个有点像第四点，可能比第四点更进一步，例如客户说，好像是到时间了，他很忙，要不今天到这儿？

我遇到过很多次这种情况，我的问题还没问呢，他就结束，我都说，我可以再占用他几分钟吗，我还有几个非常重要的问题要问，这几个问题关系着我们将来的合作。当然关系不关系我就不知道了，反正要获得机会说下去。

一般客户是同意的，于是五分钟、十分钟都是自己说了算。很多人又会讲了，这样客户反感怎么办？如果你在十分钟里讲的都是重要的问题，他不会反感；如果你讲废话，哪怕十秒客户也会反感。

所以，还是要事先列举好自己要表达的重要内容，寻找一切机会表达清楚。

七、确定谈判的目标

清楚自己这次面谈的目标：成交或者其他？这个虽然写在最后，但是是最重要的一点。

这个目标我每次都会要求我的同事写出来，因为这个是导向，所有的一切努力都是冲着这个来的。当然未必一定都是成交，可能是谈代理，可能是解决一些争端，但是目标必须明确。

写下这次谈判你准备的材料，每个你要在大约什么时候讲，花多少时间讲，如果没有时间，你要如何压缩，全部写下。

例如上面的PPT，一开场就要讲，你打算花十五分钟讲完，但是客户明确告诉你没有那么长时间，好，你压缩，压缩哪一些，留下哪一些呢？要写下来，非常清楚地写下来。

要把自己的价格底线写下来，当然要绝密。要准备好几套应对方案，举例来讲，可以是组合，例如某个价格对应某种付款方式。要准备好外贸FAQ，也就是把日常工作中常遇到的客户的问题总结下来，例如，他在你们国家有客户吗，叫什么名字啊，等等，做到心中有数，应对自如。

要学一些谈判技巧，例如置之死地而后生等，有些时候技巧很关键。

这些都可以特训吗？可以，绝对可以！但是，要学会随机应变，例如这个问题你实在是没法接招，要学会装傻，不好意思你没听到他的话，有点走神；不好意思，没听懂他的话，可以慢点再说一遍吗？总之，为自己再争取一点考虑的时间。

还可以不合时宜地开个玩笑，然后哈哈大笑，说这是一个玩笑，他这个问题，你可能真的回答不了，自己就是一个销售员而已。记住，一定要记住。

part 5　这些因素在影响谈判效果

之前在一次与一位韩国潜在客户谈判的过程中，我发现谈判细节对于谈判效果有重大的影响，在此梳理一下，希望能帮广大外贸人优化谈判细节。

一、PPT 不熟练

对 PPT 里面的内容不够熟练，表述也不够娴熟，照着读也会出错。

谈判中你要达到的效果是完全脱离 PPT，PPT 并不是给自己看的，而是给客户看的，是为防止你语速过快或者发音不准确客户没有听懂，让客户有一个参考。所以，要熟记自己的 PPT，脱离 PPT，给客户“讲演”，注意这里的用词，是讲演，要有说，有表情，有语气变化。这样才能让客户知道哪个部分是重点，哪个部分可以一带而过。面对客户，要大大方方地把整个 PPT 讲演完成，这是整个交流的第一步。

二、没有眼神交流，没有互动

这是第一点的延伸，如果对 PPT 不熟练，你就只能照读，照读就要盯着电脑屏幕，就无法去关注现场参与人员的表情，更无法有眼神交流。

关注表情，眼神交流是沟通中必须的，不这样做就很难获知对方对你表述的内容是否感兴趣，假如对方对你某个内容完全不感兴趣，你就应该尽快结束，进入下一个话题，不然对方会慢慢地对你失去耐心。就算是后面出现了很好的话题，效果也会打折扣。

互动还包括答疑，PPT 再全面也不可能面面俱到，所以要给客户征询的机会，这种交流很重要，可以让你知道客户的兴趣点，让沟通更加高效，因为很多问题都可以当场解决！

三、不会调节气氛

或者是由于紧张，或者是由于对内容不熟练，新人的沟通和表述会过于呆板，如果对方并不是很热情很活泼的那种人，气氛就会变得凝重尴尬。这样是很危险的，压抑的气氛容易让人产生压抑的情绪。兴奋度被抑制，就会忘掉事先准备的很多东西，具体的表现就是客户的沟通积极性低下，很多疑虑不会当场提出，但是疑虑并没有消失，只能在此后的沟通中通过邮件或者电话询问，但是要知道，面对面沟通是最深入的，其他的所有方式都存在各式各样的问题。所以，你要让你的讲演富有趣味性，不能把这个过程变成枯燥乏味的折磨。

例如，把你PPT里面的内容跟现场参与人员产生关联，最简单的例子，介绍时，你说产品的某种颜色，客户一直皱眉头，换一种说法，你说一开始是跟你的衣服一样的颜色，后来变成谁的衣服的颜色，现在的样品颜色是你们改进了很多次之后的结果，这就是联系性，气氛立马就会不一样。

再例如，介绍公司的历史，你要学会讲故事，不能变成生硬的介绍。气氛就是这样调节的。

四、不灵活，面对突发问题无所适从

这个问题并不是新人的问题，而是时间和经验的问题。外贸实操中无论你的准备是多么充分，总还是会遇到一些以前未曾经历也未曾准备的问题，怎么办呢？其实这里考察了两个能力？信息储备与处理的能力和随机应变的能力。

例如，谈判过程中谈了某种产品，价格有三四倍的波动，客户非常关心，为什么会这样，事态会怎么样发展。但是你并没有说明白为什么会有这么大的波动，只是简单的一句“材料出了问题”，说不出具体原因，这会给客户两种印象，第一，你不专业，否则这么重要的原材料出了什么问题你怎么可能不知道；第二，不确定性，原因未知，发展前景也就未知，客户没法做出安排。

面对这些突发情况，想要随机应变你必须有丰富的知识储备。

没有人知道我的信息摄入量有多少，我的时间除了谈客户，谈供应商，给员工培训，其他的都用在了信息摄入上，新闻、时事、行业最新的发展和动态，尤其是化工方面。来源也多种多样，网络、电视，还有一帮外贸人聚集的群和见面会，那种场合信息的涌入是海量的，表面看，这些时间是浪费的，但是，当你真正拿出来用的时候，你就会知道没有一种用心是浪费的！

五、PPT里增加更为简单容易辨识的要素

例如，我们的独创的采购体系，表述起来有点复杂，但是如果用图表表

示就会简单很多。可以节省大家的时间。多用图片或者视频说明问题，少用文字。

六、如果对方有翻译在场，要看翻译的适应能力来调整语速和段落长度

有些客户是真的不会汉语也不会英语，需要有翻译在场，那么你要先跟翻译聊一会儿，看看翻译的水平，当客户来之后，先不要谈太重要的内容，闲聊几分钟，同时要求翻译把这些内容翻译出来。

这个过程中要不断地调整自己的语速，同时还要注意段落长度，过长可能会让翻译丢三落四，太短则会破坏连贯性，所以，要在开始的闲聊时间内确立语速和长度。

当然，我一般都不会非常信任这个翻译，除非翻译是他们公司的，也懂这个产品和行情。需要翻译传递信息的时候能画图的一定要画图，能展示视频的一定要展示视频，表情和语调要丰富。

七、学会倾听，不要经常打断客户讲话，记录客户的要点，等客户说完再解释

一般客户会给你一个完整的时间让你介绍公司，然后提问，同样客户介绍的时候，你也要好好倾听，做好记录，并写下疑问点。

客户会给你提出一些问题，有一些质疑等，这都很正常。你要等客户都提完，哪怕是十几个问题都不要紧，你再一条条地为客户解释，阐述你的立场和观点。

这样做一方面是尊重，另一方面，你可以获取和记录更加系统全面的客户信息。

part 6　出国拜访客户需要准备的事项

很多人觉得出国拜访客户是一件高大上的事情，其实这种方法不是什么新鲜的方法，我们的前辈们从有外贸这个行业之初就开始拖着行李箱满世界地跑，因为当时除了打电话、参加展会外，就是登门拜访。

我在微博上写，到孟加拉国拜访客户，就有人问我是大公司吗？很抱歉，我们是小公司，但是拜访客户一直都是我做业务的重要方式，韩国、泰国经常跑，印尼、英国、澳大利亚也跑过若干次，所以，拜访客户绝对不是只有大公司才能采取的客户开发方式，只要你想，又能准备周全，就完全可以跑上几趟，你会得到意想不到的收获。

一、出国拜访客户的收获

（一）收集市场信息

如果能拿到订单固然好，获取市场信息更重要。现在绝大多数的外贸业务员依靠网络，你觉得获得了很多信息，其实很多信息是不准确的，不及时的，每次拜访完客户我都有这样的感觉，例如，你认为行业的老大用量肯定很大，结果发现，他的用量还不如行业排名三四十位的工厂的百分之一。

（二）准确了解客户

接触到客户才能准确地知道你所联系的人的职位，在公司的地位，跟老板的关系，或者虽然你联系到了老板，但到了对方公司才能知道谁是真正的项目负责人，谁更重要。有些信息可以通过网络获取到，有些可以直接问到，但是因为有些公司人际关系较为复杂，不去见面难以搞明白内部关系。

（三）拜访样品检测员

质量控制（Quality Control）人员，以下简称 QC，这个角色是你几乎接触不到的，但却是一个重要角色，因为建立合作之前往往要进行样品检测，你接触 QC 绝对不是要贿赂他，让他网开一面，检测样品的时候不要那么严格，而是要跟他探讨他们的检验方法和标准。实力很强的客户，检验规范，规格很高，很多方法和标准可能我们闻所未闻，见所未见，只有跟他们了解，才能知道行业里面什么样的方法最先进最权威。想当年我们跟三星合作后，去拜访，三星允许我们从办公室和仓库质量检测室中选一个进行参观学习，我毫不犹豫地选择了质检室。也就是这个选择，我们才建立了国内最完善的检验机制，成就了我的外贸事业。

（四）与本土贸易公司深入交流

很多大公司不会直接出来采购，而是发标书到他们国内的贸易公司，让贸易公司按照条件寻找合适的供应商。有些贸易公司可能就会跟很多大公司保持着密切的关系，甚至私人的关系，走出去，面谈，才能了解得更深入，表达诚意，让他们帮我们开拓市场。

二、出国拜访客户要准备的事项

（一）资料准备

这里当然包括产品资料和公司资料，也就是目标，公司介绍、产品彩页、COA、检测方法、第三方检验、生产流程、产品图片、包装图片、工厂图、生产装备图、检验设备图，还包括已经走过的本国的提单等，凡是能够说明你公司实力、产品质量、操作经验的资料统统可以带上。当然这些资料绝对不是无序地堆放，而是要做得整齐美观。因为经验告诉我，大部分客户都很忙，你把资料弄得乱七八糟，客户不会有心情看的。

当然还要包括空白合同、空白 PI，如果客户有需求且近期就有，可以想办法逼单的。

（二）客户信息采集表

（三）商务礼仪

如何接名片，如何递名片，服装仪表，行为举止等商务礼仪很重要，因为你走出去代表的就是公司，无论你在朋友亲人面前多么桀骜不驯，进入商务谈判就要遵循商务谈判的礼仪。

提示一点，商务礼仪还包括对对方宗教、民族传统、生活习惯的尊重。你可以不参与，但是要尊重。

当然，如果你能了解对方的一些习俗，并且表示很喜欢，很感兴趣，会让对方更高兴。例如穆斯林客户，我就知道他们的很多礼仪，包括祈祷，我提出要求参观，他们非常高兴，安排得很周到。

（四）如预约，必须按时

客户比较忙，可能很多客户都是事先打好招呼要过去拜访，但是没法定下具体时间。只能到了酒店再进行约见，一旦约见就要准时，一定要考虑距离、交通状况，不能因为堵车而迟到，这是最基本的礼仪。更重要的是，如果客户很忙，你错过这个时间可能就再也没有机会。

（五）如果可以，要带样品

例如我们是化工品，有些产品并非危化品，我们是可以随身携带的，如果不能携带，就事先发给那边的酒店或者代理，样品是消除客户对你产品不信任的重要方法，对于终端客户来说，检验一个样品充其量也就是一天的时间。或许客户会有严格的检验样品的时间表，但是争取一下还是可以的。

提示一下，样品的包装一定要正规，上档次，用铝箔纸，贴标签，热塑封口，不要弄得太寒碜，看起来就是小公司，档次低得很。有的时候，是可以以外貌取胜的。

（六）多次邀约

有一些客户可能在你的行程表里面没有，但是就在你的酒店附近或者不远，恰好你也有时间，就要想办法去约时间面谈，被拒绝不要紧，要多次邀约。

我会说，我不会占用他很多时间，只需要五分钟就可以，我想面对面地向他介绍我们的产品和公司，我是带着公司最大的折扣来的，我相信他一定感兴趣，成功率很高。

（七）掌握好谈判节奏

时间有限，机会有限，所以你的目标是一次性把你想要表达的问题表达清楚。可是实际谈判中，你会经常被对方的话题带偏，结果聊了很久结束了才发现自己想说的问题还没有表达完。

很多新人告诉过我这个尴尬情景，其实这是因为自己的谈判节奏被对方打乱了。所以，进行谈判之前首先要把自己想要表达的重点全部记下来，然后循序渐进地表达出来，哪怕被带走了，也一定要想办法拉回来，总之，不管客户说什么，甚至表现出厌烦，你还是要说完你想要说的所有点。

这是谈判的最基本点。

（八）备忘录，一定要做好记录

第二节　客从远方来：快速展示自己赢得信任

part 1　客户参观工厂，你需要获取哪些重要信息

其实，获取订单是最好的结果。我们也的确有很大一部分当场签约的客户，只要准备好足够的材料，准备好客户要的产品，准备好价格，并且预留出一部分优惠空间，再加一点小优惠，辅之以假设成交法，当场拿下客户并不难。

但是，有些客户来考察，是肯定无法当场下订单的，例如，采购经理过来，考察完了之后要回去汇总，让老板做出最终决定；再或者，老板过来，但是老板很理性，有严格的做事规范，有明确的时间表，也无法当场拿单。

一、不能当场拿单怎么办?

除了把你的产品顺顺当当地演示给客户，给客户准备充分的资料之外，你还需要获取一些很重要的信息，而这些信息对于你后期跟进、逼单都非常有帮助。

在获取这些信息之前，如果客户不能当场决定，非要回国再决定，你需要如何让自己在竞争中获得先机呢?

（一）接待工作很重要

对方是采购经理的时候接待尤其重要。该有一些手段还是要有的，资料是死的，人是活的，这些采购经理回国，回到公司向老板汇报的时候，只要稍微为你说几句话就会起到非常关键的作用。

（二）产品尤其关键

说来说去，肯定需要有合格的产品，但是还是那句话，一个成熟的行业，同行之间的产品质量和价格都大同小异。如何让你的产品留一个深深的印象给客户很关键，因为一旦客户看完若干家公司离开中国，很多印象浅的只剩下报价单和样本可供参考，在脑海中已经没有多少记忆。所以，增强你的产

品在客户脑海中的印象非常关键。如何增强？

例如让客户亲自动手操作，并且录像（按照标准化文件进行视频处理）刻盘；为客户录制整个试机或者实验全过程，当然一定要把客户录进去，刻盘让客户带走（视频也要处理）；客户可能会自己录像，一定要在对方的摄像中经常出现你的样本，Logo之类，免得到了最后客户想不起是哪一家。这种现象发生了不止一次，很多客户拿着录像给我看，看某一家，结果就是想不起是哪一家了，因为很多客户要看太多太多工厂。

（三）资料要全面

这里的资料种类就多了，可以是图片、视频、文字。包括了报价单、样册、证明材料。例如你经常告诉客户，你的设备省电、省人工，有没有相关的权威检验体系，省了多少电。不然客户凭什么相信你。当然这里要说一句，报价单必须专业、全面，就像是一本标书，客户可以凭一份报价单了解几乎所有细节才可以。

（四）足够的诚意

客户来到工厂，往往是因为之前联系得不错，通过不懈的努力，客户才会来参观。这个阶段的客户已经是非常有意向的客户，可以说肉已经在嘴边，吃不吃，说实话，很多时候不在于客户，而在于供应商。客户花几万元来到中国，除了想亲眼看一下产品之外，还表达了足够的诚意，供应商如果还端着，拿着，客户非你不可吗？那么怎么展现你的诚意？足够的诚意往往表现在招待上、价格上，如果价格实在是动不了，一些配件的赠送，售后服务的承诺也会加分。

有了这些工作，基本上可以确保不会在第一轮就被淘汰，再加上后续良好的跟进和沟通，至少有希望拿下订单。

二、获取客户信息

除了这些工作，你还要获取一些信息，还需要获取哪些信息呢？

（一）客户明确的采购规划

这个是一定要问的，不然后续的跟进就比较困难，因为你不知道什么时候客户会下决心采购，也不知道后续自己做的那么多工作是不是有效。知道了这个时间表就会比较容易有针对性地做一些跟踪。

例如，客户可能在一个星期内决定，那么这一个星期，你要把攻坚作为主要事情去处理，其他的事情暂时放到一边，根据获取的其他信息来做一些针对性的处理。

（二）客户更加看重哪些点

有些客户会一直强调价格，那么你基本上可以确定，价格是最主要的，只要直接拿价格砸他就好。

有的客户看重货期，价格和品质本身差距不会很大，有现货的，或者几天之内可以供货的，优先考虑。

有的客户呢，更看重质量，什么都要最高配置，这种需要格外注意，因为有些客户或许并不知道最高配置要高出低配置多少钱，但是话已经说出来了，又不好意思说高配置太贵，如果你坚持高配置，可能会丢掉客户。那么你就需要给他两个配置，一个高配置，一个推荐配置。我会说，我知道他不在乎价格，但是我认为，最高配置有点浪费，中等配置已经足够他使用，而且可以确保使用很多年不会出现问题，建议他选择中等配置。

当然有的客户真的不在乎钱，就注重质量，那么更简单了，以足够的证据证明你的产品运行正常，用的材料好，做工好，就行了！

（三）客户都去了哪几家同行

我有的时候会直接问客户他去了哪几家同行，有些客户会说，有些客户会婉拒。婉拒了也不要紧，还可以通过一些东西来判断，例如，可以故意引导客户描述其他家产品的特点、接待人员，只要你对同行有足够的了解，基本上可以判断出来，客户去了哪几家。

当然还可以看客户手中的材料，偷偷地瞄上几眼还是能获得一些信息的。

这种方法比较适合于产业集中的产品，因为彼此之间并不远，比较熟悉，获取了这些信息，基本上就可以判断出客户收到的各个报价的大体情况，进而有针对性地做出决策。

（四）谁是决策者

这个不需要直接问，可以通过逼单来实现。例如我提出假设成交，对方可能就会告诉我，他做不了决定，需要找他的父亲做决定，需要跟合伙人商量，需要回去向老板汇报之类。

不要小瞧采购经理这个角色，很多采购经理是有决策权的，所以我都会直接去捧他们，说老板对他那么器重，让他一个人来全权决定，看得出来对他的信任等。这个时候他们的表现会说明一定的问题，有的会说，不行，还是老板决定；或者说，他需要考虑一下，如何决定之类，那么你就知道工作该怎么做了。

（五）预算多少

采购设备客户都会有预算，我们经常会遇到客户这样说，他只有 20 000 美元，让我看看他能买什么。

通过去询问预算，可以让你为下一步报价的调整提供依据。

见了面，说上几句，调节好气氛，很多问题很容易获取到答案。

（六）对你还有什么疑问

这个问题未必会获取到答案，但是一定要问。

让客户知道，你可以事无巨细地为他介绍、解释、服务。有问题可以当场提出，当场解答。

（七）客户觉得你们合作的可能性大吗?

很多人不敢问这样的问题，为什么？是怕听到否定的答复吗？

我会直接去问，客户说 yes or no，我会跟上问他看中我们哪一点呢。或者因为哪一点他那么不满意呢。

（八）细节询问

询问客户对方的电力、工厂规模、占地面积、员工人数、技术工人情况、工人的语言状况、对方的原材料成本等。还包括对方喜欢的付款方式、对方要求的货期等，都要先获取到。

有了这些细节，有利于你拿出最适合客户的整体解决方案！

（九）客户对所采购产品的了解

这个可以在对客户进行产品讲解的过程中获取到一点点信息，但是有些客户很会装，他不轻易表态，就听你说，也不轻易开口问，这样就很难获得对方对产品的了解情况。

很多时候我会直接问客户他之前用过中国的设备吗，或者用过类似的设备吗？客户会给出一个答案，no 或者 yes。然后在讲解的过程中，我会不断地穿插一些稍微有点技术含量的问题，反过来问客户，因为这些问题是必须知道才能报价的，不会很突兀，这个时候再看客户的反应，基本上就可以知道一二了。

知道了这些并不是为了骗他，而是让你的讲解更有针对性。面对专业的人，你可以讲得更深一些，从技术层面去强调你产品的优势；如果面对很不专业，或者刚刚入行的客人，你只要告诉他你的产品易操作（如何易操作）、省人工（如何）、省电（如何，为何）等这种直观的答案就可以了。

那么专业的和不专业的客人，在做最终采购决定的时候会有很大差别，因为专业的更了解产品，可能就会更容易受到销售行为的引导，做出基于销售层面的很多决策。

（十）对客户采购产品去向的了解

客户是买了自己用还是给终端客户做采购，这个信息你也必须获取到。

因为自己用和给别人采购，决策权不一样，决策方法也不一样，采购行为还不一样。

自己用的，可能更看重质量，价格肯定是越便宜越好；给终端客户采购，更看重自己能赚多少，你会不会给他惹麻烦，如何培训，如何使用。

还是要对症下药！

（十一）对客户所在国家同类产品的了解

也就是你对对方国家的竞争对手的了解，他们的特点、配置、外形、大体的价格，客户为什么会舍近求远。

当然同时你会获取到客户买了你的产品之后，万一产生问题，配件是否可以从当地买得到，如果当地有工厂，会比较便利。

（十二）对客户以往经历和未来打算的获取

客户的以往经历包括了客户是否在这个行业很多年了，为什么要进入这个行业，在这个行业做了这么多年的感触是什么，收获是什么，等等；以往的经历还包括个人经历，例如有些客户被骗过，那么在付款的时候或者谈判的时候就会特别谨慎，怕你是骗子，那么你要给他足够的信心，让他们信任你。

未来的打算，就不仅仅是着眼于这一个订单了，是更加清楚地掌握客户的发展动向，例如最近来考察的客户就会明确地告诉我，他到2015年新工厂就会建好了，还给我看了照片，到时候肯定需要一条新的生产线。这样我就知道，这是一条大鱼，当然客户也可能是钓我，但是我没损失，我稍微降一下价格，先把当前订单拿下，建立基本信任再说。

（十三）对客户的爱好、性格、私人家庭情况的获取

很多人说难以获取客户的性格、爱好、私人家庭情况等，其实见面谈的时候很多可以很轻松地获取到。例如我就会经常跟客户开玩笑，他这么帅，肯定是很晚结婚。客户会很好奇，我为什么这么说，我说女朋友太多，挑花了眼啊。客户往往是开心地大笑，会说他多大结婚啊，太太怎么样啊之类。

获取到这些信息对于以后的跟踪，会很有帮助。

很多人说，说得容易，做起来很难。我想说的是，说难也难，说简单也简单。跟客户的谈判，其实真正在谈业务也就是30分钟左右，其他的时间可能就是闲谈，你要学会调节气氛，创造轻松的氛围，让客户放松。

大家都摆出对阵的态势，就太严肃了，很难放松下来，就很难闲谈，不闲谈，很多问题就不好问。所以，业务员要博学一些，知道的多一些，脸皮厚一些，没有东西可以娱乐的时候，就要娱乐自己，调节气氛。

part 2　接待客户的再细化

我一直按照接待的先后顺序去写接待客户，这一次打乱流程，把存在于整个流程中的全部内容，分门别类地拿出来，这样更方便大家知道需要什么。

一、信息采集

客户信息采集表一直是我们接待客户的一个利器。

对于我的员工来说，信息采集表信息必须充分、翔实，每一项每一个点都要掌握清楚明白，而且还要深入挖掘一些东西。例如，很多员工认为知道了对方是哪个国家的就可以了，其实知道只是第一步，真正需要的是针对你所获取的信息——国家，去做一些对应的准备：之前这个国家客户的合作情况，来工厂试机的影像资料，工程师按照这个国家标准调试的资料，等等，这些都会成为公司实力的佐证。

其他的所有信息都一样，你获取信息不仅仅是为了信息储存，储存起来的作用基本上为零，针对这些信息要有针对性地做工作，才是充分地利用采集表。

二、商务礼仪

我从来没觉得这个方面是问题，中国是礼仪之邦，礼仪一直是我们引以为傲的。但是我发现第一次接待客户的礼仪很多外贸人居然浑然不懂，只能做个旁观者。

最简单的问题，自己下车之后，主动为客户开车门都不会，手插兜里站在一边，客户手里拿了很多资料、样品，居然不知道去主动接过来，无交代就跑开，留下客户一个人，客户不知道该去哪儿，一脸无助。

不会做自我介绍，也不会做其他人的介绍，说话嘻嘻哈哈，不严肃认真，几个员工凑在一起，离客户八丈远，怕被客户吃了吗？客户自己在车间转悠，居然无人去讲解。

其实，商务礼仪本不需要公司培训，因为网上关于这方面的资料着实太多，没有主动性的员工是不会去找来看的，即便是培训，也无用。这样的员工或许只适合做信息采集工作，甚至连业务员都算不上。

这些天我一直在思考这个问题，并不是所有的人都适合接待客户，进行面谈客户这种高强度的脑力活动，这样，不如解脱一部分人，让他们专心地去做信息采集、客户寻找与邮件沟通，客户来到工厂之后，安排专门接待人员进行谈判接待，签单。因此，公司的商务部要分为两部分：信息采集员与谈判专员。

对于谈判专员，要求礼仪周到，英语好，头脑灵活，气场得体，语言逻辑缜密，对产品了解……

三、客户安排

这部分内容包括了时间安排，路线安排，所需物品安排，所需人员安排。

这些安排一定是要提前准备，并且一再确认的，接待客户是小组配合的工作，要有人安排，有人专门做检查，是否有错失。

时间安排：客户的行程、抵达时间、航班航次、入住酒店、离开时间、离开航班、约到什么时间会谈。你需要一再确认这个时间，以免客户忘记，或者错记，被其他工厂接走。

路线安排：其实这是为了防止接送客户的车辆迟到。路线安排包括了解客户的酒店在哪儿，路线怎么走，从酒店往工厂如何走，是否有足够的时间去位于市区的办公室，我的习惯是上车就会告诉客户，从此处到某处需要大约多少时间（当然有一些堵车因素需要告知客户不可预测），到某处回到他的酒店需要多久，这样客户心里就会比较清楚，自己余下的时间要如何安排，你也会对客户的行程有一个大体的把握，会了解到出现了哪些竞争对手。

所需物品安排：样本若干、样品若干、咖啡、饮料、水果、对方国旗、各种资料，这些在信息采集表里面要有更清晰的标注，当然我们公司也有物品安排手册，每次按照手册准备物品，以确保万无一失。如果照着葫芦画瓢还能画出花样来，这个人真的是无药可救了。

所需人员安排：我们公司采用的是小集体接待客户制度，三个人为一个小集体，一人负责主谈，一人负责记录会谈内容，而第三人则负责取一些东西、查漏补缺、端茶送水，这样就不会影响谈判进程，尤其是当到了关键阶段，稍微的打断可能就需要重新再来。

四、产品知识准备

产品知识准备包括选择合适的工厂，督促工厂试机一直到达到要求，这是最起码的要求。在这个过程中，业务员要对这个工厂的试机人员熟悉，最起码要对常出现的几个面孔熟悉，各种设施的位置要熟悉，例如哪里是维修车间，哪个是钣金机床，哪个是配件，哪里是洗手间等。

产品线的组成，每一个部分的详细参数，例如功率、产量、容量，都要事先做到心中有数，不懂，就要问，不能让客户问到的时候再去求助。

一个销售员连产品都不懂，还配做销售吗？不配做销售，公司的岗位自然就不适合了。

五、客户离去后的跟踪

客户离去后，首先要总结上报，总结上报至少包括四方面内容：

（1）跟客户谈及的主要内容，已经达成的共识。

（2）客户提及的产品细节，已经解答的问题。

（3）接待客户过程自我评价。

（4）打算采用的跟踪方案。

当然更多细节问题，如果能够把握，那么后期跟踪就更高效。

part 3　用整体实力拿下前来参观的客户

一、产品

整体实力里面产品绝对是非常重要的因素，客户来到工厂参观你的机械类产品，一定是希望看到你的机械能够真正如你所说，顺利地保质保量地生产出他们想要的产品。

所以在客户到来之前，如果是需要演示的产品，一定要提前练习，熟练步骤、操作，以免到时候难以成功；如果是需要检验的产品，一定要准备好所有的实验设备，也是要熟练试验流程，真正让客户信服。

总之，就是客户想看什么，你就要让他看到，而且是看到非常满意为止。

客户来看厂真的只是来看产品吗？或者换个问法，你让客户看到了满意的演示、测验，客户就一定下订单吗？未必！

这是一个产品同质化的时代，绝大多数的供应商所能提供的产品，并没有多大的质量差异，你让客户满意了，可能同时同行也让他很满意，客户会怎么选？

二、价格

没错，价格也是决定性的因素，大部分客户选择参观工厂不是无原则的，往往是根据价格进行初步的淘汰筛选，所以，去参观的这些工厂中，价格都不会有很大差距，这是一个信息透明的时代，价格往往都处于差不多的水平上。

同质化严重，价格又大致相同而且不可能再很大幅度让利。这个是绝大多数外贸同人所面临的外贸形势。

如果客户来到中国，遇到了这个司空见惯的情况，你该如何谈，如何让自己脱颖而出，答曰：综合实力。

首先，产品自身和价格是综合实力的重要组成部分，而且是占到权重很大的部分。但是如同前面所说，绝大多数的产品提供者产品都大同小异，价格也相差无几，想用这两个方面拿下客户，除非三种可能：

（1）垄断产品。

（2）产品质量卓越，有一些同行就是做不到的地方，而且这些地方确确实实可以为客户降低成本，或者扩大客户的市场。

（3）价格的确是有优势，而且优势非常大，可以让客户忽略一些其他的因素。

这三个方面有几个厂家能做到？

做不到，也就是没必胜把握，你就需要在其他的方面寻求加分。拿我们的产品来说，我们也没有百分之百的把握一定让客户看到良好的试机结果，因为很多时候，自己试机的时候很好，客户一来就不顺利，或者出娄子，或者完全失败，怎么办？放弃吗？No!

其实，除非上面所说的三种情况出现，否则客户进行采购决策的时候都会综合决策，当然产品不同或许有些东西不同，我只说我曾经做过的传统工业品。

所以，综合实力或者整体评价应该是你所追求的，不管产品会出现什么结果，如果产品不错，你可以通过综合评价去淘汰产品同样不错的同行，如果产品不确定，你还可以通过综合评价追回一点点翻身的可能性，总比完全放弃要好。

三、综合评价

一直在说综合评价，综合评价包括哪些呢？

（一）接待细节

安排的条理性，行程的条理性等。上次有个客户来，去了某同行，某同行居然什么都没准备，设备客户到了才安装，原材料也没有，现去买，客户等了两个小时，直接急了，走人。

接待细节方面写了很多，这么多年，合作的客户非常多，有很大一部分客户是因为我们的接待比较到位而对我们产生好感，在几乎白热化的竞争中选择了我们。

（二）公司布置，员工素质，团队表现

这些都是公司综合实力的体现，客户是希望找到一家长期合作的伙伴。机械类产品客户更不希望自己的供应商不再提供后期服务，所以，公司的综合实力客户会很看重。

（三）售后服务

这个类似于第二点，我一直强调产品和价格，有些时候反而会忽视了后期服务，对于某些产品，售后服务非常重要，如何打消这个顾虑也很重要，例如，你用当地语言服务，你有当地客户作为证明，你可以留下一年的质押金（不推荐），你可以把协议写得清楚明了。

其实，客户会通过这一阶段的表现去判断供应商是否会提供完善的售后服务，还没有成交，你就这样懈怠，拿了他的钱还了得？我做采购的时候就会这样想，通过了解，大部分客户也会这样想。

（四）谈判人员的专业性

这个似乎不需要多说，如果是销售员，应该具备销售员必备的素质；如果是工程师，那么应该是专家，我记得当时做供水设备的时候，德国客户嫌我翻译得太慢，直接跳过我，跟我们工程师交流，我们工程师完全不懂英语，但是他们就通过画图，画线路图等交流，一个小时后，德国客户高兴地一拍桌子，直接给了工程师一个熊抱，工程师告诉我，估计差不多，可以成交了。真的就成了，我们的价格比其他家高很多。

所以，你不专业不要紧，要找一个专业的，包括现在谈订单，必须有技术员在场，有些比较生涩的东西，销售员都未必知道什么意思，但是客户一比画，工程师可能就知道，客户就会竖大拇指。

（五）车间、实验室整洁度

很多客户真的会看重这个，我跟俄罗斯客户去一家工厂考察，一进去客户眉头就皱起来了，地上一层土，设备上一层土，完全看不到不锈钢的光泽。客户在整个参观的过程中一句话没说，出了门就把对方的报价单直接收起来了，不可能合作。

（六）各种材料的准备

客户来之前会把需要的很多材料告诉你，你必须保质保量地准备好，而不是等客户到了再准备，或者给客户错误的材料，这个在接待细节中也提到了，在我们公司的标准化文件中，这是极其重要的内容。

除了上述六条，还会有很多，总之，产品、价格的确是很重要的因素，但是客户既然选择看这么多家，证明这些厂家都有可取之处，单纯就产品和价格比较下来，未必那么分明，需要综合其他的因素进行最好的决策。

这是一个加法，加重你被客户选中的砝码。

part 4　发挥自身优势赢得客户信任

总体来说，业务员分为两种：

第一种，伶牙俐齿，沟通能力强，善观察。凭一张嘴，把客户哄得乐呵呵的，虽然专业水平不行，但是客户对这种业务员的感觉良好，只要看对眼了，其他的都不是问题。

第二种，专业性强，虽然不会哄客户，但是由于专业性强，让客户感觉到跟这个人合作，自己以后有保障，哪怕设备出了问题，一个电话，一封邮件就能给自己解决。

当然还有第三种，说起产品专业透彻，哄起客户也是轻车熟路，这种人，绝对是顶尖高手，是每个业务员的发展方向；但是毕竟不是所有人都可以做到，上面两种，你吃透一种，足以在外贸行业做出一番成就。

我会经常帮一些朋友谈单，很多都是从没有接触过的产品，专业根本谈不上，我甚至不知道这个产品是干吗的，专业词汇只能现场蒙，就算有专业人员讲解，我翻译起来也是困难重重，业余得很。如果拼专业性，我绝对不及格，但是我依然能够把订单拿下，而且让客户对我很信服，这靠的就是观察、沟通，我会事先准备很多资料、素材，跟客户的沟通过程中能够用得上，让我真正地贴近客户，实际上就是攻心战。

前段时间还是帮朋友谈单，带着客户去了工厂，客户还带着一个中国人，说是朋友加合作伙伴，刚刚从他那边买了一套设备，这个中国人在设备行业八年了，据说凡是设备，一看就知道工作原理，就知道这台设备的关键点在什么地方，所以客户极其信任他。

一开始，客户根本不直接跟我对话，有什么话都是通过他的朋友翻译，他不是不知道我会说英语，只是更信任他的朋友，后来，估计是说累了，车里面安静了下来，我借机跟他开始聊天，说了很多他们国家市场的情况，聊了很多话题，尤其是足球，一下子我们就熟悉起来，两人的交流发生了明显变化，不再通过他朋友翻译，有问题都是直接转向我，让我解答。

气氛明显的友好了很多，很多问题就会好谈许多。到了工厂，试机演示，功能完全满足客户要求，客户一个劲儿说好，非常好，这个时候，他带着的中国人，要求我们的技术人员打开机盖，看内部的油泵之类设备，又问了很多问题，例如油罐跟机体是一体压铸还是后期焊接，各个连接部分如何连接，损坏如何更换，输油线路是否方便更换，用多少号的油，如何清理油泵，等等。这个工厂的产品在行业里算是比较不错的，几个专业的问题问完，给客户一翻译，告诉他这个设备一体压铸，不容易破损，后期的保养和维修费用低，易操作，是好设备，客户更加信任了，一直在说 very good，他要的就是这种设备。

因为我不懂朋友的产品，只能通过产品以外的东西让客户对我产生信任，产生好感，通过现场演示让客户信任我们的产品；而专家则不一样，几个关键的问题问出来，给客户一解释，为什么不容易损坏，为什么后期维护方便，客户就完全信任了，这就是专业的威力。

所以说，无论你擅长哪一点，只要你做到极致，都会威力无比。

你可以通过产品以外的闲聊，获得很多信息，拿到有用的话题，贴近客户，让客户认可你这个人，产品就会很好谈，就算你真的对这个产品不了解，你还是可以很好地驾驭谈判过程，避开很多非常专业的话题，他信任你就好了；当你对你自己的产品专业时，还可以通过专业性，详细地分解产品，形象化地、数字化地介绍优势，和一些关键的技术点，来征服客户。

其实，业务就是这么简单，只要你想做好，总有一条属于自己的路。

第五章

妙笔生花，推进邮件谈判

part 1　分析客户，让你的邮件更有效

要开发客户，跟踪客户，一定要分析好两个问题，不然方法再多，再精妙，也是白搭！

两个问题：一是确定该企业需要该类产品，二是确定邮箱持有人是采购的负责人。第二个问题比较简单，如果客户发来了询盘或者你从网上直接找到了求购信息，那么该邮箱一定是采购员的邮箱。如果是从网站上查到的，一般来说是销售员的邮箱，你就要通过一定的方法，看看能否要出采购员的邮箱。即使是黄页上查到的，是销售员的邮箱的可能性也比较大，当然有一些小公司是老板在用这个邮箱，那就比较好说了。

第一个问题，估计很多人存在着误区，半年前，甚至两个月之前有过询盘的客户，现在你还在拼命跟踪，你确定他一定还需要吗？

我做原材料，面对工厂，这种询盘是长期有效的，因为工厂要转行太难。但是，有一些非正规产品，如设备，当时做设备那会儿有一个客户，第一次合作了之后，聊得也不错，后来我再问设备，他却这样说，他当时出来采购设备是因为有一个工厂做水处理工程，他的朋友在该工厂做采购，他往后可能都不会再需要这种产品了。

这样的客户，还是一个劲儿跟踪，告诉他你做设备，质量如何好，如何便宜，服务如何周到，有什么用？如果你是幸运的，碰上客户高兴，回一封给你，他不再需要这种产品，或者不告诉你他不做了，直接说有需要联系你。

平常客户才不会理你，就像现在还有很多设备类的供应商找我，我看看

邮件就直接删除了。没办法，实在太多了。所以客户不回复，有很多的原因，有些客户问了一次价格后，你报价了就没信了，不一定是骗子，因为有时候采购就是一次性的，他作为中间商没拿到单子或者你的价格高被淘汰，以后可能都不会做这种产品了。

所以当你推销你自己的产品很多次客户都没反应时，你是不是该考虑一下，换一个思路，如果他是中间商，现在估计还是在做进口贸易，会需要什么呢？我现在推销我自己的产品以后，一般会再缀上一句话："我们现在也为世界上众多客户进行采购，如果你有需要，请给我发邮件，我们做进一步的沟通。"

JAC/旧文新看

邮件是时代的产物，成本低、承载信息量较大、沟通较高效，使它成为外贸行业的主要沟通方式，但是时代还在进步，尤其是智能手机的普及，大量的手机端 APP 应运而生，并迅速为大家所熟知，我们的沟通方式也产生了巨大的变化，如今的外贸，不能再局限于邮件，多种方式结合方为王道。

part 2　如何让你的邮件更有效果

邮件，一个相当有魔力的字眼，让所有的外贸业务员日思夜想，牵肠挂肚；每个人都幻想着，每天早上一打开邮箱，若干封有效询盘躺在那。

外贸人每天的工作都是为了得到邮件：询价的邮件，回复的邮件，确认订单的邮件，甚至客户讨价还价的邮件，哪怕是客户拒绝下单的邮件，只要来上那么几封，心里就会踏实很多。

于是大家每天都重复地做两件事：

（1）注册大量的 B2B，虽说免费 B2B 的效果大不如前，但是有总比没有好，蚊子再小也是肉。所以，我从不停歇注册、更新，但注册 B2B 有很多方法技巧，不能只是为了注册而注册，花那么多时间一定要让它出效果。

（2）不停地搜索客户，运用搜索引擎、B2B、各类数据、黄页等找客户，早就说过很多次。

B2B 的效果显现出来怎么也得三个月，甚至更长，因为搜索引擎的抓取需要一定的时间，别太指望客户正好登录这个 B2B，正好搜索你的产品，正好看到你（当然也存在这种可能），B2B 的访问绝大多数是搜索引擎。

发开发信也是种煎熬，几封就有回复，甚至上百封就有回复的人就是幸运儿，幸运儿不常有，辛苦的业务常有，所以要不停地找，不停地发，就为了客户的“回眸一笑”，哪怕是回头恶狠狠地瞪一眼甚至骂一句也好。

其实上心的业务员不光做这两个工作，还会对现有的客户进行整理、归类、分析，然后有针对性地发邮件，虽然数量远远不如别人，但是效果相对较好，这个就是精发。

无论发开发信、回复、跟踪，我都将其分为两类：精发与粗发。

所谓粗发，就是拿到邮箱，不做分析，直接群发出去，去碰客户，只要数量到了总能碰到若干客户。

所谓精发，就是拿到邮箱，分析之后，根据客户的特点发送邮件，这样是在培养客户，是积累，是长久之道，因为你找到了那么多邮箱，不能发一次就放弃了，没准他一开始不需要，后来又需要呢？没准一开始他有供应商，后来跟供应商掰了呢？没准客户一直未作经营，突然发现你的报价跟当地市场有很大的差价，有利可图呢？

就如同追女朋友，广撒网固然是好，总会碰到一个喜欢你的。素质如何？不敢说。你可以选中一个素质较高的进行培养，有目的，有规律，有建设性地交往跟踪。什么叫有建设性，例如之前你有女朋友，她喜欢打台球，一起打台球她就会很开心，慢慢让你追到手；可是这位新人，就讨厌打台球，一提就烦，你不能总用这一招吧，你要从其他信息下手，例如她闺密，她朋友，去了解她，剖析她……

那么什么样的邮件该精发，什么样的该粗发呢？

我的原则如下：

精发：客户回复开发信的邮件有明确要求的，客户主动发来询盘的，进入实质谈判但是因为某些原因未成的客户，在某些网站有明确求购信息的客户，从网站得知专业经营你的产品的客户。

粗发：黄页信息；终端客户，可能用你的产品做原材料的客户；经营多种产品的经销商（含你的产品）。

这是我的标准，每个人有不同的标准，但是精发粗发会相互转化，例如按照某些方法发了几百封邮件，客户回复了，那就要精发了；例如，客户发了封询盘，你回了一封再也无消息，就改为粗发。

那么如何精发邮件，让你的邮件更加有成效？

既然是精发，就不是写封邮件发出去那么简单，你要有的放矢，所谓知己知彼百战不殆，就是这个道理，首先对你要开发的对象有一定的了解，哪怕是一点，例如姓名、职位、客户要求运输的港口、客户一贯要求的数量；更深入一点的信息，例如客户的喜好、客户的家庭情况，等等。

如何去了解呢？搜索引擎。Google，Yahoo，Bing 等当地的搜索引擎。

社交类网站，如 Facebook，Twitter 等各种微博、博客。

无论你怎么得到的信息，肯定有邮箱，拿着邮箱放到各个搜索引擎里进行搜索，会有很多搜索结果——当然也会存在没有任何信息的情况——你要对这些结果进行分析。

例如昨天我刚刚从 EC21 收到了三封有效询盘，我拿着他们的邮箱去搜索，有一个没有结果，这个就根据他自身提供的信息进行发送就可以了；另外两个结果较多。

A，询盘很简单，I wanna purchase ××（产品名称），please offer your best rate CIF to ××。于是在 Google、Yahoo、Bing 等当地搜索引擎搜索其邮箱，出现了许多搜索结果，很多求购信息，而且都是求购我的产品，此外，还有很多销售信息，也是这个邮箱，我还找到了他注册的两个论坛的信息，2013 年 1 月 1 日：I hope all the bicycle funs will enjoy new year holiday. Nowdays I'm busy with my company affairs. But I will come back soon. 落款，your elder friend（邮箱）；另外一个是管理论坛，他的等级很高，发言次数很多。

整合分析，所有的上述信息，得出什么结论呢？

（1）这是公司老板，负责采购、销售，及其他所有的公司事务。

（2）爱好自行车。

（3）年龄偏大。

（4）一定需要我们的产品，而且很频繁地购买。

（5）喜欢管理学。

那么我这样回复：

（1）直接报价，不啰唆，我们的最低价格为××（因为确定他有确切需求，而且频繁需要，所以价格相对较低）。

（2）付款方式、货期、包装、集装箱容量、有效期。

（3）经营一个公司不容易，我也正在研究管理学，他是行家，多向他请教，中国的很多管理学经典，我也乐于跟他交流，我的 Skype 是……

（4）春天到了，要经常去户外运动，我爱好自行车运动，我们组织了月底去黄河，有兴趣来参加吗？

半个小时左右，我的 Skype 有添加信息，是他！

他上来就问，我是谁，为什么我对他这么熟悉？

我回复，“This is Jack from Shandong JAC. We are producing … you need”。其实我知道他问我是谁并不是要这些信息，我还是故意强调一遍，“I got all your information from google，yahoo and so on”。

客户大吃一惊，说，他感觉就如同被剥光了站在我面前，感觉好恐怖。

我回答，没有其他的意思，中国《孙子兵法》说，知己知彼，百战不殆，“In order to win，know yourself and the enemy，of course you are not my enemy. Why I did this is to make both of us to win，to get the chance to cooperate”。

对方回答，“Yes，you are right. I like your strategy. You are very intelligent. I would like to cooperate with intelligent person. Let's turn to business”。

当天晚上我跟客户聊到一点多，虽然他还没有最终下订单，我可以确认，他对我绝对印象深刻，这不就是我的目的吗？

B，客户，搜索其邮箱，信息量不大，只有零星的几个采购信息，采购的产品很杂，看其网站，应该是个杂货铺性质的经营商，里面并没有我们的产品，但是有众多化工品，而他的邮箱是助剂类化工的销售业务邮箱。

我进行分析：

（1）这是贸易公司，或者采购公司，替客户进行各类产品的采购。

（2）不了解这个产品，不专业，估计只会对价格敏感。

（3）有可能是个人订单。

基于以上考虑，价格要稍微放低，因为他对产品不了解，你跟他强调再多质量也没用，但是不能太低，太低他会不敢购买，怕质量出问题，这就要求报价掌握一个度，这就要看你个人对行业的了解了。

告知对方这几个月的趋势，以免产生误解，可能他从网上查询信息查到了某些价格，因为刚刚涨了价，网上信息更新不及时，还是低价，他不了解行情，所以，必须告知对方涨价了。

最后加了一句，“我们采用多种方式跟客户合作，公司或者个人，佣金方式或者差价方式，我们有自己的贸易公司为众多客户进行各类产品的采购，欢迎询价”。

客户到现在为止还没有回复，但是我认为我做到了极致，不回复也无遗憾了。

我还分析过一个客户，是同行套价，估计是疏忽，一个同行发了一封邮件给我，说自己是印度客户，问某产品价格，我搜索其邮箱，居然找到了一条他的消息，很明确地写着他是什么公司，是同行，我就假装不知道，故意发了一个极低的价格，确保这个价格他作为业务员肯定拿不到。同时，特意在下面加了一句话，我们欢迎各方询价，包括我们的竞争对手调货，我们保密，提供佣金，请联系。

结果他成了我的客户，走了很多私单。

这些就是对客户的分析，分析不是瞎猜，是基于某些信息，而这些信息哪里来呢，就是来自网络。而这一步是精发邮件之前必不可少的，老祖宗的话是对的，知己知彼百战不殆，你对客户越了解，你说的话就越让他舒服，你给的条件就越符合他的心意。

精发开发信也是如此分析，例如，我通过邮箱找到了对方的姓名，获知了他大体的身份，一定的其他信息，这就会让你的邮件与众不同。发开发信的最大原则就是出类拔萃，与众不同，让客户从众多的邮件中一眼看到你，选中你，回复你。

以上是发邮件的准备工作，进入具体写作阶段，如何写一封让客户印象深刻的邮件?

先说一下我的信箱发信的格式，无论是开发信还是回复信都是这个格式。

信头：公司的 Logo 必须有，设置为左右结构，Logo 居左，右边是公司名称，主营产品，然后用分割线分隔开，下面是正文。

信尾：姓名、职位、联系电话、个人电话、网上联系方式，然后分割线。

加上一句提示：Important NOTE，If there is anything about the important information (payment, account and so on) to be changed, I will confirm with you by phone and fax. If there is only e-mail, but no phone or fax, please don't make any reaction。

这样显得大气正规。

开发信这个话题太热了，热到你随便一搜就会有无数位大神的开发信展示出来，它们无非就是要点明确，简明扼要。其实这很容易理解，发信的目的是让客户知道你要干嘛，要推销，推销什么产品，就足够了。

以上观点是大神的观点，可惜，我非要与他们不一致：对于小公司，我会简单阐述就好；对于上规模的我会稍加点吹嘘的色彩，区别对待之。

小公司我会这样写：

某人您好,（客户的具体名称最好知道，如果不知道用公司名称，以显示我是单独发的）

我是某某公司某某，我们专业生产或者经营××，已经十年了。我们跟你们国家或者你们行业的××公司一直在合作。（这叫做样板工程，找一个这个行业里面都知道的公司作为标杆，证明你的产品质量好，一定是真正合作过的，不然客户到时候真的一调查，你就惨了）

现在本产品 CIF to×× 的价格为：

供您参考，有需要请联系。

（这部分加入你获知的他的信息，套套近乎）

我们公司有自己的贸易公司，同时经营……有需要请联系。

大公司我会这样写：

某某您好,（带着职位，我一般写副总，VP××，大公司对职位比较看重）

我是某公司的某某，我们专业生产某产品已经十年。远销××个地区，跟××个客户建立了合作联系。

我们的新工厂已竣工，日产××吨，我们有专业技术人员××名，设备精密。

能够保证低价，高质量，稳定供应。

如果您对我们的产品感兴趣，我们愿意提供免费样品供您检测。

也欢迎您来我们工厂参观考察！

（这部分加入你获知的他的信息，套套近乎）

落款

为什么要不同呢，因为对于某些大公司而言，你的信件一定要显得正式专业，几句话能说明白也要稍微显示一下你们的实力，因为我曾经收到不止一个客户的回复，大体意思为：你这样发邮件是不行的，我们是大公司，不会跟不正式的小公司合作的。

其实他说得很有道理，门当户对，虽然是陋习，但是现在在商场还是很盛行。

开发信也好，回复也好，一个回合拿下来的不多，很多都不了了之，进入跟踪阶段，跟踪客户是个永恒的话题，你前一阶段那么多资源不能轻易浪费，你还是要分析一个问题，客户为什么不回复你的跟踪。

总之，你发邮件的目的不是为了发邮件，是为了拿订单，那么就要知道如何发邮件才更有可能拿到订单，不分析，低头去发去碰，也完全有可能，就如同新人，走的就是这步，但是碰的概率很随机，运气好了有一个，运气不好就比较惨，所以你要学会培养客户。

part 3　邮件问题总结篇

一、邮件的格式

邮件的最大作用是信息载体，也就是把你需要表达的内容传达给客户，那么第一要义是清晰；当然，合适的表达方式也很重要，也就是客户在浏览这封邮件的时候观感如何，没有任何歧视的意味，漂亮的女孩子面对面推销的成功率要远远高于相貌一般的女孩子或者男人，这就是客户体验所带来的差别。

所以我们的邮件的“外貌”一定要尽量美，让客户身心愉悦。

先看两段文字：

By the way,because there is attachment in our coming email,maybe it will be blocked by your mail
quotation without any delay.

Otherwise can you please give me your skype or whatsapp?As you know,about the machinery we
configuration.

Best wishes.

Good morning!
I emailed the video and picture about the cooked artificial rice before,I hope
We want to know how about your opinion,how about your procurement pla
About the flow chart of quotation if you have any question.
Do you have some information new to tell us?

哪个更好看呢？

很明显是第一段，清晰，美观。

10 号大小，verdona 字体，每段空行会比较美观。

每篇邮件写完之后，内容全部选中，再进行选择字体、大小的操作。

不经过这些步骤的邮件绝对不应该发送出去。

当然还可以有表头，有签名，等等。

其实说句实话，这些都是外贸的基本素质，连技巧都算不上，但是，基本功是最容易被忽视的，所以，这一点还是要强调一下。

二、产品的深入学习

记得跟一个员工聊过，她问我，客户陷入了僵局，该怎么办啊？

我说，产品聊得怎么样，她回答，产品聊得并不是很多，只是大体地介绍一下。我说，那你应该跟他深入地沟通产品啊，因为产品都没有怎么聊过，客户的意向都不明确啊。

她很无辜地看着我，说，“聊什么啊？我不懂啊”！

看起来很不可思议，但是对于机械类产品来说，这种现象司空见惯，机械类外贸之所以难做，就是在于产品的复杂、多变、多样、难掌握。产品分类，都懂，产品流程，都了解。但是说句实话，这些都是面上的问题，客户来看一眼图纸，看一眼图片，看一眼工厂，就完全明白，真正不明白的是其中的细节。

拿我们的产品来说，大体流程分为：

拌粉——提升——主机——成型——烘烤——油炸——调味——包装。这个流程大部分员工背得滚瓜烂熟，到了设备面前，也可以给客户讲得清清楚楚，但是这些真的是客户想了解的吗？绝对不是！

客户需要了解的是：拌粉过程中，原材料的配比，水分要加多少，这关系到成本；提升过程中，耗电量多少，速度多少，如何清理，有多少种类，哪种最省钱；主机，温度如何，怎样控制，分为几个控制区，每个区都是哪个位置，有没有制冷，制冷的运行原理是什么，在哪里加机油，哪些是主要配件，哪些是易损配件，易损配件如何维修，主要电机如何质保；成型，有没有废料，如何回收；烘烤，耗电量，或者耗油量，耗气量是多少，温度是多少，输入多少，输出多少，进的时候水分多少，烘烤完了之后水分多少，等等。

总之，客户关注的是成本，成本分为三种：采购成本，运营成本，机会成本。

采购成本大家都很了解；运营成本，就是用电、用水、人工、维修、维护、保养费用；机会成本，万一设备坏了之后，会给自己带来哪些损失？买A供应商而不买B、C供应商会带来哪些潜在的风险。

关注好这三个问题，订单无往而不利。

三、表现欲差

（一）个人魅力展现

我始终认为，邮件不仅仅是要谈生意、谈产品，还有一个重要作用就是表现业务员的个人魅力，或者专业，或者善谈，或者英语流利，或者做事麻利，或者细心。

这些个人魅力的展现有利于客户对业务员产生深刻而良好的印象。而这些良好的印象会促进双方沟通，让你的邮件所要传递的信息更加有效地影响客户。

专业性是通过专业的表述、语言，给客户专业的解答来实现，当然如果可以给出专业的图纸、公式之类，就更能彰显专业了；细心呢，是通过发现客户的需求，事无巨细地为客户解释来体现。

（二）产品知识无法和实战相结合

第二种情况的出现是对产品掌握不熟练，但是还有一部分人产品知识掌握得很熟练，但是到了实战中，却没有转化为战斗力。

究其原因是他们不知道客户知道什么，不知道什么，哪些说了对客户有用，哪些对客户没用。

请教了这个行业的一些高手，得到的答复正好可以回答这个疑问：把客户当新手就好，不管他是否知道，从简单到复杂，统统告诉客户。

其实这里有一个概念，客户问的问题是真的不懂吗？

未必，有些时候，客户是知道答案的，之所以要问这些问题，只不过是为了了解到这个所谓的专业供应商有几斤几两。

（三）缺乏攻击性

缺乏主动成交的勇气。

可能因为是新手，更不敢主动提出跟客户成交，其实邮件沟通过程中有一些客户时机已经蛮成熟，但是业务员却不敢提出成交，或者不敢通过提出成交来获知客户的底线。这在某种程度上也会耽误订单的进度。

part 4　很多单子丢了是因为沟通不够深入

我曾闲来无事检查了一下我的几个业务员的邮件，发现他们询盘不少，每个人也都忙得不亦乐乎，但是成单的却很少，询盘我都看过，质量不错，怎么会这样？于是，我花时间深入地研究了一下，发现了一个问题，业务员跟客户沟通的时候很多话都是半截话。半截话的意思是，很多话说到一半不说了，明明可以深入进去，突然停顿了。

举一个最简单的例子，客户问业务员，他的价格为什么比同行高 20 美元，业务员说他的质量好啊，让客户买过去试试就知道了。然后没有再做深入的说明，客户说，没有一家供应商说自己的产品不好。业务员还是在强调，他的产品是真的质量好，不然不会有那么多客户买他的货。

可能他认为这样说已经有足够的说服力了，可是根本不是。这种错误很多业务员在犯。

你的质量好，不是你说说就行了，你需要深入进去，告诉客户你的质量好在哪里，优势在哪里，归根结底，是如何抵消掉这 20 美元的。你说你有很多客户，有没有比较大的客户，可以作为案例的。

案例加深入说明，只要你把这个环节做好了，很多单子会比较容易就拿下，即使你的价格比同行稍微高一些（高很多，你就别想了）。

从这个地方可以明确地看出，在跟客户沟通的时候一定要深入，要把自己的优势、特色、特点全部展现给客户，让客户有一个全面的、综合的评价才行。

而所有素材的获得都在于平常的积累，例如图片、影像资料、证书、实例。进入谈判阶段，实际上客户给了你足够的时间让你说明你的优势，但是大部分业务员都纠结于某一个点，例如客户说价格高，就纠缠在价格上，此时，你不如旁敲侧击，用日常的积累说明你的优势，这样即便客户不想接受价格，也会有兴趣跟你讨价还价。

你没有任何特色，价格又高，估计一点机会都没有。所以，建议大家谈单的时候一定要耐心，不要想一口吃下，小单子也有大学问，把周边的工作做足，水到渠成。

我分享过几个单子的谈判过程，大家看得出公司非常支持，公司的实力是后盾，但是我们任何一个产品都不是行业里的老大，甚至不是前几位，很多单子都是跟行业前几名的供应商硬碰硬，我赢了，为什么呢？因为，我跟客户沟通得彻底，我很耐心地把我的优势慢慢地灌输给了客户，让客户对我的兴趣递增，而其他的几家，估计很大程度上总是说自己是行业老大，行业老二，没有深入说明自己的产品、服务，最终没把原有的优势转化为战果。

part 5　一次完整的谈判

这一节我记录一次完整的谈判，除了客户的信息，产品的信息稍作屏蔽，其他的都是原文，这个是很早以前的一个单子，我觉得过程很经典，所以拿出来和大家分享一下。

经典不是说我的谈判多么厉害，而是能遇到的问题都遇到了，解决的也比较顺利。我并不是说谈判中的这些话术能解决所有问题，但是至少证明还是有效的。

@@@@这个客户是我发开发信联系上的，第一封开发信如下：

标题：manufacturer of ×× from China

Dear ××,

Morning!

This is Eason from Shandong JAC industry Co，. LTD. We are the professional manufacture of ×× in China for about 10 years.

Now we are exporting our ×× to ABC company in your country.

I know you are producing ×× using our ××.

Raw material in low price makes your own products more competitive in your market.

Waiting for your e-mail for further discussion.

Best Regards

Eason

www. urotropine. com

@@@@客户回复

Dear Eason,

Please notice your best rate CIF to Port ××.

Also enclose your COA and package picture with your offer.

Best Regards

落款

我的邮件

Dear ××,

Very glad to get your reply. I believe we have chance to cooperate.

To comply with your request, I would like to give you an offer as follows:

Price:

Package:

Payment:

Period of Validity:

Period of Shipment:

Please refer to the attachment to get the COA and pictures of package.

Looking forward to your early reply for further discussion.

By the way, I have checked your website. There is something wrong with the page: ×××××××. It is wrong program. Your customer can't leave a message here. Maybe because of this you have lost some customers.

Best regards

@@@@客户回复

Dear Eason,

Thanks a lot for your warm reminder. We never reallized this problem before. I will tell my webmaster to correct it.

Thanks again.

I will check your price and your COA. Later I will return back to you.

Best Regards

我的邮件

Dear ××,

Await for your confirmation.

Best Regard

@@@@客户一直没回复，我的价格有效期是七个工作日，于是在第五天，我给客户去了一封邮件：

Dear ××,

This is Eason from Shandong JAC.

We discussed the chance to cooperate about ×× 5 days ago.

But I have not got any notice from you.

Have you placed the order to purchase ***?

Best Regards

@@@@客户依旧没回复，三天后，我又追了一封邮件：

Dear ××,

This is Eason who are seeking a chance to cooperate with you about ××.

Maybe you have placed the order now.

If yes, could you be so kind to tell me why you chose other business partner.

We are really serious to every customer. If you can tell me our disadvantage, we will try our best to adjust to comply with you.

Best Regards

应该是这封邮件起了作用，客户很快回复了，如果这封信客户还不回复，只能转入跟踪了。

Dear Eason,

Yes, we have placed the order to our regular supplier.

Compared with their price, your price is in the high rate.

But I remember you, you helped me. I will keep in touch with you. 15 days later, we will restart our new order discussion. And I will notice you.

Best Regards

这次回信，对方提供了他的私人电话号码。客户已经下单，但是化工品需要经常采购，他是工厂，需要原材料生产，15 天以后会重启谈判。

11 天以后，客户的邮件来了。

Dear Eason,

Please offer your best/lowest price CIF to ×××.

As you know, we are now buying ×× from RRR Company. If your price is not competitive at all. We still have no chance to do business.

Early reply is appreciated.

Best Regards

我回复邮件时，重新核算了报价，拿出来非常有吸引力的报价组合，例如我心目中的价格是 1 000USD，我报给他 1 020USD。

Dear ××,

I have reported your request to my general manager and got a very competitive price.

1020USD/mt, payment L/C at sight.

If you have anything not satisfied with my offer, please don't hesitate to notice me.

Best Regards

Eason

这次价格应该是在客户的心理接受范围内，只过了十分钟，客户就回复了。

Dear Eason,

Our target price is 990USD/mt. Please reconsider.

By the way, we always use 30% T/T in advanced and 70% balanced by D/P at sight.

Waiting for your confirmation to place the order.

Best Regards

我回复如下：

Dear ××,

I will report your requirement to our boss to get the most competitive price for you.

I will revert to you within one hour.

Best Regards

Eason

其实我根本不是去问价格，只是制造一个假象，我的价格已经超出我的权限控制了，他还想降价，我只能去申请了。客户追加了一封邮件给我施加压力。

Dear Eason,

Please be noticed that if you can't accept 990USD/mt. We have no chance to start our business.

Await for your good news.

Best Regards

@@@@客户很狡猾，意思是他不管我找谁问，反正他就是要990USD，不接受就免谈。四十分钟后，我给他回复。

Dear ××,

I have tried my best to get your target price, but our boss told me the lowest price we can accept is 1010USD/mt.

We know you are buying ×× from RRR company.

I think you have compared our COA and RRR company's products. 这一段我重点阐述了我们产品比对手有一个参数要好很多，这个参数可以让他们在使用过程中加入的量减少，耗能减低，虽然可能价格高一些，但是让他们在生产过程中降低成本。

IF OUR PRODUCT IS DIFFERENT FROM THE COA WE GAVE TO YOU, WE PROMISE TO ACCEPT RETURNING CARGOS WITHOUT ANY DELAY.

After compositive comparision, I think you can accept our offer.

Waiting for your confirmation.

Best Regards

Eason

@@@@客户很快回复

Dear Eason,

Thanks a lot for your detailed explanation.

How about 1000USD/mt?

The payment will be 30% T/T in advanced and 70% balanced by D/P at sight.

Please confirm with you sales contract.

Best Regards

@@@@客户提供的价格正好是我们预想到的价格，价格已经基本上确认，但是对方坚持付款方式，怎么谈?

Dear ×××,

I really want to start our business with you. I will try to have a discussion with our boss again.

As you the price is very low. Nobody will do the business without enough profit.

If you can accept 30% T/T and 70% L/C at sight, I believe it is much easier for us to apply your target price.

Please consider and give me a notice at once.

Best Regards

Eason

@@@@客户回复很快

Dear Eason,

We don't want to change our payment method, we always use 30% T/T and 70% D/P.

Please check with your boss if you can accept, your desicion determines our business.

Please revert as soon as possible we will close this order within today.

Best Regards

@@@@ 客户很坚决，我们的态度决定着订单，如果我们能接受他的要求就合作，不能接受就不合作。很明确是逼我们。不能再退，再退就到墙角了，必须反击！反击不是要正面的针锋相对，不能和客户搞僵，客户坚持付款方式肯定是有一定原因的，我们不能说公司规定如何，那样很容易把谈判逼向死角。我们可以建议一个最合适的付款方式。

Dear ××,

To show our sincerity to cooperate with you, we have decreased our price to the bottom.

Can you tell me why you insist on this kind of payment?

To start our business, I suggest 100% L/C at sight.

It is fair to both of us. We give up 30% deposit.

What is your opinion?

Best Regards

Eason

@@@@我们放弃先收取30%的定金，直接建议100% L/C，还是很有说服力的。客户回复，

What do you mean? 1000USD/mt, according to the payment L/C 100% at sight, right?

Confirm at once!

看来@@@@客户基本接受。

Dear ××,

Yes, the price is 1000USD/mt CIF to port ××.

The payment is 100% at sight.

If you confirm, I will make the sales contract for you at once.

Eason

@@@@客户突然反复，出乎意料

But I think there are too many charges if we use L/C.

We still believe D/P is best payment for both of us.

What do you think?

@@@@真麻烦，继续做工作，其实客户语气已经不坚持，只是试探了一下而已

Dear ××,

Yes, you are right.

But if we use D/P as the payment. You have to pay 30% first.

It means you have to pay almost 20 000USD first to us, after about 40 days, you will get the cargo.

It means during these 40 days, 20 000USD is your sunk cost.

I think you are an expert of business, you do know the meaning of sunk cost.

Compared with the sunk cost of 20 000USD, the charge for L/C is nothing.

L/C is the best payment for you!

I will make the sales contract to you.

Best Regards

Eason

@@@@客户回复

Dear VP Eason,(称谓完全不同了，VP是我的职位，副总经理)

How smart you are.

I must admit you are the best sales I have met.

You are a real business man!

Await for your Sales Contract to close this order.

落款，公司名称，电话，私人电话，邮箱，Skype。

发合同，要求对方三天内开出信用证，对方无异议。

订单结束，安全收汇，返单。

part 6　五种日常工作失误会导致谈判被动

作为管理人员，我很难时时刻刻关注业务员的工作细节，但是一般来说，他们所遇到的问题，我都已经司空见惯。

他们或许根本没有意识到这些问题，或者意识到自己无法解决就暂时放弃，或者费尽了心力想到了并不讨好的方法。

这一节我总结一下业务员工作中容易出现的几个影响谈判的失误，以飨读者。

一、跟客户的沟通流于表面，没有充分利用好人脉关系

其实，我在开发客户的时候经常会遇到同一个公司有两个或者两个以上的人在跟客户联系的情况，或者说中间商和终端客户同时跟客户联系的情况，这个时候做好情报工作很重要。

基本的方法就是通过 A 问 B，然后想办法找 B 验证，或者通过 B 问 A，找 A 验证，这样除非二者非常默契或者事先串通，否则，你很容易拿到正确答案。

举个例子：

韩国一位中间商客户，某个月突然告诉我，终端客户的订单量要减半，由四个柜变成两个柜。我觉得有点蹊跷，因为合作一年多基本稳定，怎么会突然减量，所以，决定试探一下，问他是不是出什么问题了，需不需要我直接找 C 谈一下（终端客户采购经理）。他说，不需要，不需要，不要联系他。

好，他越不让我联系，我就越要联系，找到 C 直接说，这个月的四个柜已经基本上准备就绪，看他具体哪天需要，我就给他发。

结果 C 说好的，没问题的。

于是我找到中间商，说，是不是他们采购经理有什么想法，或者觉得我们价格高啊，我们可以便宜 5 美元，如果他有想法，我可以每吨给他 5 ~ 10 美元的……

中间商欣然接受，估计这几个美金都进了他的腰包。四个柜！

很多订单我都是这样谈，例如老板发来邮件告知很多规划，让我们给答复，答复之前我先找他们公司的某员工聊天（当时去拜访的时候，这个员工一直陪着我们），得到了很多他们公司的新的变动，这样具体该怎么回答就比较清楚了。

二、凡事绝对不能想当然，要去确认

其实这也是第一条的延伸，很多问题，并不去确认，靠自己的估计，或者就听客户的一面之词就深信不疑，结果到了最后怎么也找不到症结所在。用错误的信息去验证，肯定找不到问题。得到了错误的信息，也就失去了原本可能解决问题的方法和途径。

例如，我之前见过某客户，跟业务员取得联系的那位是老板的小儿子，业务员问了，他却告知他只是一个经理，其实我估计业务员也只是问了他在公司是什么职位，而没有通过他来打听公司的状况，例如多少人啊，老板几个儿子啊，他要带礼物应该怎么带啊。因为，闲聊的时候可能就能确认出他跟老板的关系。我在这个方面吃过亏，从那之后我一直是这样做的。

再例如，明明终端客户知道我们公司是工厂的，却盲目地认为终端客户不知道，我们就没法逼单，因为如果终端客户不知道，就要重新发样品，检验……所以，凡事不要自以为是，重点问题一定要直接问，例如，他认为终端客户会怎么认为这个价格，他认为终端客户做决定主要是依据价格吗；这个客户为什么不选择我们呢，我觉得我们的价格可以啊，样品也没问题。他下一个订单打算在什么时候……

三、客户信息采集不全，没法全面地了解客户

这一条感觉特别明显，很多客户业务员已经沟通过了，至少信息他们知道了，结果信息采集表上写着，身份：可能是贸易公司老板。结果客户给我发照片发来的名片上有五家公司，也完全没有交代这五家公司跟他的贸易公司是什么关系。这样就难以整体把握客户的实力，也直接造成了我们在进行代理排位的时候产生了失误。

四、判断客户不客观，不进行综合评价

曾经某业务员要求我们去拜访一个客户，对客户进行基本评价的时候，他说，这个客户总是在聊一些乱七八糟的东西，好像就是不聊业务，可能意向并不明确。

根据这个判断，我们把这个客户安排得非常靠后，只给了简单的信息，对这个客户很轻视，作为不了解具体情况的我，只能根据他提供的信息进行基本的判断和准备：这个客户有时间就见，没时间也无所谓。

结果一见面，发现不是那么回事，这个公司很严谨，老板很认真，他本来应该去办签证，为了我们推掉了一整天的行程，让公司跟我们业务相关的所有人都待命，等待我们到来。因为他是老板，可能很多具体细节都不了解，所以他把负责这一块的人叫过来，郑重其事地介绍了我们，让负责人给我们介绍大体情况。

他的思路也很清晰，对于开发市场有自己的打算，也进行了深入的了解，严格意义上来说，这个才是我们应该选择的合作伙伴，而且他给了我们孟加拉国市场所有需要我们产品的大客户列表，要求我们勾画出哪些已经拜访，哪些已经联系，他好避开，他的严谨让我们感叹。

他的公司文化也很人性化，说到他的同行也有很客观的评价，直接推翻了我之前的一些认识。

其实很多时候我们误解了业务员，的确找到老板很重要，但是如果公司稍微有点规模的老板，或者经营产品很多的老板，他未必了解每一个产品，但是他又需要维护好跟供应商的关系，他能跟你聊什么？闲聊呗。

这是我们的错，在发现这个问题的时候，就应该果断地问，他们公司是不是有人专门负责这个产品的采购？

这样就会找到能跟我们真正聊产品的人。

第一印象，害死业务员！

五、备忘录没有充分使用

看过前文的人就会知道，我很推崇备忘录。

通过电话之后，需要给客户写邮件，重申电话里的内容，以作备忘；面谈时，要记录每一个细节，然后做成备忘录，重申谈到的所有内容，已经做出的承诺，给客户，以作备忘；谈判一段时间之后，无论是邮件还是及时沟通，都要整理一次，重申前段时间谈到的重要内容，给客户，作备忘。

第六章

展会谈判：如何抓住三秒的机会

part 1　展会的真正作用和运作方式

虽然化工产品很少参加展会，但是我兼营的小机器、小设备、劳保用品还需要参加一些展会。或参展，或参观，切身积累了很多经验，也拜访过众多以展会为生的内贸外贸企业，偷师到了很多，尤其是那些只用展会就可以保持运营的企业。当然去国外参加的很多次大型的展会，让我也真正见识到了国外的行家是如何利用展会的。

非常多的外贸人把展会当成收集名片的工具，这简直是暴殄天物，要收集客户信息，根本没必要去展会，一个 Google 已经足够了。

所以展会的根本作用绝对不是收集名片，收集客户信息，而在于两点：

（1）宣传，扩大企业在行业中的影响力；

（2）谈判，在展会上面对面的谈判，有利于促成订单，或者更直接地了解到客户的需求。

参加展会，尤其是大型展会，而且是本土以外的展会，本来就是企业实力的体现，人流量越大，辐射面会越广，你就是要利用目标客户群体集中的这个特点，把自己以爆炸式的方式传播出去。什么叫做爆炸式，是相对于网络宣传而言，广告，讲究的是持续式，你不刻意去搜，是看不到的；而展会，尤其是专业展会，潜在客户、目标客户会在展会上浏览新的供应商，你可以很轻松的，集中在几天范围内出现在大部分的目标客户面前。

这就是展会的魅力所在！

基于此目的，各个企业真的是各显神通：你 9 个平方米，我 18 个；你 18

个，我 45 个……没有最大只有更大！

你大不要紧，我不跟你拼规模，我拼细节，例如，你文字，我图片，你图片，我视频；你视频，我直播。你提供免费开水，我提供免费咖啡，你提供免费充电，我提供免费 Wi-Fi。

这一切都是为了争夺眼球，只为了让潜在客户多看一眼，多留一会儿。万一碰到了有采购需求的客户，还可以拼一下搏一把，看能否当场拿下。

这就成了展会的第二个根本作用，面对面谈判。

一方面你可以约客户到展会，当然约的时候要告诉客户，在展会现场签单有哪些好处；另一方面如上述所言，或许有些客户你不知道，但是他有需求，在展会上可以直接进行面对面的沟通，谈判，甚至签单！

所以，针对这两个根本作用，你要做充分的准备，尽量地扩大影响，尽量地获取更多面对面沟通的客户，否则展会就会沦为收集名片的工具，这是谁都不想见到的。

太多的人已经体会到了一点，从展会上带回来的名片，跟踪时根本没有达到预想的效果，跟直接发开发信没有多大差别，那都是因为没有按照两个根本点去做准备工作。

为了让展会起到宣传的作用，你需要做什么呢？

除了上面提到的，在硬件方面血拼之外，没有其他的出路吗？烧钱来竞争，小企业该怎么办？

当然有！求新求异，足可以跟大企业一较高下！

例如，提供免费充电，一定数量的免费 Wi-Fi（当然要注册，用邮箱，可以获取客户的邮箱资料）；例如带着样品、样机，并且进行现场的演示；再例如，用无线网络传输技术，把工厂的实时监控画面传输到展会现场，让客户从现场就可以看到工厂的运作。

其他的就看每个企业去自主发挥了。

part 2　展会的思路变化以及拜访客户的方法

营销应该分为线上和线下两种，很多人就说了，线下无非就是展会，现在展会效果这么差，有什么好说的。

首先我想说，展会绝对是线下的模式，但是不是唯一模式，至于展会效果为什么会差，是不是真的变差，我也有不同的看法，下面我将逐层分解。

线下体系分为三个方面，展会思路调整，邀请来访，主动拜访。

回到前面的问题，展会效果真的在下降吗？

不得不说，是的，很多公司参加展会，坐在那里一天都不会有几个人上来问一句，只有那些寻找产品的国内贸易公司不停地过来骚扰，还让这些工厂不胜其烦。

你要想明白一个现实，在以前，没有更好的方法寻找供应商的时候，就是到了展会一家一家地看是否有自己需要的产品，如果有，就会去谈一下，看看是否符合自己的采购条件，展会是供需不平衡，供需信息不对称的产物。

而现在呢，Alibaba 的存在，企业对互联网宣传，对开发信工作的重视，让客户随时随地都可以找到若干家供应商，客户根本不再需要跑到展会上来搜寻。这个时候，客户参加展会往往是冲着某一家或者某几家特定的供应商而来的，约好时间，直奔展会。

所以，现在的展会，你会发现，客户根本不会留意自己经过的展台是否有自己需要的产品，而是目标明确直奔自己约好的若干家。这一点真的是亲眼所见，亲身经历，客户总是匆匆地走过一个又一个的展位，看都不看一眼。

所以，展会思路要变！坐在那里等着客户来找你的时代终结了，你要把匆匆而过的这帮客户“截流”，主动介绍你的产品，看客户是否有需求，他有约不要紧，可以等他约会结束后再来跟你谈，一定要留下个手机号码，告诉客户你会为他提供满意的产品和服务。

所以，这也算是营销思路的一种大的调整，适时而变可以让你少走很多弯路。

线下营销体系的第二种是邀请客户来访。

很多公司，尤其是贸易公司对于客户的来访有着深深的恐慌，而我的思路恰好相反，我们不仅不害怕客户来访，我们还会经常地频繁地真诚地邀请客户来访。

我把邀请客户来访当成跟踪客户，打破僵局的一种手段。很多僵局的产生都是因为客户对我们不信任，所以，我会主动邀请客户来我们这里参观，一方面透露出一个强烈的信号，我们不是骗子，我们经得起他们的实地考察；另一方面，我们不怕他们比较，我相信他们比较完之后还是选择我。

客户一旦同意来访，那么你的工作就来了，从准备接待一直到送客户走，都是一整套体系。

首先你要尽量获取到客户的一些重要的信息。

然后，建立客户信息采集表，对于客户的重要信息全面锁定。

一切准备好之后，将进入接待客户的流程，要细化，再细化，具体该有哪些注意事项呢，我要特别提示三点。

第一，要敢于而且善于反复地约请客户来参观，也就是说，今天客户参观完走了，可能安排时间考察其他的同行，但是并没有离开本城市，那么你要对客户进行第二次邀请，因为既然第一次参观没有合作就一定有一些问题没有谈清楚，是很有必要第二次见面、第二次深谈的，如果客户同意，说明客户的意向还是挺强的。

第二，要善于利用解决问题的思路谈订单。

第三，如果想尽方法客户都无法拿下，就要想办法跟踪客户。

总结一下，邀请客户绝对不是目的，只是手段，所以，要有更多的手段将客户最大限度地留在你这里，拿下！

下面，线下体系的第三种方式，拜访客户。

这个，是整个线下营销里面最有难度的，难度来自对资金实力的要求和对个人综合能力的更高级要求，总不能花那么多钱跑去了却毫无结果。

你去拜访的客户必须具备以下特征。

（1）在当地有非常大的影响力，足以作为一个形象工程或者样板工程。

（2）跟客户谈判到了一个重要的阶段，有一些关键的问题需要谈，客户又没法来访。

（3）跟客户沟通后，客户对你的拜访表现出了极大的热情，愿意协助你做一些工作。

（4）跟客户沟通后，能够做决定的领导能够出席你的谈判。

确定了要动身去拜访之后，需要做极其细致的准备。

（1）签证。

（2）是否需要电源转换插头。

（3）要换多少美金。

（4）当地气温如何，要带什么样的服饰。

（5）手机卡、手机网络要准备好，移动通信运营商有国际数据漫游服务，可以咨询。

（6）跟客户确定好见面的具体时间，具体到几点几分才可以。

（7）跟客户确认地址，并且征求客户意见，订哪个酒店较为方便，询问客户如何从机场到达酒店，询问客户当地司机是否可以说英语，能否用当地语言写一下酒店地址。

（8）如果有多家需要拜访，订一个方便的酒店。

（9）给自己准备一些商务的衣服，男同志最好是西装，女同志最好是套装，毕竟是去商务拜访。

（10）最好是准备一点小礼品，不需要贵重，有说法就好，例如我们会准备山东的高粱饴等。

（11）足够多的名片、产品介绍资料，如样本，如果有样品要带样品。

（12）合同、PO、PI 当然要做好，盖好章，留白重要内容，放在自己的文件夹里。

（13）要知道必要的当地风俗习惯、宗教，尽量不要犯忌。

（14）如果涉及商务谈判，需要当场做最终决定，那么你要事先准备好你的立场，也就是价格、付款方式等的底线，以此为依据去展开谈判。之所以这样，是为了能够在拜访期间达成一些共识，免得让费用白花，精力浪费。

（15）就如同接待客户一样，出访也需要信息采集表，把客户的重要信息采集进来。

（16）抵达酒店之后，要跟约好的所有客户取得联系，重复确认见面的时间和地点，这个很重要，因为计划不如变化快。尤其是如果需要有客户的重要角色出面，要确认对方什么时候有时间。

（17）要在客户的办公室、大门口拍照，个人一定要拍照，当然也要跟客户合影。

（18）一定要守时，要跟酒店人员、客户确认行程需要花费的时间，然后提前一个小时到半个小时出发，哪怕去门口等一下，也不能迟到。

part 3　关于展会的杂七杂八（一）准备篇

给大家直播一次我曾经参加展会的经历，那次参加展会很仓促，本来就是想我自己去逛一下，因为太多太多人告诉我，展会效果已经很差，无谓浪费那些钱。

统计了一下要参加展会的客户和供应商，我考虑了一下，不行，我要弄一个展位，不然那么多客户和供应商，去哪里了解我们的实力？

这个时候，离展会开始不足一个月，于是订展位，整个展会只剩下了两个展位，选择了一个 24 平方米的，通知到了所有的同事，开始准备。

留给大家的时间太少了，一下子几乎所有的人都围绕着展会忙碌了起来。

公司是从来没有参加过任何展会的，所有关于展会的软硬件几乎都是欠缺的。所以需要准备的东西太多太多。

（1）大量宣传册。

（2）大量宣传单。

（3）文化衫。

（4）无线网卡，无线路由器（事实证明，很重要）。

（5）饮水机，咖啡，水杯（带有公司 Logo），水果，糖……

（6）张贴的宣传布。

（7）大量打印的带有公司抬头的 A4 纸。

（8）特意为穆斯林客户印了斋月祝福的贺卡（这个起了重要作用）。

（9）制作了大客户展示张贴布（有几个客户是看到这个来的，但是做的还是不够显眼，继续调整）。

（10）统一说辞。如果客户并不需要我们已经采购的产品，就告诉客户我们有几十人的采购团队，完善的采购体系（这个为我们赢来了好多客户）。

我们不断地开会，强调展会的重要性，把所有的准备工作落实到每一个人，当然他们除了要承担公司的工作外，要准备自己的资料。

（1）自己所负责的产品的样册设计。

（2）自己所负责产品的各种参数表格。

（3）COA，要求是一年的 COA。

（4）检验方法，流程图，检验设备照片之类。

（5）以往合作客户的资料，尤其是有代表性的客户资料。

（6）以往合作客户的单据，例如提单、装箱单之类。

（7）一年来产品的价格曲线图（后来看来这个只有一个同事准备了，而正是这个曲线图，帮她将两个大客户几乎拿下，现在正在攻坚阶段）。

（8）公司介绍的 PPT，工厂介绍的 PPT，各类能够说明公司工厂真实性、实力的照片、视频。

（9）合同或者 PI，我们的目的就是当场签单。

（10）当然为了实现当场签单，就需要准备我所交代的所有资料，同时需要告知供应商，我们某天展会上会来一个重要客户，可能需要当场订，他能否直接给我一个他能做的最低价格？到时候他的通信一定要顺畅，因为我们可能要向他求助，再或者，他能否拨冗到现场帮我们一起谈（我们真的邀请到了供应商到现场帮我们谈判）。

（11）准备样品，不需要在展位展览，但是要直接拿给客户看，甚至直接给客户，让客户拿回去检验。

（12）如果是老客户或者大客户，需要准备礼品。

（13）给即将合作的或者已经合作的供应商准备礼品。

看着所有人都紧张地忙碌着，我已经有了充分的信心。其实这次展会，目的不仅在于发展客户，更重要的是，让供应商对我们有信心，让员工对公司的发展有信心。

因为，这是一个新的发展阶段！

part 4　关于展会的杂七杂八（二）现场篇

虽然时间紧，任务重，但是我们还是进行了全面而细致的准备，这些准备会让大家更有信心。

其实就如同上一篇文章所说，能有客户有订单当然是完美的，即便是效果不好，这次展会我们也要义无反顾地参加，因为这是公司到了新发展阶段的体现，是增强供应商和员工信心的必由之路！

展会开始之前，我曾经告诉所有的同事一句话，我希望每个人都去，我们可以接受公司被清空的现实。

于是浩浩荡荡的大军出发了。最多的时候，展会上有我们20多名同事，每一个展厅，都会有我们同事发传单的身影。

有一个关系很好的供应商笑着说，“Jack你这是传销啊？我在每个厅转都能看到你们的人，在拉客户，塞传单，递名片。哈哈，开玩笑归玩笑，严肃地说，傍上你们我算是看对了，你们第一次参加CPHI就敢搞得这么大，而且还有这么多客户，简直是奇迹。”

他说得对，我们客户非常多，一开始两张谈判桌，后来加了一张，又加了两张。五张谈判桌一起运作，还有几拨必须站着。很多供应商过来，看着我们的阵势，都极其感叹，为什么他们的展位没有人，而我们的展位可以满得站都没地方。

三天，实际上是两天半，我们展位总计来了客户100余拨，当场签单6拨，无限接近签单的客户十几拨……

每个人都累得筋疲力尽，有的同事甚至嗓子哑的说不出话。有朋友会问，你们是菜市场吗，还要大声吆喝招揽生意？我们是要招揽生意，不然怎么会有那么多人来到我们的展位？有些同事一天在不停地说话，可能也就吃饭的时候能喝口水，每个人都在拼命。

依然记得，来布展的同事见到我的那种忧虑的表情，Jack我们的展位要多寒碜有多寒碜，你知道吗，整个展厅里面，都是豪华装修的，只有我们什么都没有。

看着他们紧张担心的脸，我只说了一句，到了明天，看的是人是否努力，而不是展位是否豪华。

人，才是一切的根本！

开展之前我们给每个人分配了角色、任务，谁站展位，谁发传单，谁做后勤，当然公司里留下的所有人必须随时待命，有任何的需求，例如需要寻找产品报价，必须完全为展会服务。

在其他的展厅发传单的同事无一例外地遭遇了保安的阻挠、驱赶，于是都玩起了游击战，打一枪换一个地方，有很多客户都是在其他的展厅拿到我们的名片和传单，当天或者第二天找到了我们的展位，来谈判所需要的产品。

还有一些客户，我们百般努力拿来了名片，也许其他人拿到名片就放起来了，而我们是拿到名片就给客户发了短信、WhatsApp 或者邮件，告知客户我们的展位号，主要产品，并跟他说我们可以代理采购，这样也招来了不少客户。

我们会问客户很多问题，例如在中国待几天，待在哪儿，住在什么酒店，在中国的电话号码是多少，这样做就是为了万一展位上没有谈妥，可以很轻松地再次约到客户，继续谈，这一招，为我们锁定了两拨客户。

他不对我们的产品感兴趣不要紧，我知道他们国家的大客户，他总对样板客户感兴趣吧，于是有聪明的员工就会利用大客户让客户产生兴趣。

得益于准备的周全和每个人的努力，我们几乎是所在的整个展厅客户流量最大的展位。

同事告诉我，当时布展的时候，对面两家展位的布展人员的眼神都是蔑视，因为我们的展位简陋无比，到了展会当天，他们的眼神变了，变得惊讶迷茫，惊讶于我们的客户数量，迷茫于为什么他们那么高大上的展位只有一两拨客户。

为什么?

或许我可以给他们答案!

part 5　关于展会的杂七杂八（三）总结篇

为什么在大环境那么差的情况，我们还能取得这么好的战绩?绝对不是运气!

一、人是成功的关键

还是那句话，展会上位置的选择很重要，展位的布置和装修也很重要，但是最重要的还是人，这次我们的位置很不好，装修也是整个展厅最差的，可这完全没影响我们的客流量。

好的位置加上好的装修再加上拼命的参展人员，才是理想的状态。如果前两者不具备，就要靠大家拼命了。

互联网的兴盛让展会变得极其尴尬，出现两种情况：

第一，很容易可以在网上搜到供应商，根本不需要来参加展会。

第二，很容易可以搜到供应商，取得联系，到了展会直奔其展位，根本不需要在展会上寻寻觅觅。

所以，参展的老外在减少，即便是有，也是匆匆的，寻找已经约好的展位，根本不会看一眼路过的站台。所以这个时候，需要的是主动出击，以换取客户片刻的停留，扫一眼我们的产品列表，是否有他需要的产品，供应商称我们为“劫道”，的确是，不“劫道”怎么有客户。

所以，不要抱怨你的展位客户少，你只是站在那儿或者坐在那儿，甚至低头玩手机完全不理会是否有客户，注定不会有好的效果。

展会，本是信息不对称的产物，也是供应消息短缺的产物，现在信息不对称的问题已经解决了很多很多，供应商一搜一大把，还按照那个时代的思路做展会，哪能有结果？

所以，参展思路的转变是必要的，是一切成绩的基础。

很多文章都在写如何在展会上谈客户啊，接待客户之类，其实这类文章的作者可能好久没有参加展会了，因为问题已经改变成如何让客户愿意在你的展位停留并且坐下来谈判。

当然我们用了最笨的方式，就是发传单，因为我们除了人，啥都没有，没有钱，没有豪华的展位，没有知名度。有些大公司直接把展位变成了咖啡厅，老外们找杯咖啡喝的时候就可以看到广告，是否需要一目了然，还有公司在站台前面搞活动，例如找 Cosplay 之类……总之是八仙过海各显神通。

以上是第一点。

二、资料必须充分

资料准备一定要充分，大部分公司参展可能提前半年甚至一年就开始准备，但是往往都不充分，因为很多人把展会当成了要名片的场所，根本不明白展会的真正意义。

如何准备，准备什么？

答案很简单，你谈客户需要给客户展示什么就准备什么。需要给客户展示什么呢？

无非是三点：你，产品，公司。

展现“你”的什么？“产品”的什么？“公司”的什么？

“你”的专业和职业。

“产品”的“物美价廉”，如何体现“物美价廉”？各种资料、单据。

“公司”的诚实守信，专业职业。

你能想到的一切资料，一切形式。

客户大老远飞过来，到了你的展位，坐下来跟你谈，就肯定是有所求，求什么，你一定要把握好。在外讲课、交流，经常被问到一些问题，我很无力，因为我解决不了，这些问题有最便利的途径，就是直接询问客户。

大部分人做外贸，总是介绍自己太多，询问客户太少，对客户的需求点并没有有效地把握，就很难做到有的放矢。

你永远不知道客户到底关注什么点，所以，资料越全越好，形式越多样越好。

三、配合和求助

在现场，绝大部分问题都很容易谈，所以，一定要把问题消灭在现场，有些问题你可能不懂，或者陷入了僵局，这个时候你要学会配合和求助。求助，可以是寻求同事的，领导的，供应商的。

例如，价格可能由于几美元谈不下来，僵持了很久，其实你能降价，但是因为话说得太死，不好直接降，这个时候就要学会找现场的领导配合，先找领导聊几句，汇报一下情况，然后告知自己的底线，领导一出面，一拍桌子，好，如果他今天下订单，你可以接受。或许一个订单就成了。

四、客户都是“跟丢”的，不是逼死的

我经常告诉我的同事，你去逼死一个客户试试，很难的，所以，既然见了面，既然谈了那么多，怎么可以轻易结束？

要用解决问题的思路来谈判！

五、获取客户资料

要获取客户的大量资料，例如他在中国的手机号码、住的酒店。总之是

可以找到客户的方法和途径你都要获取到。

最简单的例子，客户在第一天可能不会跟你确认，因为他要看过其他的供应商再决定，所以，你要与他保持联系，获取下次见面的机会，但是很多时候，你打电话，客户未必接，或者接了未必愿意跟你见面。所以你要知道他在哪个酒店，然后打电话到酒店，以客户记不住在哪个酒店住了，需要打电话确认的名义来询问该客户的房间号码，直接杀过去。

所有的一切思路都需要人来执行，所以归根到底还是要拼人的执行力！

大部分人喜欢先否定，这样做行吗，这样做不行吧？然后执行的时候就会大打折扣，然后真的不行。

所以，执行要彻底，要完全，才是成功的保障！

part 6　展会，你们都别去了，我自己去

每次展会完结都会有一群人跳出来炮轰展会。不用多说，主要原因是自己参展效果不佳。当然不排除有另外一种可能性，明明自己参展的效果不错，但是非要出来无病呻吟，博取眼球，毕竟，这是绝大多数外贸人的呼声。可是，我一直在说一句话，你们亲眼看到的、体会到的未必是真的。

为什么这样说呢？

一、展会的现状

（1）展会已经不是最主要的信息来源。展会就如同集市一样，是信息不对称的产物，也是交通不发达的产物。现在互联网可以让信息很对称，交通的发达也让客户短时间内可以遍访自己的目标供应商。这种现状让展会客流量大幅减少 。

（2）即便来到展会的客户，也是直奔目标而去，因为他们已经不必通过展会来寻找新的供应商。

（3）现在绝大部分的供应商都把展会当作会见老朋友、老客户的场所，仅此而已。

（4）经济不景气是一个现实，大部分客户在对待供应商方面采取了保守的态度，长期合作，没必要经常考察新的供应商。

（5）在上面四点的影响下，供应商越来越没有兴趣参展，因为凡事都要考虑投入产出比，很明显，表面上看来投入产出比降低了。

以上都是展会的现状，当然，如果要列举展会的惨状，我还可以给出很多数据，也绝对不仅仅是以上五条那么简单，五十条我也能写的出。但是，反过来，你有没有想过一个问题，在这样的局面中，还会来参加展会的人都是什么人？想通了这个问题，你就知道该如何看待展会了！

二、如何利用展会

（一）要筛选展会

选择什么样的展会去投入很重要，综合性展会人多，但是不代表对你就有效果，可能人都集中在了五金、电子行业。某个大品类下的细分品类根本没有几个人去，你当然就不会有效果，那不是展会效果差，而是你选择能力差。

（二）客户为什么来参加展会

客户参展无非有四个目的：第一，会见老供应商，约好了直接在展会见面；第二，收集行业信息、行业状况、竞争状况等；第三，急需新的供应商，过来现场筛选；第四，闲得无聊，只是来看看。

（三）展会需要准备什么

准备产品资料、文字、图片、视频；准备证明材料、第三方材料、权威材料等；准备合同、形式发票；如果可能准备发票；如果约到了客户，需要准备客户的重要信息提取表、礼物，有针对性地为客户准备资料；准备好心态，不要站着等，要主动去抓客户，这两年我参加或者参观了六次展会，发现了一个明显的特点，大部分客户都是行色匆匆，即便你做的海报再好看，再显眼也没有用，因为他们很少看。所以，你要去主动抓客户，主动上前递传单，主动介绍公司或者产品。

很多人说，约不到客户怎么办，约客户是需要技巧的，你来展位谈有什么好处，要想清楚。

谈一次如果谈不拢，一定要再次约见客户，所以，客户在中国住的酒店，是否有中国手机号码也要记录！

（四）展会的高级技巧

（1）直接接无线摄像头到你的厂区，客户在现场就可以看到车间里的运作。

（2）多做一些易拉宝，放在人流量比较大的地方，注意多做一些，因为有可能会被保安收走。

（3）在餐厅里做广告。无论客户是大是小，来干什么，总是要吃饭的，所以，在餐厅找个广告位。

（4）可以想方设法在展厅周边的酒店大堂设置易拉宝、广告桌，放一些样册。

（5）与展会免费班车司机协商在班车上放一些样册。

（6）做报刊广告，多买些报纸，送到酒店，供酒店客人免费取阅，唯一要求，把广告面放在最上方。

（7）盯同行展位，拦截同行展位的客人，慎用，容易激发冲突。

（五）做好展会备忘录

备忘录这个方法我已经屡次强调了，当你跟客户在展会谈判的时候，往往由于时间较为紧张，环境比较嘈杂，沟通容易出现错漏，所以，必须边谈边记录，当然也可以让自己的同伴帮忙记录。

沟通一会之后，要根据备忘录去跟客户确认谈到的信息是否准确，这样可以提醒客户你们谈到了哪些问题，暗示客户哪些问题没有谈到，引导客户提出更多的疑问，当你把客户的所有疑问都解决之后，谈判就会进入一个新的阶段。

当然，当客户离开展会，你要把记录的信息敲出来，或者打印签字扫描，或者直接制成 PDF 文件，发给客户进行确认，这是专业、认真的体现。

展会跟开发信、宣传一样，都是获取客户信息、吸引客户的重要手段，开发信要精练，宣传要用心，展会则需要尽心！

第七章

培养良好谈判习惯，成就自己谈判风格

第一节　谈判习惯

part 1　按照老外的说话习惯跟他们谈生意

若干年前的晚上，我闲来无事，在 MSN 上闲逛，碰到好久不见的一个客户，他是我以前做不锈钢时很好的合作伙伴，聊着聊着就聊到了谈判这个话题，毕竟以前合作的时候，经历了很多次谈判，正式的也好，非正式的也罢，他说我最大的优点在于我不含蓄，说话直接干脆，清楚明白，让他觉得跟我合作很痛快。

我让他举个例子来说说，他说最简单的一个例子是第一次谈判的时候的最后阶段，因为价格僵持不下，他跟我说，我如果不降低价格，双方没有合作的可能性，能否合作取决于我们的态度。

当时我的回答让他吃惊，我说，不好意思，如果因为价格问题，合作不了，我真的很抱歉，但是我也无能为力，这是最低价，合作与否取决于他们，而不是我们。

当然，他只是举了一个例子，谈判中需要站在对方的角度考虑，寻求共同利益点，但是有时候需要针锋相对，否则对方觉得还有余地，便会步步紧逼，耗时耗力。

我之所以敢那样跟他说，是因为经过前面的谈判，我的价格已经落到最低了，再低利润率可能就达不到预想的水平，宁可不做，那就直接告诉他，

不要闪烁其词，这时候不能含蓄。

跟他聊完天我想了很多，中国人的含蓄和谦虚世界有名，被称之为中国式的谦虚，中国式的含蓄。说话含蓄才美，什么都要讲究不直白，不露骨，犹抱琵琶半遮面，当然，这种说话风格也就不可避免地带入外贸函电写作里面。

我认为，谈判不需要含蓄，谈判就是要把很多问题拿到桌面上来，把所有的问题都直白地表达出来，双方求一个共识，有一些矛盾点，涉及根本的利益，就要明确地表达出自己的意思。我相信中国人的很多话，让老外们猜，打死他们也想不出是什么意思，更何况再加上中国式的英语，中国式的表达。

中国人的含蓄还表现在在谈判中不敢提出敏感话题，不敢主动推进。当你认为谈判已经取得大体的共识以后，就要果断地提出成交，你来的目的是什么，谈判的目的是什么，不就是为了成交吗，有什么不好意思的。正因为中国人的含蓄，很多单子实际上可以提出成交而丧失了时机。凡事讲求一个度，到了一个关键点就要果断地抓住，错过了，就又要费很大的劲了。

我现在给客户发邮件，经常说的一句话是，为了双方都赚到钱，长期地赚到钱，要如何如何。

做生意不赚钱谁干？光让他赚钱，你怎么办啊？他赚不到钱，他会跟你合作？所以永远不要告诉客户，你跟他这次的合作真的不赚钱，为了长期合作才给他这个价格的。客户傻吗？不赚钱的生意你会做吗？

所以我会跟客户说，这次虽然我们合作了，但是我的利润太低，只有我预期利润的1/5，扣除各种费用、工资、员工的提成，剩不下多少，希望下次再平衡一下利益分配，不然这样下去我真的无法维持，不如不做。

所以到现在为止，合作的客户都成了非常好的朋友，因为他们觉得我说话直白、坦诚、犀利，谈判时不用猜我在想什么，当然日常生活中要含蓄，我也不是不会，但是谈判中，含蓄在我身上绝对找不到。

part 2　操作流程确认——谈判里面往往被忽略的点

就如同标题中所说的，这个绝对是被绝大多数人所忽略的点。

什么是操作流程？说白了就是订单签订后，订单的操作流程。

很多人会说，我说的是订单签订之后的流程，他们订单都没签，哪有机会谈，谈了又有什么用呢?

这又是自我设限了，我的习惯是，哪怕在谈判之初我都会不停地给客户灌输：如果我们合作了，我会怎么样怎么样……如果我们合作了，他会获得什么什么……

这叫做假设成交法，也可以称为缔结成交法。

那么既然要假设成交，成交之后该怎么操作，自然也是要确认的东西。

这样做有很多好处，下面我逐一说来。

一、谈到的内容更加具体化

例如，谈到了付款方式，通过流程确认就可以把付款方式的时间点具体地勾画出来。

我们先签订合同，合同后 3 天内，他打款 30% 过来，我们公司给他安排生产，生产完成后，请他在 7 天之内过来验货，验货合格，3 天之内付余款，我们会立刻安排最近的一班船，船期大约为 20 天左右到港。

如果他需要正本提单，我可以给他寄过去；如果他需要电放，我可以尽快安排，货物到港之前，各种单据、保险单、提单、装箱单、发票我都可以给他做好，如果他对各类单据有任何的具体要求，我们都可以配合。

如果他是直接将提单给客户，我可以给他操作异地换单，出提单的时候，shipper 是我们，consignee 是他，我可以出保函，他可以把 shipper 换成他们，consignee 换成他的客户。这样一点商业机密都不会透露。（很多公司连异地换单是什么都没听过，这一条就可以让很多公司为难了，谈产品是专业性的表现，而流程确认，则是体现你职业性的好时机）

这样一谈，将原本并不具体的条款变得具体，而且还有很多机会彰显你的职业性。

二、万一客户不懂操作，你可以获知信息，避免不必要的丢单

我曾经这样丢过一个订单，客户第一次进口，根本不知道如何操作进口清关，而我却忽略了这一点，于是他跟我的同行合作了，因为我的同行答应做 DDP，而我却没有意识到。所以同行价格比我高，客户却没有选择我们。

因此，谈客户，一定要确认流程，除了前面的工作外，还要告知客户，船到港之前你的所有单据都可以准备齐全，他可以直接拿去清关，如果他有常合作的货代，可以直接找货代帮他清关，如果没有，你可以让你们的货代联系目的港的合作伙伴，帮他进行操作。如果他还是嫌麻烦，你也可以直接给他做完所有的清关手续，他只需要派个车到港口把货拉走就行了，当然清关的费用需要他承担。

三、帮客户梳理思路，提示一些客户未必想得到的信息

例如，关税是否存在反倾销，等等，很多客户未必知道最新的消息，这也是彰显你外贸操作经验的绝佳机会。

而且按照流程进行确认，也会让客户的思路清晰，知道如果购买货物自己在哪一步该做什么，在哪一步会获得什么……

part 3　谈判中几个最易忽视的导致丢单的细节

外贸终极目的就是订单，所有的宣传、积累都是为了最后的订单，成单不易，丢单却很容易。

价格高，付款方式不合适，货期不合适，都会让客户离你而去。

除了以上几个原因，还有一些其他的细节原因，我列举一下，你自查有因为以下的原因丢过单吗？

一、忽视客户的感受

跟客户谈判时，与自己的同事嘻嘻哈哈，说笑，却又不给客户解释为何发笑，让客户觉得莫名其妙，觉得你们是在笑他。

我曾经去越南采购某些东西，到了其中一家工厂，一直很满意，本来是打算从他们那儿采购的，结果到了最后看厂的时候，是一个技术员跟销售员陪同，我在四处看的时候，销售员跟技术员用本地语言不停地聊着天，而且不时哈哈大笑，我不知道他们为何发笑，就问，what happened？对方的答复是 nothing！这让我心里很不舒服，最终也没跟对方合作。

后来跟我很多客户闲聊，说起这个事，我问，是不是我的想法有问题，

因为这个原因拒绝跟对方合作，他们的答复出乎我的意料，说他们也不会跟这种销售员合作的，这种销售员让采购者很不舒服。

二、把公司规定常挂嘴边

跟客户讨论生意时，动不动就公司规定如何，商业规矩如何。

这个估计绝大部分人深有体会，当你用公司规定和商业规矩为说辞时，并不能说服客户，而往往起到反作用，客户可能再也不理你。为什么？很简单，因为你有你的公司规矩，他也有他的公司规定，你公司规定只做 T/T，他公司规定只做 L/C，生硬的用这些作为借口，只会让双方的隔阂增大，不利于达成一致。

而说商业规矩、商业惯例，更像是在教客户做生意，那结果可想而知。

三、把商务谈判当成辩论赛，跟客户争一时长短

我原来有个业务员就是如此，例如客户说目标价是 1 000USD，实际上 1 000USD 是绝对不可能的，成本都不够，这个业务员就开始反驳客户，这个价格是不可能的，你一定拿不到这个价格云云，这样往往客户都丢了。

后来我告诉他，客户告诉你目标价是 1 000USD，只是在压价，这个 1 000USD 根本没实际意义，你不必去纠缠于这个 1 000USD，客户只是为了让你降价而已。

四、一时兴奋泄露商业机密，为他人作嫁衣

我曾经有个业务员，属于冲动型，当时有个德国客户过来谈判，基本上快签合同了，我起草合同去的时候，他陪着客户闲聊，两个人聊得很带劲，但是客户很狡猾，突然提出一个问题，问这个产品只有我们能做吗？

他倒是实在，说当然不是，还有几家工厂能做，这个技术本来就是我们从某某工厂拿到的……

结果，客户走了，没签合同，订单丢了。

五、忘了跟进

客户说，五天之后他会做决定，请你记住联系他，告诉他你的最好价格，

结果五天后，你忘了。

客户要求你在某天之前给他们报价确认书和某些文件，以便他们确认下订单，你忘了。

客户下了订单，让你做合同，供他确认，你忘了。

很低级吧，不过真实存在！

六、说多错多

说得太多，该说的说了，不该说的也说了，连客户没想到的忧虑也说了。

这个问题，很有意思，例如你跟客户谈判的时候，明明客户已经有了明确的下单意向了，只要你提出成交，签合同等拿钱就好了，很多人为了显示自己的技术好，专业，继续跟客户谈，提出了客户以前没有想到的忧虑。

例如原来做供水设备，中间有一个重要的部件是不锈钢罐，它是焊接而成的，有焊缝，我们公司焊缝处理得还不错，当时客户看过产品，讨价还价后，要签合同了，我的业务员补充了一句，我们的罐焊缝是绝对不会焊点脱落，漏水的。

客户一听，立马问，原来罐是会漏水的吗？业务员立马解释，不会的，我们处理得非常好，绝对不会。客户开始自己嘟囔，我没有想到这个问题，谢谢你，我需要再考虑一下……

part 4　为什么别人的“神技”你使用却没效果

这个问题，一直想说，这么多年，遇到了不知道多少外贸人，估计聊过几句的外贸人超过 5 万人，而且一般来说，能主动来找我聊天的都是对我有些许认可的，有一部分是向我反馈用了我的方法之后取得了什么样的成绩，但是还有相当大一部分折腾了好久，没有取得任何进展。为什么会这样？

一、行业不同

不同的行业会造成些许的效果差异，但是我想说的是，外贸里几乎所有的东西都是相通的，即便表面看起来不同，但是内在也是一致的，例如机械类里有非常重要的报价单，虽然化工未必需要，但是报价单里面的很多要素，例如装箱软件、亮点优势都需要在化工类报价邮件中出现，这就是相通。

所以，学习经验不能照搬，看到方法要先学会提炼，提炼出与自己行业适应的要点，去尝试、验证、收获。

二、不能坚持

很多事情需要长期做，例如我所说的跟踪客户，各种方法要轮换着用，不停地去沟通，假以时日才会有成效。

但是很多人急于求成，想着一封邮件过去就能见奇效，当不能见效时，就认为方法不同，放弃继续努力，换其他的方法……恶性循环。

就如同中药一般，吃过中药的人都知道，过程是这样的，先把脉诊断，然后根据体质开出药方，抓药，熬药，吃药，一个疗程结束后，需要重新回到中医那里把脉诊断，根据现有的体质继续开药，加量或者减量，是否需要加入几味药，下重药，还是缓慢调整……

外贸里面方法的运用也是如此，必须是把脉（分析客户、了解客户），开药方（选择方法、策略），熬药吃药（实施方法）；再观察（分析联系后客户的阶段性表现），再开药方（继续选择策略，是否需要变化），继续熬药吃药（继续去按照策略实施），根据症状，这种循环时间不同，效果显现不会立竿见影，需要坚持与不断地分析和观察。

三、功力不足

之前曾经举过这样一个例子，武侠中，大侠、高手，都是内功高手，仅仅有招数，例如拳术、剑术、刀法等，没有内功支持的，只能是花拳绣腿，难以成为高手。而招数的养成，很简单，记住口诀身法就可以，内功的修炼则是需要大量的时间和努力。

外贸其实同样如此，内功需要花大量的时间去修炼，去沉淀，去积累。内功包括哪些呢？

（一）谈判素材

这个我一直在强调，这些素材会包括各个领域的知识，因为这些都有可能成为你展现自己的机会。它包括产品的自身资料，例如文字、技术资料、

图片、视频、行业资料、一些资讯。

这些绝对不是可有可无的，没有这些资料的积累，毫不客气地说，做单只能凭运气了，没有任何的专业性、职业性，甚至不会跟客户攀谈，拉近关系，能拿到订单，真的是天上掉馅饼。

（二）敏锐度

这个是老业务员经常说的一个词，还有另一个说法，感觉。

当做了业务很多年后，经验、教训的积累，会让你形成一种敏锐度，对客户、对形势进行判断等，这个也绝对不是短时间内可以学到的，需要不断地总结，不断地沉淀。

很多老业务员做了好多年了，但是一谈客户，还是给人新人的感觉，对形势判断和客户心理判断完全没有把握，根本原因是这些人不走心，从来不总结，成单成得不明不白，丢单丢得莫名其妙，你要做这样的人吗？

（三）串联能力

这里的串联能力是指将素材，将积累的东西串联在一起的能力。实际上也就是讲故事的能力。例如我会将身边的朋友受骗的故事变成自己的故事讲给客户，以提醒客户不要贪图低价而受骗等，潜移默化，润物细无声。

（四）脸皮

脸皮是需要练的，例如市场营销都有这样一个毕业课程，去人最多的地方，做出一些怪事，发一些怪声，吸引大家的注意力，人越多越好，时间越持久越好，就是锻炼大家的脸皮。

很多话不敢说，很多事情不敢做，很多时候是因为怕丢脸，丢面子，面子能当饭吃，还需要工作吗？

（五）方法太多，思路混乱

当学到的东西太多，又不会甄别、判断、融合加工的时候，方法越多，困难越大，这个困难不是客户给你造成的，而是自己造成的，首先要在不同的方法中取舍。所以，只有一种方法未必不是好事。

如果你真的已经找到了很多种方法，也要恭喜你，因为你比别人多了一条成功之路，你要做的是甄别、判断、融合，根据遇到的实际情况去实施有针对性的措施。

这种能力其实也可以作为一项内功来修炼，选择措施的过程就是去伪存真的过程。哲学课讲了很多，不需要多讲，有些时候，有些理论，还是非常有用的。

第二节　化险为夷逆境里求生存

面对任何“大麻烦”，按部就班做好危机公关

什么是危机公关，先来看权威的解释：由于企业的管理不善、同行竞争遭遇恶意破坏或者是外界特殊事件的影响，而给企业或品牌带来危机，企业针对危机所采取的一系列自救行动，包括消除影响、恢复形象，就是危机公关。

引申到外贸中，最简单的例子是货物质量出问题，面临的危机就是中断合作，甚至货款无法回收，严重到影响整个当地市场。

危机公关，实际上就是针对危机所采取的措施，这些措施要切实有效，一方面可以消除危机所带来的影响，另一方面又不至于太损害企业的利益。

危机、危害和机遇，解决不好就是危害，解决好了就是机遇。

生意中，产生很多问题都是正常的，你很难避免突发事件的发生，但是你可以尽量通过危机公关来降低危害，甚至把坏事变成好事。

如果你想维护住一个客户，长期合作，不停返单，就必须有危机公关的意识，否则一旦有些意料之外的事情发生会让你措手不及，进退两难。

今天算了一笔账，我合作时间最长的那个客户，到这个月，总成交额已经破了一亿元人民币，四年，一个亿，算是不小的数目。这四年，我们经历了退货两次，我们的货物造成对方的火灾损失上百万元赔偿一次，对方人事调整，负责人调来调去我们飞过去面谈两次。

其实这些都是危机公关。我的原则是：出现问题，不争口舌，不解释，不管是谁的责任，先解决问题。

例如我常举的一个例子，客户非常在意船期，要求你必须这周装船走货，可是你就是订不上这周的船了，客户一定会很生气，可能直接影响今后的合

作，那么这个时候你就要紧急处理，首先你要申请一艘最近的船，先让客户吃颗定心丸，然后真挚地道歉，并说明，因为这次给对方带来了麻烦，下次合作，你会向老板申请一个特价，弥补过失。

回到我那个客户身上，之所以我们能合作那么久，完全是因为第一，人际关系维持得好；第二，危机公关做得好。许多供应商在盯着这块肥肉，上门推销都无数次了，始终没被挖走。

说一下我们处理危机的方法。

一、火灾

火灾是因为货物质量不合格，说不合格，实际上主要参数没有问题，只有一个我们根本不关注的参数对方认为超标，这个参数关系着使用中的安全，超标会引发火灾，造成极大的损失，甚至人员伤亡。

这次火灾给对方造成了几百万元人民币的损失，合计美元上百万，这是直接损失，还没算上因为生产延误带来的他的客户的损失。如果计算进去，估计我们倾家荡产也赔不起。

事件一出，他们公司派出了四个人的谈判团直接飞过来，那阵势像是来打架，但是他们到了济南，没想到我们态度那么好，我很诚挚地道了歉，并且主动提出愿意为对方弥补损失。

这让他们带队的副董事长很意外，气氛一下子缓和了很多。

我继续说，我们已经找相关的实验机构做过实验，的确，某个参数超标会造成火灾，这个符合他们公司火灾后期得出的结论。

但是，他们的实验同时表明，如果严格按照操作规程，可以将可能性降到微乎其微。再者，我们合作这么久，他们从来没有要求这个参数要达到什么标准，我们是严格按照双方约定的标准交货，所以，我们可以为他承担一点损失，但是不可能是全部损失。

切中要害，对方也没什么好说的，其实他们也没想到我们会承担他们的损失，不然他们也就不用跑一趟。

最后讨价还价，我们承担40%，而且不给现金，是从以后的货物里扣除，每吨扣除多少，一直到偿还完为止。

达成这个协议，采购负责人起了关键的作用，我们把所有的责任全部揽过来，一直在说对方的采购负责人非常负责任，质量把关很严，我们的质量绝对没问题。本身出现这个问题，他的压力很大，他怕我们会推卸责任，肯定很紧张，没想到我们把他给拉了出来，放到了一个高度负责的位置上，让副董事长对他也是夸赞有加，到了最后出现了僵局的时候，他的几句话帮我们解决了问题。

这次危机的解决我认为非常完美，名义上我们承担了责任，对方的副总、采购负责人，在老板面前也有了面子，我们自己其实也没有太多的损失。

二、两次退货

至于两次退货，第一次发生在火灾之后，我们承诺给他们退掉所有的货物，更换新的合格货物；第二次发生在某年年初，春节上班的第一件事就是为对方退货。

客户之所以认可我们，是因为他们每年采购化工品都有几千万美元，但是从来没有任何一个厂家可以做到主动承担责任，主动提出不合格更换货物。就算是他们杀到供应商门上，供应商都未必给他们退货，换货。

因为我们是小公司，我说了就算，给老板打个招呼就可以。老板跟我的经营思路一样，可以十分钟二十分钟给他答复，退或者赔偿，但是其他的大公司，就需要一级级的审批、申报，最后什么结果还未可知。

三、做好危机公关的关键点

首先，要让对方的负责人舒服，尤其是大公司，一旦出现这种问题，他们的负责人首当其冲，这个时候你要把他保住，把他的责任尽量降到最低，因为你一直跟他沟通，关系还是不错的，保住了他就保住了下一步继续合作的希望，如果你为了推卸责任，把他推出去，他一定会在领导面前把所有的责任推到你身上，死无葬身之地。

其次，不要做无谓争论，于事无补，找清楚事情原委是关键，如果真的是自己的责任，要大胆地承担，并且主动提出为对方解决问题，询问对方有什么解决方案。我们曾经发了一批货到泰国，到了泰国，包装上的打包带全部碎掉，客户很恼火，找我投诉，我说既然是我的责任，我承担，他希望我们怎么做。客户说，他就是要我一个态度，他希望我们下一次不要把包装搞得这么烂。

再次，有理有据，不能把公司的利益全部扔出去，最大限度为公司争取利益，也最大限度为客户解决麻烦，寻找一个中间点，这个中间点比较难找，要不停地试探，不停地来回拉锯。

最后，要学会灵活变通，最简单的例子就是赔款，总金额我会给他，但是我会分期给他，或者给他补货，或者给他讲价。货我也会给他，但是我不会一次性，我会在以后的合作中，分批次地给他，这些都是灵活变通的表现。

第八章

JAC 读心术，倾囊相授

第一节 读懂自己，读懂客户

part 1 从细节判断合作伙伴的真实身份

看题目似乎跟外贸没关系，实际上关系很大。因为跟客户交流的时候，我们都要做出判断，这个客户的关注点、性格、身份、心理状态，谁能在某些方面做出合理的推断，在谈判中那个人就会掌握主动权。

大神说，不要去猜客户在想什么，因为你永远猜不到，我说猜不到是因为没有掌握这样的技能，没有这样的历练。

我谈客户，最擅长的就是判断对方的状态，例如他的身份、他的真实想法，所以我谈的很多单子，看起来都在我的掌控之中，其实不然，很多时候我都是被逼到了死角，去拼命研究客户，获得他的真实想法。

既然是判断就会有对有错，判断出来的东西都是一些辅助，不能作为决定因素。当然，如果你真的确认了自己的判断，就要大胆地拿出来用，一击致命。

我做判断，一般是三步：

（1）根据相关迹象，进行大胆的假设。

（2）收集相关的东西，进行详细的论证。

（3）通过试探或者直接询问得出最终的结论。

什么是相关迹象？邮件里的内容，邮件的格式，邮件的时间，电话的内容等，总之就是一切与客户相关的东西，尤其是你认为有点“小反常”的东西。

例如我写过的那个96.5万USD的客户，他是英国人，英国人一般比较随性，工作和生活分得很开，他居然晚上十点多了还发邮件，我做出推断，他是私单或者他是老板。这就是一个大胆假设的过程。

由于邮件发送的时间，他一直都是晚上发，白天即便我回了，他看到了也不会回复，我可以基本上断定他是私单，因为老板不会这样，这是论证的过程。

最后，我试探他，问他要Skype和电话，他很明确地要求我，不要在他们的上班时间联系，可以发WhatsApp，由此完全可以断定，这是私单。

判断这个有意义吗？当然有。私单和公司的单子是两个谈法，私单，他拿佣金，自己到手的钱肯定是越多越好，而且私单害怕后期出问题，一旦出问题，总是找他，可能会影响到他的工作。抓住这两点，就会谈得容易很多。

例如我有个泰国客户，他从一接触就开始说，他是下面办事的，很多事情他不能做主啊，我的质量要好啊，不然老板会不满意之类，嘴上说他是办事人员，但是我根据相关迹象判断出他是老板。

例如，他的邮箱，其他人的邮箱都是什么purchase，sales，只有他的邮箱是他的名字。特殊待遇，肯定是特殊人。这是我的大胆假设，他要么是老板，要么是老板的心腹，总之绝对是有实权的人。

后来的邮件沟通中，发现他做事很果断，很多时候问一个价格，来来回回几封邮件特别快，不像是需要找人汇报，尤其是拍板价格的时候很痛快，完全是能做主的，基本上我确认了我的判断。

后来我去了泰国一趟，他开车去接我，说他们大老板不在，让他应酬。到了他们工厂，我抬头看到了挂在正中间的一个画像是个老人，我就问他的操作员，他们很崇拜国王啊，都挂着。操作员笑着说，这不是国王，是某某的父亲。

哈哈，自己不是老板，自己父亲的画像挂在办公大楼最显眼的位置，怎么可能啊！

为什么要判断他的身份？很简单，跟一个采购经理谈和跟一个老板谈完全是两种谈法。

还有很多很多，最简单的例子就是对于客户说价格高的判断，客户都会说价格高，是真是假？是因为什么？

我说过很多导致客户回盘跟你报价有差距的原因，你要根据这些原因，去逐个排除。是不是不懂行？结果你发现对方的网站上有你的产品，而且经营了很久，不可能不懂行。是不是自己的价格算错了？那就要根据相关条件进行计算，等等。

这些判断很重要，一个判断关系着你做出何种应对，也关系着谈判的走向。

客户有很多的疑虑、想法是不会告诉你的，但是这些都直接影响着他的采购决定，例如你的价格高，他可能对你感觉不错，但是就是因为你的价格略高不选择你，这个时候你就要给出一些对策，降价，还是强调你的优势？

这种技能是可以锻炼的，前提是注意每一个细节，尤其是稍微反常的细节！注意，一定是细节，而不是很多表面的东西，越夸张的反而越是假的！

part 2　格外注重细节，拉近与客户的距离

细节很多时候会决定结果。所以你要格外注重细节，其实所谓的细节，就是在客户的心理上能起作用的要素，说白了还是心理学的范畴，再细一点是销售心理学的范畴。

这些细节不可能会让客户立马下订单，但是会对客户的心理造成一定的影响，让其朝着有利于你的方向发展。

再说白了，这些细节会让气氛变得更好，让客户解除陌生感、敌对感，跟你走得更近一些，很多问题可能就不会那么尖锐，客户也更愿意表达。

一、创造一个密闭舒适的环境

国内的习惯是会议室要大，要敞亮，要严肃正式。但是实际上这样会带来一些反作用，就是客户过于严肃、紧张，气氛调节较为困难，谈起很多问题来感觉随时会剑拔弩张，擦枪走火。这种针锋相对的氛围其实并不利于沟通，当然并不是严肃的环境一定会带来严肃的气氛，但是那需要业务员更高的调动技巧。

所以，我们公司单独在大会议室隔出了一间小会议室，虽然是玻璃的，但是用的是百叶窗帘，拉上窗帘，就是一个密闭的空间，凳子也不是会议凳，而是类似于休闲场所的转椅，很舒适，坐上去可以舒展开身体。

我们都会对来到的客户做细致的观察，客户一进到这个小的会谈室，会很放松。而且密闭的环境让客户感觉更安全，客户在这里会更乐于表达。

应该说这个小的会议室，再加上一杯现磨咖啡，或者现打的果汁，还有水果，客户感受的不再是紧张，而是惬意，对于几个订单的拿下都起到了非常关键的作用。

二、“用我们的复杂实现您的随意”

如果没记错的话，这应该是佳能的广告语。其实这也应该是你做产品、做市场的基本出发点。

你的工艺再复杂，技术再先进，对于客户的意义都不大，客户要的是产品，你所有的复杂都是为了产品更好，更易于操作。

所以你在向客户讲述产品的时候，着重点不应该是复杂的工艺和技术，你说得越复杂，客户越不敢买，因为他不确定自己能否操作，不确定自己的工人能否使用。你应该把重点放在产品本身，要不断地通过实例、数据告诉客户你的产品是多么的容易操作，节省人工，节省能源。你最好能指着控制柜告诉客户，看到了吗，全都是按钮，只要他会扭水龙头就会操作；更换配件也很简单，只要他会拧螺丝就会更换配件。

还记得孟氏拔罐吗？他们的广告语就是，会拧水管就会拧拔罐。这才是客户想要的。

当然复杂的工艺和高超的技术，可以用来佐证产品的质量，用来佐证产品的运行稳定，使用长期性。

三、谈每一个到访客户都做着成交的打算

为什么这么说，是为了让你准备足够的材料，成交之后该准备的所有材料都要准备好。还为了等你觉得火候到了的时候，可以拿出准备好的成交材料去假设成交。

不敢主动提出成交的销售员绝对不是一个好销售员。

但是提出成交之前要做的工作非常多，如何推进如何说服如何证明，等等；提出成交更要有准备好的合同等，否则，你会错过时机，可能会直接丢掉一个订单。

part 3　有些采购是这样想的

本节介绍的客户都是我曾经遇到过的，有的可能这么多年只遇到过一次，有的是经常遇到，希望给你一些启发。

一、约谈供应商初选

有的客户名义上是来考察供应商的，但是他们选择的第一步并不是去考察公司或者工厂，而是约供应商来酒店谈判。

客户会跟可以联系到的所有供应商联系，约定地点，然后按照地点，安排一个或者几个住宿的酒店，并且制定严格的会晤时间，约供应商来酒店面谈，当然供应商的谈判时间也是只有1~2个小时。

为什么？效率最大化！

如果客户选择去看公司或者工厂，会浪费大量的时间在路上。而且，并不是所有的供应商都值得看，例如有些价格很高，完全没必要看。

所以，这类客户第一步先约供应商来酒店，不过来谈的，直接出局。过来谈的，条件好的，多谈一会儿，并且有可能提出进一步谈判，例如考察公司工厂；条件差的，可能十几分钟就结束，接着打电话给下一家，能否提前会晤时间……

照这种谈法，估计一天就可以见十家供应商，筛选出条件最优越的几家，再去看工厂……

这就如同面试一般，来谈，谈好了他再通知你复试。

前段时间刚刚谈了这样一个客户，回想起来，这么多年，这种客户我还真是遇到了很多。

判断：面对来访的客户，你第一步肯定是不停地邀请客户来公司或者工厂，如果对方就是不去，而且规定了严格的会晤时间，也严格地遵守结束时间，过程中咄咄逼人，设置了严格的谈判条件，基本上说明这个客户是这种类型。

对付这种客户，就是日系报价法，以及置之死地而后生的谈判方法。

尽量获取客户的时间表，有可能，谈完的第二天，重新约客户见面或者邀请客户来公司工厂，如果对方依旧不想谈，不想见，说明你基本上已经出局，那么这个时候你就要想办法，用更好的条件诱惑对方，获得第二次面谈的机会。

二、明确价位愿者上钩

还有这样一种客户，我在培训的时候提过很多次：

美国客户，约了江苏某家不锈钢钢钉的生产厂家谈判，它是一家非常大的美国公司，为美国的大型超市采购，所以工厂非常重视，准备了各种材料，各种谈判说辞，信心满满地等待客户的到来。

客户如约而至，还没等工厂开口，客户拿出自己随身携带的精密天平，抓了一把工厂生产的钢钉放上去，接着说："这些钢钉总计是×××克，×××颗，每颗大约××克，按照现在不锈钢的价格，原材料费用大约是每个钢钉××元，你们的加工费用我给你每颗加××元，可以吗？能接受我们就继续谈，不能接受，我只能找下一家继续谈了。"

如果是你，你做吗？

背景是这是家非常大的公司，拿下他就等于拿下了美国的样板工程，为开发美国市场做好准备，我会做，因为这里涉及外贸里面的供应商体系和客户体系。

如果你是贸易公司，如何能够维护好供应商，这就是一个好机会，自己少赚点，可以把订单接下，把订单交给工厂，面对你这种"大客户"，工厂以后会给你提供越来越周到的服务，越来越好的产品，甚至包括了越来越有竞争力的价格。

三、不断询价来压价

这种客户非常多，他们会针对某一种产品不断地、有规律性地发询盘，不断地告诉你你的价格高，要求你降价。

说句实话，这种客户算是不错的客户，因为还有很大一部分客户，只是因为你一次报价太高，就不再理你。

面对这种客户，如果了解到对方的需求和实力，就要制订一套方案，例如低价方案，去吸引客户。日系报价法，始终是做订单的好方法。

四、规律性询问试探价格

有些客户通过有规律性的询盘来获取一个重要信息，你的价格是否稳定。

前几天谈客户的时候，客户问我，他为什么选择跟我继续谈判。我说因为我们的专业和条件吧。

客户笑了一下，说一方面是，另一方面，是因为我们的价格稳定性强，他从去年的11月跟我们联系，一直到今年5月还在跟我们沟通，这半年的时间，我们的价格相对于其他的供应商算是非常稳定的。

其他的供应商要么经常大幅度提价，要么突然降价，他是一个贸易商，他跟终端客户是签订长期合同的，这种大规模的波动，他不喜欢，这样会让他面对很多困难，所以他选择跟我们合作。

第二节　参透客户的行为与心理

part 1　合作之前，不要妄图与客户做朋友

这是一个有意思的话题，我经常说，你要分析客户，了解客户，熟悉客户，也说，让客户了解你，记住你，但是我从来不说你要与客户做朋友。为什么？

我还是那句话，所有的方法或者原则都要按照实际情况的变化而调整，在2002年我刚刚做外贸那会儿，消息量极其少，尤其是当时欧美国家网络已经非常发达，但是中国的网络却刚刚兴起，一台电脑上万元，一根网线上千元，而且是拨号上网，速度极慢，为自己的企业做个网站，是极其超前的少有的现象。

这就意味着客户能看到的信息少之又少，他想从中国买到便宜的东西，就要珍惜得到的所有信息，他会很有耐心地跟你谈判，跟你讨价还价，也会

很乐于跟你进行一些其他方面的交流，因为当时的中国是神秘的，他们也想了解。

这种状况一直持续到2006年，2006年中国的网络迅速发展，大大小小的企业都建立了自己的网站，客户想要购买一个产品，随便一搜就能找到成百上千条产品，他可以随意地挑选供应商。

这个情况就决定着客户对供应商的耐心在逐渐减少，愿意跟你谈生意已经很不错了，你不要妄图在合作前把客户变成朋友，他根本没有那么多时间。

对我熟悉的人都知道我做外贸有一个特点，我跟客户沟通的方式基本上是邮件和电话，即时聊天很少用，除非我找到了我认为绝对能让他对我感兴趣的话题，例如我曾经写过的两个客户，都是足球的狂热爱好者，而且我通过他们的Facebook和Twitter，了解到我们支持的球队相同，了解到他们会在某个时刻关注某场重要比赛，我就有了足够的信心，在他们看球赛的时候让他们关注我，乐于跟我聊天。

如果我对客户不了解，即便我加了他的Skype或者MSN，看到了他上线，我也不会跟他聊天，因为我知道，很多人在盯着他，他一上线，可能会收到非常多条消息，这样对于他来说这些消息都是骚扰，起的作用是相反的。

所以，奉劝一下大家，合作之前，不要妄图跟客户做朋友。

首先，客户每天收到很多条信息，除非你非常有优势（可以是价格优势，付款方式优势，也可以是你对客户的了解优势），否则客户不会特别在意你，生意都不想跟你谈，会愿意跟你谈私事？

其次，近几年中国的一些外贸骗子已经让很多客户对中国人有着极深的防备甚至仇视心理。作为商人，他可以从你这儿买东西，但是只是生意而已，不及其他。本身对你就有防备，会跟你做朋友？例如化工行业，2009年，石家庄的化工外贸企业（一部分）给了中国的化工外贸几乎毁灭性的打击，光三聚氰胺这一个产品，我手头就有四个客户被骗，涉及金额700万元人民币。

当然这不意味着，感情投入在当今外贸中不再有效，但是有个大前提，你真正地了解了你的客户，确切地知道了他的喜好、关注点。而且，建议大家把这些生意外的沟通放到非工作时间，这样一方面不影响客户工作，另一方面客户不在工作岗位，心情放松，也利于沟通。

外贸，最根本的还是产品的价格、质量、付款方式、货期、销售员的专业性这些关键的因素，商人永远是利益为先。我有个未合作的客户总是跟我说，我们是朋友，我们要精诚合作，但是一旦涉及生意环节，要么价格不合适，要么付款方式不合适，依然不跟我合作。

你分析客户，了解客户并不是为了跟客户在合作之前做所谓的朋友，而是通过分析和了解，确切知道客户的关注点、兴趣点，尽量地减少原本横亘于陌生人之间的距离感和不信任感，让你的推销更有效而已。

part 2　客户是如何计算成本，进而做出采购决定的？

很多人很奇怪，客户是怎么做出购买决定的，我做过很多年采购，给他们算成本算得多了，今天给大家写一下。

首先，告诉大家客户要进口一批货物有哪些成本：产品价格（CIF）+关税+增值税+目的港清关费用+拖车费用+银行费用+其他的可能费用。

举个简单的例子来说，如果客户采购一种原材料，价格是CIF 1 000USD/吨，假设关税是6%，增值税是17%，那么这笔采购，客户的综合费用就是：

1 000+1 000×6%+（1 000+1 000×6%）×17%+目的港清关费用+拖车回工厂的费用+银行手续费（信用证产生的费用，例如电汇产生的费用等）+其他的可能费用。1 000×6%是客户需要交纳的关税；（1 000+1 000×6%）×17%，是客户需要交纳的增值税，增值税的交纳基准价格是含有关税的总价格。

那么客户会拿着这个价格进行比较，跟什么进行比较呢？

首先是国内价格，如果报价高于国内的报价，客户根本没必要进口，当然，除非你的产品质量过硬，大品牌！这是第一轮淘汰。

如果是中间商，他会加上自己的目标利润，跟客户的目标价进行比较，如果这个价格跟最终客户的目标价价格差距较大，中间商无法说服客户接受的时候，你的价格就被淘汰了，如果你的产品真的相当有优势，或者生产者很少，客户会回来跟你讲价，因为他的目标利润已定，上下不会有很大浮动，他就会狠狠地压你的价格。

这种客户，如果最终客户始终接受不了他的价格，你再怎么逼他也没有用，不如直接站在一个战壕里，问他有什么可以协助的，帮他拿下订单，大家一起赚钱。

如果是生产商，他会把你给的价格代入成本核算中，得出一个下游产品的成本价，加上自己的各种利润，看自己的产品在市场上是否还有竞争力，如果有，恭喜你，你会进入实质的谈判阶段，如果没有，除非你的产品有其他方面的优势，或者独家，客户会直接把你淘汰。这是第二轮淘汰。

这样经过两轮淘汰，剩下的几个选择，客户开始压价，寻求最好的一个报价。

绝大多数的客户是这样选择供应商的，针对这些你应该怎么办？

第一，报价千万别离谱，我说过很多次了，太高或者太低，大多数情况下，客户都不理你。太高了，没有讲价的必要；太低了，形同骗子。

第二，尽量了解目标国家内部的价格，这对你定价很有帮助。

第三，充分了解自己产品的优势、亮点，不至于被当作平庸的报价直接被淘汰，那下面就还有回旋的余地。

part 3　客户告诉我为什么会选择联系我

一次跟一个合作好久的客户深聊，这个客户是我发开发信“扫楼”扫到的，他在当地的同行业里面是年龄最小的，前辈们都很欣赏他，年轻有为，干劲十足，工厂不大，但是干得有声有色。老客户这样介绍他，然后把邮箱号码给了我，让我直接去联系（当然老客户并没有向他介绍我），于是我一封开发信过去，他居然很快就回复了。我给他寄了样品，检测合格后，我们开启谈判，双方攻势凌厉，价格一步不让，第一次不欢而散。

第二次，第三次，都是如此。

第四个月的时候，我又联系他，价格稍微让了一下步，结果成功拿下。

说起这个过程，我问他，他为什么会回复我，愿意一次又一次地跟我谈。他半天没回复，结果一口气打过来一篇长文！

我直接把他的英文翻译成中文：“首先，我喜欢你的开发信，仅仅从这一封信，我就知道你是卖什么的，你卖的东西有哪些优势，对于我有哪些好处，这是我为什么会有兴趣去了解你们公司。

当然并不是对你感兴趣我就一定会跟你谈合作，我看了一下你的网站，还算是专业，产品的介绍清楚明了，通俗易懂。

公司不大，但是只生产一种产品，我认为这样的工厂会为了长期发展深入研究这个产品，改善产品质量，而这正是我们买家想看到的，你说呢?

我看完你的网站，又 Google 了一下你的公司名称，我发现网络上关于你们公司的信息非常多，我认为短时间内，一个公司不可能在网络上发布这么多信息，所以我觉得你们公司做进出口时间挺长了，了解这个产品出口的规则、各种细节，不会因为操作的问题产生麻烦。（注：这个他是真被我骗了，我们的确是短时间内注册了大量的信息，发布了大量的信息，他在 Google 的时候，信息已经被收录）

上面这些，是我选择供应商必须做的工作，每一个都要做，这样才能保证我拿到产品的质量合格，船期准，没有额外的费用。”

这部分很重要，直接贴出客户的原话：

“Jack I wanna tell you, which is most important for us.

Quality first, this is our life. I believe you can understand.

On – time second, as you know, we need lots kind of raw material to start our production line. So I really don't want to be delayed because of just one kind of material.

No extra cost, it is very funny I realised that there are too many suppliers not reliable. Wrong documents, poor packages and so on. This is the cost out of our control and imagination. Just like we having a dinner, the waiter told us, there is no extra charges, but when we pay the bill they told us we cost here and there.”

“正是基于以上考虑，我选择跟你联系!

至于为什么跟你合作，就很简单了，一切都合适，价格合适，质量合适，船期合适!”

总结一下：

（1）开发信让他知道我是做什么的，而且告诉他为什么必须跟我联系。

（2）网站的产品描述做得专业，而且不枯燥，图文并茂，重点展示功能性。

（3）信息覆盖较为全面，给客户一个错觉，我们长期做进出口。

其实看完这些，该怎么做，答案已经很明确了，你怎么想呢?

part 4　客户需要的不仅仅是一个供应商

我有一个客户一次在中国做采购，他在中国问了很多家供应商，问题也随之出现，各家的配置差别很大，价格也差别很大，这让他很迷惑，但是更迷惑的却是有几家参数一致，但是产量有很大差别，或者参数一致，价格有很大差别。

客户让我帮一下他，帮忙选择一个最正确、最专业的方案，他不在意我是生产商还是贸易商，他需要 SOLUTION PROVIDERS，解决方案的提供者。

我国贸易发展到今天，已经不仅仅是简单的价格竞争，尤其是一些复杂的产品，更多的是专业性、质量、服务的竞争，归结到底，就是解决方案的竞争。

从这方面分类，供应商大体可以分为两类：

（1）不会提供任何的解决方案，需要客户把所有问题都解决，只提供最终答复。

（2）提供全面的解决方案，把客户的问题了解清楚，主动去为客户寻求解决方法，提供对应的解决方案。

第一类供应商，就是你常见的那种非要问清楚客户的所有细节才给报价的业务员。要知道，很多客户是中间商，他们未必拿到了详细的信息，你问他，他们也不知道。还有一些是初入行业的新手，觉得这个行业不错，想要投资，但是不知道自己的钱够买一个什么样的设备，自己的厂房放得下什么样的设备，你问他们，他们根本没法回答你。

面对这种客户，第二类供应商就非常有优势，你可以根据经验，为客户推荐一套设备，告诉他价格、尺寸、产量、运行的各种条件，然后后面注明你有低配置低价格的产品，也有高配置高价格的产品，不知道他想要一个多大产量的。或者说，他能否告诉你他的大体预算和厂房面积，你让专业工程师为他量身打造。

这就是提供解决方案，很多人说了，问客户产量，也是根据他的产量来提供解决方案啊。

我想说的是，产量，在你看来是一个简单参数，可能对于客户就是一个未知数，是一个问题，你问他产量多少，实际上是把问题抛给了他，但是他一定知道自己有多少钱，有多大地方，这是已知条件，根据他的已知条件，按照你的经验，解决他的疑问，这才是解决方案。

再退一步说，可能客户很有钱，但是不知道自己该拿出多少钱投资，也有厂房，但是不知道该分多大地方给这个新投资，那么问他预算也成了给他制造问题，所以你才需要推荐，你给他推荐一套比较普通的，价格普通，产量普通，品质普通，先让他对这个投资额有一定的了解，在此基础上，询问一些问题，客户才会觉得沟通顺畅，无障碍。

就如同开头我说的这个客户，在这个阶段，他收到了众多的报价、配置单，单单凭他自己的理解已经无法解决这个问题，也就是说，他既想接受低价，又怕质量不好，想接受高价，又找不到充足理由，那么你需要给他一个解决方案。一个更加清晰，更加具体、完善的报价单，去支撑你的价格，彰显你的专业。

谈判过程中，我喜欢“找事”，把客户的问题变成自己的问题，我一直努力给客户一个感觉，我不是卖给他设备的，我是卖给他整体解决方案。

就如同装修，很多人喜欢自己设计，然后找个施工队，按照自己的理念做出来。还有更多的人，根本不知道自己想要什么风格，或者没有实力，也没有精力自己来设计，于是交给装修公司，告诉他们自己的大体预算，模糊想象，做出设计图，不断地调整、修改、完善，直至施工，这就是解决方案。

后期合作之后，我也乐于把客户的问题变成自己的问题，我会尽量替客户想到过程中所有可能发生的问题，并且做出预案。当然这些预案不能给我带来额外的成本，如果实在是有成本问题，我会找客户协商，让客户决定。这样，再出现问题，我可以毫不愧疚地说，这个，真的与我无关。

还有一些说法，例如，你对客户的每一次妥协都会成为下一次合作的标准，我想说，有些话你不会说吗？你妥协的时候不会告诉客户，这次真的是特例吗？不会告诉客户你真的是尽了最大努力，调动了所有的条件才能做到吗？不会告诉客户，你把他当VIP乐于为他提供解决方案，但是真的比较为难，下不为例行吗？

再退一万步说，客户不逼你你就不知道自己的能量有多大，例如交货期，一直是按照50天交货，结果客户逼你，你去逼工厂，最后发现，30天交货都

绰绰有余，甚至20天都没问题，这不就成了以后你的优势了吗？

所以，作为出口商，你要时时刻刻记着，你是解决方案提供者，并不是简单的销售或者供应商。既然是解决方案提供者，就不应该嫌麻烦，图省事，怕这怕那。

除了会说之外，你还要有真刀真枪真功夫，很多时候，妥协出来的结果，是一些别人做不到的特殊福利，小成本换来长远客户，你还在犹豫吗？

part 5　买家对卖家认可的心理过程分析

如果突然有一个陌生人走到你的面前，说，“先生，我卖某种保健品，正规厂家，卫生合格，营养丰富，价格便宜，多买多送，你买点吧”。你怎么想？

从心理学上，任何人对陌生人都有防范心理，心理上的距离是非常远的，无论你怎么说也不会有信任感可言，就算你的产品再好，再物美价廉，推销的效果也不会好到哪里去，这就是为什么传销、直销都是从亲戚朋友下手，然后发展下线，扩散出去。

开发信实际上就是一种陌生人推销的模式，客户没听说过你，原本跟其他人合作得好好的，你突然一封邮件过来，说你的产品更好，价格更便宜，让你你会怎么想？

按照心理学理论，买家对于卖家的心理认知是以下过程：

认识——产生兴趣去了解——消除距离感产生好感——基本信任并合作——完全信任。

看起来很简单，但是要实现飞跃很难，下面我按照这个过程进行详细的分析。

一、认识

通俗一点说就是让客户知道你的存在，没有这个过程，业务就没法开展，这个过程如何实现呢？

开发信 + 推广。

开发信实际上就是自我推荐信，把你自己推荐给客户，告诉客户你是做他需要的产品的，如果他需要，别忘记跟你联系。

推广，无论是B2B还是搜索引擎，还是SNS都是让客户发现你，认识你的过程。

当然这里有个大前提，是让合适的人认识你，知道你，合适的人是需要你产品的企业负责采购的人或者老板。合适的人是关键，找不到合适的人，大多时候是白费工夫。

这里有一个问题，就是客户为什么想了解你？大家想过没有，客户每天都会收到很多封邮件，我发布一个消息采购一个产品，每天收到三四十封邮件，也会收到无数封开发信，我不可能有那么多时间去了解每一个卖家，你需要给我一个理由。

当客户打开你的邮件，扫了一眼，发现没什么亮点，觉得这家供应商不值得他去了解，就会直接把这家排除掉，那么，什么是亮点？可以是价格，可以是付款方式，可以是公司品牌效应，可以是样板客户，可以是你对他们国家市场的了解，也可以是对客户公司的了解，可以是你对客户的了解，总之，任何一个，都能显示出你的与众不同。

二、产生兴趣去了解

客户了解你的时候往往有多种渠道，进入网站是最直接的渠道，那么你的网站就需要打开速度够快，内容够专业。有一个很有意思的现象，很多企业开始做外贸，做了网站，国外客户根本打不开，连了解的途径都没有，谈何产生好感？

如果你做的是大型机械或者大宗化工原材料，还可以写一写软文，以第三方的身份发布在各个平台，当然要出现自己的公司名称，无论谁去搜索都能搜到这些信息。大家往往会认为，别人的评价会比你自己推销公正得多，这些都是提升公司形象的机会。

公司的描述，产品的描述，照片，视频，尽量齐全，这些资料都会在客户了解你的时候起到重要作用。

了解，还有一个重要渠道，就是询问，客户会询问销售人员很多问题，例如是否出口过本国啊，有哪些客户啊，你的价格为什么会高啊，等等。这些实际上都是客户在通过询问的方式对你们公司，对你进行了解，这个时候，销售员的应对就非常关键，所以销售员要反应机敏，事先有所准备，对自己的产品了解，能把自己产品的优势具体化、形象化，跟客户的利益相关联，而且熟知国际贸易的实务操作（也就是我之前一直说的专业加职业），客户才会慢慢地对销售人员产生好感，产生基本的信任感，否则，会惨遭淘汰。

三、产生好感

通过上述的了解后，客户会对供应商产生一定的好感，距离感大大减弱，客户会提出一些比较苛刻的要求，例如价格、付款方式，如果到了这一步，很多的谈判都是实质性的，你既然想合作，就要拿出最大的诚意来，你不能说客户如何的不靠谱，客户的很多要求实际上就是一种谈判的手段，可能他们明知道不可能，只是想争取到对自己最有利的条件而已。

这个过程里面，双方免不了有争议，但是不建议跟客户正面冲突，在坚持自己底线的前提下，慢慢地同客户进行周旋。

四、基本信任并合作

这是你想要的结果，但是并不是终极目标，因为第一次合作，不代表以后会长期合作，你要把很多问题拿出来说清楚，例如客户的各种需求，看看你能不能实现，能实现的就切实落实下去，不能实现必须提前告诉客户。

产品质量要符合要求，货期要把握好，之前说过，如果客户要求 20 天交货，你需要告诉工厂，客户需要 12 天交货，以免延误产生麻烦；工厂告诉你 10 天可以交货，你需要告诉客户 20 天才能交货，留出缓冲的时间，很多问题提前说明白了，也就不再是问题。

单据制作要跟客户不停地确认，在不给自己造成麻烦的基础上，尽量配合客户的要求，不能让客户产生额外的成本，或者说可以配合客户节省成本。

五、完全信任，长期合作

经过一次合作，客户对你的产品、服务、操作有了深入的了解，他会做出一个决定，是否跟你长期合作，或者是否愿意为你推荐客户。这是你长期发展的有力保障。

与客户的交流无非是以上五步，客户的心理过程就是如此，从得知信息，怀疑，去了解，到慢慢地消除距离感，产生一定的好感，再到合作，完全信任，每一步都需要有大量的工作去做，你要认真学习，多多实践。

part 6　全面分析客户身份、性格、喜好、语言

分析客户到底有哪些方法，要分析客户的哪些方面，分析出来如何用，这些问题困扰着许多外贸人，今天我为大家细细讲解一下。

一、公司性质的分析

你要知道，跟你联系的这个公司是中间商，还是终端客户。这个很多客户发询盘的时候会直接告知，他们是自己用还是经营，如果没有，你可以根据对方提供的网址登录对方网站查询，或者根据邮箱搜索其在互联网上的信息。

为什么要知道公司的性质呢？因为中间商和终端客户在谈判的时候完全不一样。

首先，立场问题，我跟中间商一谈就是“我们”如何，“我会配合你”如何，“我会帮你”如何，让中间商觉得，你不是单纯为了赚他钱的，你是跟他一起拿下这个客户，一起赚钱。谈中间商的时候一定不能让中间商感觉你们很远，要让他感觉到你们是一个战线的，而跟终端客户就不一样了。

其次，说辞问题，跟中间商说，你要说，你的质量没问题，供应很稳定，绝对不会给他惹麻烦，让他受到牵连。价格，让他看看，你应该定多少？哪个价格他觉得能够让他拿下订单？而终端客户，你要说，你的产品质量好，节省他的生产成本，供应稳定，保证他的工厂不会因为你的供货不及时而停工，价格呢，我觉得反而是其次，肯定要买好的，不能影响他的下游客户。

二、联系人员身份的分析

关于联系人的身份，很多人存疑，如何分析对方身份，其实很简单，一看落款，二看说话的语气，三去对方网站上去查找信息，四去搜索引擎搜索。

分析对方身份很有必要，因为谈负责人和谈老板，立足点、高度绝对不

一样，谈负责人你不能总说公司的长远发展之类，谈老板就不能局限于蝇头小利。

三、联系人具体情况的分析

这个一直是大家所忽视的地方，来一封询盘，只是处理价格，各种与贸易相关的参数，而忽略了一个问题，当大家都发价格，价格又差不多的时候，客户凭什么选择你？

这个问题就是我今天要解决的。

我的价格在同行中处于中游，不高不低，可是同行太多，客户一个询盘出来，估计最少收到30封报价，我的价格和条件绝对不惹眼，但是客户往往会回复我，就是因为我对发邮件的人有具体了解。

最简单的一个例子，前面我分析了一个谈判流程，里面我用到了一点，就是我去看对方网站，发现他们网站并没有联系方式，如果有客户询价，只能通过站内留言进行反馈，但是对方的站内留言却出错了，无法留言。这代表公司要损失一部分客户。于是我在回复对方邮件的时候告知了对方这一点，对方很高兴，到了最后价格谈判出了状况的时候，再跟踪，客户依旧记着我帮过他，保留了第二次谈判的机会。

再例如，对方发来询盘，我搜索其邮箱，看到了很多求购信息，求购我们的产品，而且时间是连续的，证明他的确有采购，而且是连续采购，说明这个客户是长期客户，那么报价的时候就要稍微压低，以求入围，第一次合作最难，一旦开始，后续可以有很多机会赚钱。

此外，你可以搜到客户的喜好，知道哪些话题他愿意聊，可能是体育，可能是娱乐。

如何获知这些信息？搜索！拿对方的邮箱搜索，落款里的电话搜索，有手机号码，拿手机号码搜索，拿对方的名字加国家搜索。Google 里搜，Linkedin 搜，推特搜，Facebook 搜，只要你愿意，很多客户有很多信息，等着你去挖掘。

四、客户的习惯分析

这个主要是针对“老客户”，所谓的老客户有两类：第一，联系了很多次，谈了很多次，没谈下来的客户；第二，合作的客户。

对于第一种客户，联系了很多次之后，你应该对客户的习惯有了一定的了解。

例如，这个客户每个月初问价格，那么你就可以每个月初给他主动报价；例如，这个客户，每次都是因为价格谈不下来，那么你就给出一个你能做的最低价格；例如，这个客户，每次都是问了价格就没消息了，那么你可以试探地给出一个极低的价格看其反馈，或者直接问，你们都联系了这么久，他经常来问价格，能否告知，什么因素致使你们不能合作？

例如，某个客户，明明已经接受价格了，还是来试探地砍价。我有一个中间商就是如此，平常询价的都是他的业务员，单子很少，但是只要他询价，一定能拿下，而且他不怎么在意价格。于是乎，他每次问价，我都是按照中等来报，他一般当天就给消息，问一句，你能再降点吗，客户要求再降点，一开始不知道，就给他降一下，他一听立马说给我合同，两次之后我就明白了，不给他降，坚持，他还是接受订单。

这些习惯都在于你平时的总结，对客户资料的整理，你不整理，永远难以对某个客户形成一个系统的认识。

五、客户的语言分析

这个问题有很多争论，很多人说，你永远不要去猜客户在想什么，但是我是个例外，我每次都会分析客户在想什么，发一句话过来是什么意思。

所谓语言的分析，就是客户发了一封邮件过来，表面上看是某个意思，例如客户回邮件说你的价格高。我就会分析，价格真高吗——重新核算报价，来确定。客户认为高是跟谁比的，国内同行？国外同行？还是上个月的价格？这就要分析上个月是否价格偏低，国外价格是不是比中国偏低。

这就是一个典型的分析过程。

到了谈判的关键阶段，客户每一句话可能都是有用意的，容不得你不多想。

例如，我曾经谈过一个单子，客户是一个荷兰的大集团，金额 70 万美金，是一个采购经理跟我联系，交流了接近一个月，所有的条件都已经满足对方，对方却一直不说接受或者拒绝，我隐约地感觉到，可能这个采购经理

有问题。于是试探着跟他聊天，他话不多，直接说，“Our boss is waiting for my decision to close the order. I will go outside at once. If you have anything to tell me. Please call me by my mobile.”

太明显了，暗示我给他打电话啊！于是十分钟之后我给他去电话，主动提出这个单子金额比较大，我们会给客户一部分返利，到时候他给我一个账号，我给他们汇过去就行。第二天单子就成了。

客户的语言大致分为几种：

第一，试探性。例如，试探让你降价，实际上已经大体接受，这个取决于你对自己价格的把握，和对客户习惯的了解。

第二，暗示性。暗示你做某些事情，例如暗示你加入私人佣金，暗示你私下给他打电话谈下事情，当面谈的时候暗示你给他安排点小娱乐项目之类，你要会听，而且既然是暗示，说明这个人道貌岸然，你提出来的时候还要给他留面子。

第三，迷惑性。客户可能会说一些话迷惑你，让你难以判断真假。例如客户会告诉你他每个月的用量是100mt，你要给他低价，他的公司很大，很厉害，可以给你做独家代理，这些都是为了让你降价，拿到更优惠的条件。听到这类话，不要窃喜，也不要总想着以后如何，以后谁都不知道，不要一下子降到最低，但是也不能太磨叽，一点点地降，拿出一个很有诚意的价格，告诉对方，你给每个月 200mt 的客户也是这个价格，这个价格就是独家代理的价格……

第四，搪塞性。客户会告诉你，他正在考虑，他可能下个月的某个时候采购，其实这可能就是个变相的拒绝，他已经决定跟别人合作。如果你遇到这种客户，一定要贴得住，例如他说正在考虑，我会直接问客户，是不是我们有什么条件不太满足他的要求，是谁决定这个事情？如果他能告诉我他的要求，我会尽力为他申请之类。

第五，欺骗性。这个就不用多说了，骗子的行径，现在骗子多得很，但是骗术却不怎么高明。

分析客户是一个慢慢贴近客户的过程，虽然我写得很明确，但是我也未必全部掌握，也有判断错误的时候，但是不怕错误，也不能因为怕出错就不敢去做，畏首畏尾，难成大器。

第三节　与老板打好辅助，给谈判争取助力

part 1　外贸业务，如何向老板要求更好的成交价格

外贸业务员，很悲剧的角色，一方面被客户虐，另一方面被老板虐，客户说你价格高，老板说你不赚钱，让业务员夹在中间左右为难，想拿单，客户嫌价格高，老板又不愿意降。因为价格问题、付款方式问题拿不了单，老板是不会把责任承担下来的，只会认为你的能力不行，久而久之，你就会失宠，进入冷宫，直至被咔嚓一刀解决掉。

很多人一直在研究如何跟客户沟通，跟客户谈判，如何忽悠客户，但是很少有人研究如何忽悠老板。我总结了一下我的外贸历程，之所以我能做得比较好，一方面与客户沟通我做到了无所不用其极，忽悠老板更是不在话下，同样一个公司，别人申请不下来的价格和付款方式，我就能申请下来，废话不多说，说说我自己的方法。

首先，要强调一句，在跟客户谈判的时候一定不能犹犹豫豫，要坚定一个信念，你的产品是最好的，你的价格是最优惠的，尽量去谈，要卖产品，就得坚信自己的是最好的。

当然你还要有一个灵活的头脑，不管这个价格是你算，还是老板给你现成的，你必须了解你们公司的成本价是多少，我所说的成本价就是老板给你的初始价格，以这个价格为基础去计算 FOB 和 CIF。很多人说我不知道成本价格是多少啊，只知道 FOB 和 CIF，怎么办呢，其实很简单，倒着推回去就好了，问问你手头的货代，杂费、运费等是多少，扣掉就知道了一个大体的成本价格。

例如单位 CIF 价格是 1 000 美金，单位海运费是 70 美金，单位的杂费各种费用 100 美金，扣掉就出来了。

你还要去了解同行的价格，这样做到有数，更主要的是这是跟老板谈判的资本，老板做生意就是为了赚钱，赚得越多越好，有的时候头脑一热给你的价格就会高出同行很多，这个时候你该怎么去谈，你告诉老板，客户说价

格高，能不能降点，老板肯定会说，无论你给他多少他都会说高的，其实这个价格真不高，咱不赚钱啊，少了就不能做了（实际上利润非常高），你再跟客户谈谈吧。于是乎你回头跟客户交涉，不降价，一下子就被做掉了。很多单子都是这样丢掉的。

所以你要掌握第一手资料，多问几个同行的价格，拿着这些铁证去跟老板谈价格，谈其他的各种条件，这其中有大公司有比自己差的公司，就更有说服力，如果老板真的想做好业务，开发市场，他会调整自己的思路、利润设置的。

除了这些有说服力的资料之外，你还要注意方式方法。大家看这些说法：

（1）老板有个客户问价格，你觉得报多少？

（2）老板有个客户，联系好久了，一直没让我报价，这次让我报价了，应该是马上要采购，挺大的，他一个月需要四五个柜子，我说服了他下试订单，一个小柜，只要质量合格，以后就长期走，你看看怎么报价？

我的业务员如果用这两个说法，我的报价肯定是不同的，尤其是我忙的时候，第一种问法，我就直接给一个大约的价格，并不精确，可能高出不少；第二种说法，我就会好好地算一下，考虑到以后的合作，我会适当地降低价格，让业务员更有信心地去拿下订单。所以你跟老板申请价格的时候，一定要尽量具备以下要素：

（1）联系很久的客户了，当然这个就是你自己说了，老板即使能监控你的邮件，也没时间去找，更没必要，他也知道你是想拿下订单。

（2）他需求量很大，虽然这次不大，但是会长期合作。没有人不考虑长远，老板会想这次少赚点，薄利多销就好了。

（3）这个客户一直从中国采购，或者说从竞争对手采购。你可以编一个，反正谁也不知道，这招很管用，只要你说是竞争对手的，老板就有想挖过来的冲动，哪怕不赚钱，只要不赔，就不能让竞争对手做。

（4）同行某某给他的价格是1 000，你们是1 100，差距挺大的，你们调整啊，不然这个客户就丢了。

（5）这个客户对成本很了解，他能列出上下游的很多产品的价格，让老板看怎么办？

（6）这个客户是中间商，你从网上查了一下，在当地蛮有实力的，你们得抓住他，不能丢了，抓住他就抓住了当地的市场。

（7）客户可能过几天来工厂考察，当然前提是得有合作的可能啊，让老板看怎么办？

说法有很多，无非就是尽量证明客户很有诚意，需求量很大，能够长久赚钱，老板都喜欢这样的客户，其实说白了就是给老板画饼，很多人都担心啊，万一降价了客户还是没谈下来怎么办，万一接受了客户的付款方式客户还是没下单怎么办？

这点大可不必担心，丢单的原因有很多，老板也很清楚，他们是从业务员这种底层工作做起的，他看的到你为了拿单子付出的努力，这一点就足够了。相反，你天天无精打采，有客户来问，也是半死不活地问一句，老板一定不会喜欢你。

所以让自己充满斗志，充满希望，老板喜欢这种业务员。

part 2　如何周旋于客户和老板之间

业务员没有决策权，被呼来喝去，随便一个问题都要请示，等待通知，这造成了很多的不便甚至麻烦。当然也正是这个特性，给业务员带来了很多“优势”，很多“便利”。

因为，这个特性可以成为业务员的保护伞，避免直接暴露于客户的谈判攻势之下，业务员可以利用这个特性，巧妙地避开客户锋芒，将客户的攻击引到“领导”或者老板身上，而你可以周旋于两者之间，当一名“第三者”。

这个“第三者”定位在替客户争取他的“利益”——合适的价格，良好的质量，及时稳定的供货，有利的付款方式；同时也要为公司为老板争取“利益”——应得的利润，合适的销量，稳定的销售，安全的付款方式。

例如，客户提出一个很苛刻的条件，从你现有的信息储备或者知识储备来看，这个条件是不可能答应的，怎么办？

其实我所说的信息储备来自哪里？肯定不是凭空出现的，一定是来源于以前老板或者领导的答复。

有一句话叫做此一时彼一时，还有一个词语叫做“多变”，公司的政策会根据形势的变化而变化，说不定当时不允许，现在允许了；或者老板当时心情不好，说不允许，实际上好好聊一下还是完全可以的。

因此，你要做的就是避开客户的锋芒，坦诚地告诉客户，在你的权限，已经没法接受他的要求，以前有客户也有过同样的要求，老板并没有同意，不过，你可以再为他申请一下，因为你也很想跟他合作。

当然，这个时候你还是可以利用你的角色，卖一下乖，就说，你可以去试着申请，但是，万一，你能申请下来，他是不是一定会下订单？不然你没法向公司交代。

看客户怎么说。我这样说，客户往往都说，好，或者说，至少我是他的首选考虑之类。

这样，一方面，直接避开了客户的锋芒，不需要你直接回复可以接受或者不可以接受，另一方面，又可以利用了你的身份，跟客户拉近距离，让客户感觉到你们在此时是一条战线，让客户觉得你是愿意为他们争取一些利益的，而你们更应该对付的是老板，这样矛头就会指向了公司的管理层。你跟客户就不会再有直接的矛盾，这个有利于你做很多工作。

这个角色像不像调解员？很像！

当然完全抛开自己在公司中的身份肯定是不可能的，所以，没有人能够完全成为客观的第三方调解员，客户也不会相信。

所以，在运用的过程中，不能表现得太超然，还是要有拿单的欲望，但是拿单并不是为了公司如何，而是为了自己的业绩，为了自己的收入。我就经常告诉客户，我需要业绩和提成，他需要采购物美价廉的产品，我觉得我们的产品质量完全没问题，唯一的问题是他认为价格不合适，这个我没法决定，但是我可以努力地向老板申请。但是他也知道，公司那么多人，大家都在盯着，不是随便谁都可以申请下来，如果他能保证我申请下来，他会马上下订单而且接受我们的其他条件，我还是很有把握的。

这其实是缔结成交法，就算是不能成交，至少可以得到客户的真实想法。

上面是当第三者的好处之一。

之二，非常现实，老板多善变。

我就非常有体会，有一个订单，我谈了一年（因为价格被干掉了许多次)，客户终于肯给我一个机会下订单，前提是要给予5%的折扣，于是我兴冲冲地跑去找老板申请，结果被老板黑着脸一句话给我否了，天都塌下来了!

沮丧地坐在电脑前头，想想怎么跟客户说呢?

两种方式，第一，这个价格我们接受不了，现在的价格已经是最低价；第二，以前我们真的没做过这个价格，但是我乐意跟老板申请，因为我也很想拿下这个订单，可是我没把握，他能否给我两天的时间?

思索再三，我决定采用第二种方式回复，客户很快回复了。

他会在今天结束这次订单采购，如果我能做，请联系他，他没法给我两天时间，请在今天给他答复。

于是，我就只能等死，结果一会儿老板出现在了我的办公室，一脸笑说："刚刚那个价格我算了算，可以做，你看着跟客户谈吧!"

庆幸，我没跟客户说死。

于是给客户回复，好的，我会尽量申请，今天给他答复。我也非常期待我们的第一次合作。

半个小时之后给客户回复，老板同意给予5%的折扣，但是要求定金提高10%。我觉得这是好消息，我尽了最大的努力了。

客户马上回复，谢谢我的帮忙。我是个不错的销售员，可是我老板似乎不太明白，现在很多人可以给他折扣做的，请告诉他不要跟他谈条件，5%的折扣，30%的定金，能接受，我们就合作，不能接受，他就跟其他人合作。

正中我下怀！不能再拖了，之前拖死了太多的订单了!

我回复，好的，我马上去找老板，告诉他，只要我们接受5%的折扣，30%的定金，他就下订单，我会把他的邮件给他看，让他看到他的诚意，好吗?

客户回复，好的，我是个严肃的生意人。

最后顺利成交。

不光是价格和条件，我是做成套设备，客户要图纸，有时候被技术部或者老板一口回绝，我以前也会告诉客户，公司规定不允许，客户再也不理我了。

后来就改成，以前公司没有给过图纸，但是鉴于他的诚意，我去申请一下试试。他也知道工程师的性格和脾气，不太灵活，所以需要点时间去协调一下。

这样为自己争取了时间，万一后来情况有变呢？老板会突然改变说法，难以琢磨啊！

所以，哪怕后来自己做，很多时候我也会告诉客户，我只是个销售员，需要申请，需要汇报，给自己留足退路和余地，不至于直接被客户逼死在墙角。

第九章

JAC 的经典谈判案例

part 1　分享一次难忘的谈判过程

我公司一直想开发泰国市场，但是因为同行都把泰国作为主战场，我们这个后起的公司，很难攻进去。我公司经营一年多的时候，单子非常多，但是一直没有泰国的订单，这成为我的心病，后来终于谈成一个，客户由挑剔逐渐变得信任，跟着我们的思路走，不容易。

和大家分享一下整个过程。

这个客户是我们从网上找到的，我们看到了他的求购信息，他一直跟我们的同行合作，量很大，一个月三个柜，属于泰国中上一级的客户。我们连续联系了五个多月，以各种理由发邮件，其负责人姓李，偶尔回一封，不冷不热，就是说有机会一定合作云云，但是我们从中知道了，李只是操作人员，上面还有一个副总，副总主要做决定。

通过这个关系我们知道了，之所以李一直不想跟我们深入联系，一方面自己只是操作，没必要强出头，价格高低，是公司的钱，不关自己的事；另一方面，毕竟自己是操作人，没用过我们的产品，怕推荐了我们，结果质量不行，出了问题承担不了。

当然可能有其他原因，但是既然找到了问题就要进行工作，解决这两个问题。

第一，把他的私人电话要过来，我利用下班时间，给他打电话，告诉他，我们正准备开拓泰国市场，想找一个信得过的中间商，虽然他们是终端客户，但是我认为信得过，而且影响力大，这样，我每吨给他多报 20 美金，这钱我们不要，到时候返还给他也行，给他公司也行，这个他决定。这叫四方获益，我赚钱你赚钱，双方公司都没害处。（这一点主要提高他的积极性，与他利益密切相关了，就完全没问题了）

第二，我寄样品给他，他不是怕我的质量不合格吗，我免费寄给他样品，他放到生产流程，或者化验测试质量，如果不合格，我们改进，一直到满足他们要求为止。（这点打消他怕不合格出问题的顾虑，我们对自己的产品质量还是信任的）

他没有犹豫就答应了，第一步成功！

样品寄出去，我们开始了漫长地等待，两周后，得到结果，有一个参数不太符合要求。

但是这个参数不是主要参数，问了我们技术人员后得到结论，这个参数不影响实际的生产，这一点让他去联系他们的技术人员，技术人员会告诉他。

第二天他就打电话过来了，要求我们准备一个小柜的合同，他们要试订单，我们的合同早就准备好了，价格也按照商定的给他，他十几分钟后就盖章回传了，而且立马给了我们信用证申请书的扫描件。

本以为这么顺利没问题了，结果到了第二天，他突然打电话过来，说副总认为那个参数不合格，说明产品质量不是优等，要求我们降价，因为可能增加他们的生产成本，否则要撤单。

这下子难住了我，因为我知道这只是他们要求降价的理由，降或者不降是个问题。降，单子一定能拿下来，但是我们本身利润薄，加上李的20美金，几乎赚不到钱，只有退税，而且以后可能客户都会以这个为理由讨价还价。

思索后，我决定不降！因为这个参数不影响任何的生产流程，这点从化工词典上也能查到，对方这个理由不合理。

于是，我打电话给李，告诉他，他们的要求我们无法满足，因为这个参数不会影响任何生产成本，这点化工词典上写得很明白。如果他们以这个理由撤单，我们很遗憾，因为怕耽误他们的使用，我们已经开始生产，这样我们只有停止生产，排上其他的订单了。

他支吾半天，我知道他也为难，这是他们副总的意思，于是我没有逼他，只是说，不要紧，合作不成，我们仍然是朋友，我们都是雇员，在中间很为难，不过说实话，我们的价格真的已经很低了。这一点我相信他明白，他的老板也明白。

他答应了几句，然后说了一句话，让我看到了希望。他说我们价格的确很低，虽然不是最低，但是产品质量是最好的。

这句话一下子让我坚定了信心，不降。我的产品质量最好，意味着以低成本就可以生产同样的产品，质量更好的产品，价格不是最低。选择我们，他们是有成本优势的。

四天之后，李又打电话过来说他们准备去银行开信用证，不日将到达我方银行，但是希望能够按照预定的时间发货。

我按捺住兴奋，告诉他，五天之前我们已经停止生产他的货物，因为我们不能耽误其他订单，所以交货期要推迟一周，请他确认。

半个小时后，他打电话过来，试探地问了问，真的不能按预定时间发货了吗，如果不能，可能订单会有问题。

我直接回复他，不好意思啊，朋友，因为前段时间他们说我们不降价他们就撤单，我不能降价，只能通知厂里停止生产，我只是个雇员，不能让厂里生产一笔没有任何保证的订单啊，希望他能理解，我认为他一定能够理解的。

他笑了，好吧，那就推迟一周。

订单搞定！

漫长的一单，一波几折，后期的事情除了泰国动乱，让我们一定程度上担心收汇外，没再出现其他问题。货发后的第二天，他们就发来了 2009 年一月份的订单，三个柜，价格按照我们报的一分钱没降。

part 2　置之死地而后生——谈判中的一个技巧

之前，有一位已经联系了 4 个多月的印度客户，我已经给他报过很多次价格，但是每次都未能合作，原因在于客户认为我们的价格没有优势。其实一开始报价的确很高，因为会计计算成本失误，造成价格比同行高出很多。后来，他再次问价，我们报了一个我们认为很低的价格，但是一直没有得到回信，原来客户已经来到中国，要面谈采购问题。

于是，我开车过去，到宾馆里见他，寒暄的话这里就不表述了，把原来的价格再次确认后，我们开始进入了关键的阶段（A 代表客户，B 代表我）。

客户上来见我的第一句话就是：Jack，I have another meeting with my supplier 30 minutes later. So we must deal with our business as soon as possible. 不知道是真是假，但是意思很明确，半个小时能谈就谈，不能谈，他还有其他事，他不是只为了等我，给了我一个下马威。

A：I think your price is too high.

B：沉默，不说话。

A：Frankly speaking，it is really too high. I can get a better price from another factory in china.

B：You have cooperated with them several times，right?

A：NO，I had no business with them until now.

B：Why didn't you do business with them. the price is lower than mine.

A：I wanna a lower price from you. Because I have got some samples from your customer in my country and checked it，good quality! Also，I need more suppliers，not only one!

B：Of course. All customers imported our dpt think high of it! Can you tell me what's price they supplied to you?

A：1 500USD.

B：Impossible! Tell you the truth，there are four kinds of main materials in process of dpt. After adding their price together，the result is almost bigger than 1 500USD. You can check the prices of these materials. You have your own factory，you know，there are to many kinds of cost in the factory，such as machine，reparing，salaries and so on! So 1 500USD is impossible at all.

A：OK，ignore it. But your price really a little high. If you can make it more competitive，I think we can get the business!

B：OK，to get the business，I will check the bottom price with my general manager. Wait a moment please.

实际上所有的价格都在我自己的掌握中，打个电话只是为了让客户看出我为难，假意说，厂里需要重新确认报价，一会儿给我打过来。过了一会儿，厂里来电话，每吨最低便宜10美金，如果对方不能接受，就放弃谈判。

Our general manager just told me, we can decrease our price for 10USD to 1 650USD. This is our bottom price.

A：Still higher. If you can't accept the price 1 630USD, I think there will no order for you.

B：Sorry to hear that. 1 650USD is really our bottom price. If you can't accept it. I really helpless. So I think it is time for me to leave, right? We really can't accept 1 630USD!

A：Wait wait my friend, I think we can have a further discussion about the price, right?

B：I really can't accept 1 630USD, if you insist 1 630USD, and I insist 1 650USD. I think we have no chance to discuss further, I am sorry! But I really nice to meet you!（我开始收拾我的文件，整理一下背包，故意把节奏放得很慢，看看客户到底有什么反应。我收拾好东西，站起身，伸出手，说道）Have a good journey in china, if you have free time, welcome to Jinan!

A：Wait a moment, my friend. OK, 1 650USD, no problem. 45. 9tons, payment：30% T/T advanced and 70% L/C at sight. OK?

B：OK, thank you. my friend. I take the contract, we can confirm it. Please inform your assistant to T/T 30% of the total value advanced!

A：Sure. You must promise the quality and the shipment date.

B：Don't worry at all. I promise!

……

其实，这个谈判的成功是因为对客户有点把握，客户以前嫌价格高都是事后告诉我们，根本不给我们谈判的机会，这次能够通知我来到中国了，说明价格是在可接受的范围之内的，只不过想再便宜一些而已。

把握住这个点，谈判就容易了很多，我能够有很大的主动权，尤其是他曾经找到我们原先在他们国家的销售商拿过样品，认定质量不错的前提下。

最后用的一个谈判技巧就是“置之死地而后生”，自己提出来，不能再继续谈判了，因为双方没有找到共同利益点的可能性，再待下去也是浪费时间。这一招让对方觉得你的确已经是最低价了。就如同买衣服，对方提出一个价格，你还价后，非要这个价格成交，对方说卖不了，只要你转身一走，就知道到底能不能拿下了。

当然前提是你对客户有一定的了解，不能盲目地用这招，小心真的走了，没有继续谈判的可能性。还有，即使最后谈判无果，我也有理由再回来，因为我进门的时候是带着伞的，伞放在了门后面，我可以故意扔下伞，万一客户不妥协，我还有回来的理由，继续找机会谈判。

JAC/旧文新看

很多人反馈说用了我的方法但是失败了，我只问一个问题，你的价格真的很低吗？回答是不知道或者可以再降一点，那只能说这是作茧自缚，技巧要以熟悉产品为前提！

part 3　说一下我神奇的巴基斯坦客户

这个客户，来自巴基斯坦，第一次给我打电话是2013年4月23日，随即发了封询盘给我，先后共给我发邮件13封，我给他发邮件10封，基本上确认成交于2013年5月13日。

之所以奇，三点：

第一，他不知道我的邮箱号码，只知道手机号码，直接打电话过来要邮箱。

第二，我的报价跟他的目标价一吨差200美元，他居然追着我，非跟我合作，一直给我涨价。

第三，居然基本上确认跟我合作了。

还有一点，客户的邮件从来没有落款，连名字都没有，best regards结尾，一直到最后合作了，才告诉我各种联系方式。我从没遇到这样的客户，感觉我是被逼着跟他合作了。这里记录一下我们所有的来往邮件。

2013年4月23日

Dear Sir,

It refers to our telephonic talk today about ***. We intend to purchase 2 - 3

FCL of *** for us in *** production process. Please send us the price on CNF Kracaghi along with detail spec.

Best Regards

很简单的邮件，估计会被很多人归类到了垃圾询盘，我立刻回复：

Dear Sir,

To comply with your request of ****99.5% 2 – 3FCl

The price is 1 064USD CNF to Kracaghi.

25kgs/bag, 24mts/20FCL

Payment: L/C at sight.

This price is firm within 7 days.

We will make the shippment at once if you can accept it.

Please refer to the attachment to get the picture of package and COA.

落款

客户当天回复：

Dear Sir,

1. Please offer us a discount based on the quoted price as this price is not feasible in our market. 2. Have you ever exported this product to Pakistan.

Best Rgds.

我的回复：

Dear Sir,

Yes, we have exported ***to Pakistan before. You always use L/C at sight as the payment.

Do you have any target price? I will check it with our boss to confirm whether we can accept the price.

Eason

问完了之后客户就没消息了，我以为挂了，可能是对方拿到了伊朗的价格，伊朗比中国便宜太多了，200 美金左右，于是没怎么理会，没想到 5 月 2 日客户回复：

Dear Sir,

Sorry for late reply as I was on a business trip. Our target price is USD850/mt

CNF. Please accept it.

Best Rgds.

850USD，的确是伊朗能做的价格，我们做不了，于是直接忽略了这封邮件，跟他拼心理。我没想到，客户在5月4日追发了一封邮件：

Dear Sir,

Waiting for your reply against my last emails. Please reply us urgently so that the deal could be finalized.

Best Rgds.

非常奇怪，客户为什么追着我要价格？于是我回复了一封邮件：

Dear Sir,

Sorry for late reply. But I am sorry we can't accept your target price. I have just checked with my boss, our price FOB now is 990USD. Maybe you can buy *** from Iran to get 850USD CNF, their price is very low now.

客户居然又回复了：

Dear Sir,

What is the lowest possible price you can offer to us?

Best Rgds.

他问我们能做的最低价格，于是乎，我仔细算了一下，直接来了个最低价：

Dear Sir,

I really want to start our business with you.

Also I understand your target price, because you can really get the price 850USD CNF from Iran.

But for Chinese manufacture, the price is really too low.

Our bottom price CNF to Kracaghi is: 1 038usd/mt.

Have you communicated with Iran manufacture? Their price is very low now. We are producing *** ourselves, but sometimes we bought *** from Iran for our customers.

Best Regards.

这封邮件，我写得很真诚，直接说了几乎是最低价，而且很真诚地告诉他，他的价格的确不是胡诌，伊朗的价格确实是如此。在这个地方，很多外贸人员犯一个错误，很坚决、很武断地告诉客户这个价格不可能。你怎么知道不可能呢？我不会这样写，我会写我理解你，可能你真的能拿到，但是我做不到，中国市场也做不到。

客户回复：

Dear Sir,

We also wish to have business with you. Please bring your price up to USD 940usd/mt.

这个价格我还是做不了，没回复，两个小时后客户又来了一封邮件，这封邮件是2013年5月8日13点2分发送的：

Dear Sir,

Please reply my e-mail. Bring your price up to 950USD/mt.

Best Rgds.

差距太大，我没理他，再拖一拖，5月8日，15点整客户又来一封邮件：

Dear Jack,

What is your minium price, please indicate it.

Best Rgds.

不再是dear或者dear sir，居然加了我的名字。这个客户让我产生了兴趣，是什么促使他一直跟我在谈，实际上我看到他的目标价之后已经心凉了很多，不想跟他谈，但是他却一直坚持，于是我又回复（这封邮件是2013年5月8日15点15分发送的）：

Dear Sir,

I swear the lowest price we can give to you is 1036USD/mt CNF.

From all your emails, I felt your sincerity to cooperate with us. I really appreciate it. And I am really eager to start business with you.

1 036usd/mt is really our bottom price at this moment.

Please understand.

客户当天没再回复，第二天也就是5月9日16点34分，客户发来一封邮件：

Dear Jack,

What would be my commission in it? How you will pay us.

Best Rgds

我当时在忙，没回复，16 点 47 分，客户又来一封：

Dear Jack.

Can you offer us a further discount if we accept your product FIRST CLASS having purity 99.0% but remain Ammonia and ash at the same percentage.

Best Rgds.

客户的意思是，好吧，你的高质量的那么贵，我就要 99.0% 的总行吧，我们的参数表上的确有 99.0% 的产品，但是不值当的生产百十吨，除非他要上千吨才有可能，于是我两封邮件并作一封回复：

Dear Sir,

We have no ××× 99.0% now, there is no market for ××× 99.0%. So I really can't persuade our factory to produce ××× 99.0%.

The lowest price is 1 036USD/mt without any commission, the price I give to you is really bottom. You can add some US dollars to the price.

As soon as we got the payment, we will pay to you the commission to your indicated account.

I really want to start business with you. Even if I can decrease 1 USD, I will do it for you. But this is really the lowest price.

Best Regards.

客户没有回复，5 月 13 日 13 点 2 分，客户回复：

Dear Sir,

Please accept the price as 1033usd + 14usd (comm) = 1047usd/mt.

Best Rgds.

客户给我降价三美金，我肯定能接受啊，但是卖了个关子：

Dear Sir,

I will confirm for you with our boss at once.

Best Regards

不管几毛钱，我都跟你说了一美金都降不了了，我要找老板申请，客户应该是很着急。追了一封：

Dear Sir,

Please finalize price urgently.

Best Rgds.

看到这封邮件，我赶紧回复：

Dear Sir,

We can accept your noticed price. When is the shippment you require?

客户回复了一些事情，这封邮件内容不方便说，就是说会有专人跟你联系合作事宜，完成订单，基本拿下！

回头看看这个客户，很神奇的客户，我就不明白是什么让他缠着我不放，我自己尝试着分析了几点：

第一，他发邮件的习惯很奇怪，无落款，无联系方式，是不是很多同行把他当成骗子，根本没回？或者即便是回复了，也是问联系方式、公司资料，从后面的邮件可以看出，他要的应该是私人佣金，是希望安全所以没给具体的联系方式。

第二，是客户转介绍的，所以对我比较信任，因为我跟每一个客户合作，哪怕再小的客户，都是事无巨细，把操作做得近乎完美，是不是给我说了好话？

第三，我的报价邮件比较专业？这个不止一个客户说过，内容齐全，文档齐全，让客户比较信任我。

第四，谈到价格，我没有跟他针锋相对，没有立刻否定他的价格，说他的价格不可能，而是给他留足了面子，说能买到，保留了谈判的可能性。

各位怎么看？头一次遇到这种客户，是不是很神奇。

part 4　谈大单的一个利器

很多时候我会说不要惯客户毛病，不然他们不知道自己几斤几两。

但是，做大单的时候我正好反其道而行之。

之前有一个客户，德国的，飞到了济南，给我打电话，要和我面谈一套设备的事情，什么设备大家就不要问了，不方便说，报价50万美金。这套设备配套一个大工程，工程已经开工17个月，我跟这个客户也谈了17个月。

谈判期间客户发了他联系的所有供应商的列表，共14家，行业的老大和老二赫然在列，我们是行业的老三。

客户的角色决定了他们很有钱，而且这个工程是个大型的市政工程，客户一直在强调质量、稳定性。

有一个小细节，这 14 家中只有 4 家在德国有过工程，包括我们三家和另外一家，当时到了最后就剩这四家在厮杀。

在联系的初期，我就主动提出，把我们做过的他们国家的工程运行录像发给他。这个工程我们是 2006 年完工的，每年我们都会去检修一次，每一次我都要求工程师录一段录像，运行中对方也会经常做一些录像，我也要过来了，包括各个重要的电机、传送、管道等，总共 19 段录像，刻成了 7 盘 VCD 光盘或者 DVD 光盘。我没有通过网络传，而是寄过去。光盘上有我们工厂的联系方式、形象图、宣传片，做得很精致。客户没有来过我们工厂，所以，首先我要让他对我们工厂有个详细的了解。

客户收到之后很开心，很快就给我回了邮件，说已经仔细地看完了所有的光盘，他和几个合伙人都很满意，但是因为一直没拿到其他家的录像，所以需要等一下。

要的就是这个效果，一旦我寄光盘，客户是一定会向其他的各家要录像的，而且如果其他的几家通过网络传送，档次一定是低一等的。没有的就更不要说了，如果要新录，如何跟我们运行了八年的设备竞争？

借着这个机会，我跟他聊了几句，问了一下他们的工期、上设备的时间表，做到了心中有数，并且真挚地邀请他来参观，而且我可以带他去参观我们在中国的大型工程。

其间我们一直保持着良好的沟通，他会问一些技术方面的问题。其实中国的厂家，尤其是四五家大型的厂家，技术没什么差别，但是做工方面千差万别。就说焊点吧，中国大部分厂家的焊点非常大，怕焊得不结实，多焊上了一些，这些焊点在罐上或者管道上就像是一些肿瘤，非常不美观，欧美客户每次看了都摇头。

其实我们的也差不多，只不过我们跟一家韩国的加工厂关系非常好，他们的高级技师焊出来的焊点非常美观，而且耐用，不容易破损。我充分利用了这一点，给客户灌输我们特有的优势。

三个月之后，我给客户去邮件，问其他家的录像收到了吗，客户语气中透露出对其他几家的不满意，说只收到了其中的 4 家，其他的 9 家一直承诺给但没给。其他的 9 家估计被淘汰了！

接下来的 11 个月，我每个月给他寄一次光盘，很多是我们在中国做的市政工程的运行录像（其实其他的各家都有类似的工程），还有一些新完工的国外工程及用户的一些评价。

这些月沟通并不多，但是我在持续灌输一些观点：

(1) 运行稳定性，必须过关。如何证明呢，我的光盘，我录了很多运行多年的设备，如今依然运行完美。

(2) 后期服务，我们每年都会过去一趟进行检修，发现问题，第一时间解决。其间每隔几个月都会要求对方录像，我们通过录像判断设备的运行状况。

(3) 极端情况下的运行情况，极端情况虽然出现的频率不高，但是不代表没有，极端情况下，设备如何能够满足用户的需求，这是个问题。

(4) 做工。市政工程，意味着会有人参观，如果做得很丑陋，未免太丢脸。

(5) 需要我配合什么内容，尽管说，我全力配合。

这个过程就是惯客户的过程，不断地提高客户的眼光。因为我们能达到这些要求，客户一定会按照我们的要求去要求其他的同行。

一旦其他的同行不愿意配合，或者愿意配合但实力有限，做不到，那对不起了，淘汰！

17 个月过去了，客户终于飞到中国，直接到了济南，我价格报出去，对方一直没有谈过，50 万美金。

巧合的是见客户前一天，我把脚崴了，一瘸一拐地就去了，约好的下午 3 点，迟到了 5 分钟。当然我是故意的。

一见面就解释，sorry，脚伤了，算着时间正好，但是忽略了自己的走路速度，你就看在我已经是一个瘸子的分上原谅我一次。

气氛一下子调动起来了，德国人很严谨，谈生意不苟言笑，但是因为这个事情，气氛融洽，对方要求折扣，讨价还价，让了 3 万美金。我开始诉苦，老板给的最低价就是 47 万美金了，我来之前特意申请的，你想想啊，我们的做工需要特级工程师，后续你的设备只要在运行，我们就要过去检修，这些都是老板出钱啊，如果没有一定的利润率支持，他肯定不会做。

他让我找我的老板确认一下，再降一点，他就接受了。

于是乎，我假装打电话，装作很为难的样子，跟“老板”交涉，说了客户很多好话（万一客户听得懂中文呢）。

挂掉电话，我装作很遗憾的样子，说，刚刚老板给我算了账，47 万美金不能再低了。

客户居然很痛快地说，OK，47 万。

40% 的定金，50% 发货前付清，10% 设备运行一年后付清。

客户说回去就打定金，回去？万一他反悔呢？不行！

于是我跟他聊，问他工程的进度，他说工程基本上完成了，设备需要 70 天内到位才不耽误工期。

我一下子严肃起来，说 70 天？设备生产需要至少一个月，而且下半年是我们设备生产的旺季，生产线估计很忙，有点紧啊。

客户也紧张起来，说，必须 70 天到位，不然很麻烦，你现在回去就赶紧给我开始生产。

我为难地说，可是我们是拿到定金才会开始生产的，我想想有没有其他办法。

“合同都签订了，你们害怕什么呢？这样吧，我先付你一部分现金，你现在回去赶紧下单，到时候这些钱，你还给我也行，给我买点配件也行，如何？”客户说。正中下怀啊！

多少钱呢？我得找老板申请！

客户拿出自己的皮箱，里面放着几叠子人民币，客户拿出了五摞，抽走了一些，说，“你查一下，这是多少钱”。4.1 万元人民币！

这些就是他的诚意。我不用找老板确认了，他相信我一定能搞定，就这样了。其他的定金会在一个星期内到我们的账户，不要给他耽误生产，不然小心我的另外一只脚！哈哈！

按照你的级别提高客户的口味，惯得他吃不惯其他家的东西，是谈大单的利器。

其实很多东西不是同行没有，只是他们忽视了，犯懒，客户不要他们不给，客户要了给的时候也是琢磨来琢磨去，考虑到一些非常细小的成本。

抓了芝麻，丢了西瓜！

例如，我告诉客户我的做工之后，客户会问其他家或者找其他家要图片，这个过程是一个淘汰的过程。当你主动告诉客户你能怎么样的时候，客户也会问同行同一个问题，一旦有不周到的地方，客户或许会问，你能做到某一点吗？一旦对方有所迟疑，客户就会产生不满情绪。

很多时候，一些业务员把一些关键点当成讨价还价的工具，但是在大单里面，我认为不可取。大单的周期长，考虑因素众多，价格反而可能不是第一位淘汰因素，你不说明白你的优势，估计连谈价格的步骤都到不了已经被淘汰了。

part 5　一个可以记一辈子的订单

这个故事发生在2010年左右，那会儿我的第一次创业已经成功，工厂已经从小作坊变成大工厂。

大工厂意味着产量越来越大，也意味着需要找到越来越多的客户去消化这些产量。

于是，我带着公司的三个助手，开始拼命地寻找客户，联系客户，推销产品。

某天，我找到了美国一家公司，它是一家专营化工产品的贸易公司，我从他们的产品列表中找到了我们的产品A，然后找到公司联系人页面，发现了A产品的销售专员B，电话、邮箱，都有。

B是销售人员，一封开发信发给B估计效果不会怎么好，那么这一步的任务就是通过B得到采购负责人的联系方式。哪种方法会最有效，思来想去，我决定采用说服法，也就是直接去说服B，让他把采购员的邮箱给我，而且我想好了好几步，肯定不会轻易放弃。

标题我用的：competitive price of A。正因为B是销售员，他会更加关注A产品的市场行情，所以我认为这个标题他一定会打开，只要他打开，我的邮件一定会起作用。

Dear B,

跟你一样，我也是一名销售员，但是我来自中国。

只需要几秒钟，你一定会对我提供的信息感兴趣。

作为销售员，有竞争力的货源是多么重要，相信您很清楚。如果我能提

供极具竞争力的 A 产品，让你在销售中占据有利地位，您是否愿意给我转发这封邮件给采购经理呢？

非常感谢您的帮助。God bless you.

落款

最后一句，God bless you，是我自己猜测对方应该是基督徒，就算不是基督徒，这句话可以作为问候语或者祝福语，也不会出现问题。

这封邮件我选择的时间是中国时间 23：45，也就是美国时间上午 11：45。我认为，早上一上班，他会面对大量的邮件，可能有客户的回邮，跟那些邮件比起来，我的邮件肯定是“垃圾”，为了避免产生对比，我选择了相对来说不会很忙的 11：45。

等了 10 分钟，不见对方有回信，我就想，算了，明天再看吧，或许还要想其他办法去要采购经理的联系方式，于是关了电脑，准备睡觉。

躺下没一会儿，手机邮箱响了，我一激灵坐起来，我有预感，是他回复的。

没有用手机确认，我直接打开了电脑，打开邮箱，结果不是，是一封免费 B2B 发来的邮件，失望！但是末班车总在失望时来临，正在我失望透顶的时候，邮箱又有提示，再打开，是他！

Dear Eason,

我认为你提供的信息的确可以帮到我，所以能否请你给我提供 CIF to C 港口的价格。请附带把贵公司产品的技术详单和检验结果单发过来。

God bless you!

B

看到邮件我困惑了一段时间，难道 B 自己做销售，同时做采购吗？还是说自己先询一下价格，等我回复的时候再把邮件转给采购经理。

回复给这两个角色，用的策略和语气是完全不同的，销售员更懂销售员，一些销售手段大家都在用，所以尽量少用技巧，大家谁不知道谁呢？而对付采购员则不同，再有经验的采购员，有些时候也难以猜透销售员到底想做什么。

权衡了很久，我还是觉得搞定这个销售员最重要，不管他是不是自己负责采购，把他作为主要人物，保持沟通，早晚会要到采购员的联系方式。

于是我回复：

Dear B,

很高兴收到您的回信，可见您是一个对市场极其敏感，极其有眼光的销售员。我需要向您学习！

基于您的询问，给您提供报价如下：

price：

payment：

……

为了方便您查阅，保存，我为你制作了一份报价单，PDF 格式，已经排好版，连同技术详单和检验结果单放进了附件。您可以直接打印、留存或者转交！

Eason 落款

报价完整性的重要性我就不说了，给他做报价单完全是基于他保存、查阅方便，因为他未必会真正留下我的联系方式，可能只是要个价格参考比较，了解市场，看完如果自己不是负责采购，抑或自己负责采购价格却没有竞争力，可能他就没有兴趣再搭理我。而制作报价单，并且引导他留存或者打印，更有利于以后有需要的时候查找。或者他并不想告诉我采购员的电话，可以打印一下转交给采购员，看看是否有用。或许我想多了，但是多做这一点，可能会带来很多意想不到的效果，这个在后来的沟通中被一次又一次证实。

很快他就回复了：

Dear Eason,

谢谢您专业而全面的报价，我已经打印报价单，我们会进行相关的比较和讨论，然后再给你消息。

顺便说一句，你也是一个专业的销售员。

B

这个结果实际上并不是我想要的，我想得到的是真正负责采购的人的联系方式，最终却只是他在跟我联系，找不到关键的人，如何能够进行下一步的谈判？

其实我还是有一个美好的愿望，就是希望 B 也同时负责采购，这样我们的初步沟通是不错的，后续的跟进也就会相对轻松很多。

不能他说等消息，我就等，坐以待毙不是我的风格，于是我盘算了很久，

又给他去了一封邮件：

Dear B,

感谢你肯花时间研究我的报价，但是我相信绝对不会浪费你的时间。我不知道您现在经营的产品是来自哪个国家，如果不是中国，那恭喜您，因为中国的价格更有竞争力；如果是中国，那就更好了，说明我们有合作的机会。

我也是销售员，我深知，同等质量下，低成本的采购意味着我的业绩和市场会越来越广阔！

请您在CIF价格的基础上，加上相关费用，比较一下它与当地产品的差价（利润率），是否有合作的必要，如果没有，请告知您能接受的最高价格是多少。

Eason

还是攻心，我不说对他会怎么样，我只说我自己，如果让我拿到低价的原材料或者货源，我得乐死。

但是客户的邮件出乎我的意料：

Dear Eason,

您的上一封邮件，我可不可以这样理解，您给我的还不是您的最低价，那么您的最低价是多少呢？

B

的确，这里有意无意地我犯了一个错误，主动暴露出了降价的可能性；当然也可以这样说，有意无意地给了客户一个回复我邮件的理由，因为他看到了可能的利润点，一定会两眼放光。

回复：

Dear B,

是的，我认为应该可以有空间，但是这个我决定不了，需要找老板申请，请您先审核一下我们的价格和技术指标，如果您认为有合作的可能性，我会向我们老板申请一个更好的价格，当然，前提是我们有了进一步的沟通，不然老板也未必答应。

期待您的好消息！

Eason

其实没必要跟他周旋太多，说已经是最低价，成本很高云云，大家都是销售员，没必要耍花招，实实在在地说，反而会赢得好感。

然后是等待，三天五天，客户一直没有回复，而我也没有跟踪，因为要去跟踪一个销售员，除非有十分充分的理由，不然很难起到作用，而且我认为之前我说的话已经很到位，如果价格出入不大并且有意向从中国采购的话，他一定会联系我，因为这是他的切身利益。

某天夜里，睡得很晚，估计有一点多了，突然邮箱提示，有新邮件进来，我以为是广告，打开一看，是 B 的邮件，而且还抄送了一个人，也是他们的公司邮箱，那么我认为这个人应该是采购员或者老板，我们叫做 D。

Dear Eason,

感谢您耐心的等待，这些天我把你给我的技术单和检验单发给了我的客户，得到的反馈不错。您也知道，如果他们不认可，我是不敢跟您合作的，所以回复邮件有点晚，请谅解！

现在我们需要贵公司提供样品 2 公斤，我需要分为若干份，分别寄给客户，供他们进行检验，我们有到付账号，如果您可以接受寄送免费样品，我会在下一封邮件中给您我们的账号。

等待您的答复！

B

虽然他抄送给了 D，但是从头到尾都没有提及 D 的身份，也没有让我联系其他人的意思，好吧，我暂且跟你保持沟通。

这里出现了一个问题，我们的产品是危险化工品，危险化工品是不能快递或者空运的，所以，样品的寄送就成了一个大问题。

但是我隐约地感觉到，这应该是我的机会，得到一些信息的机会，于是回邮件：

Dear B,

很抱歉，因为 A 产品是危险化工品，没法快递或者空运，所以样品很难提供。但是如果您有从中国进口任何的集装箱货物，我们可以把货物送到您在中国的快递那里，一起给您送过去。

再或者，您可以试着下一个样品单，当然就是一个小柜，我们可以签订质量保证协议，如果不合格，全额退货，而且赔偿您的损失。

Eason

我用的 reply all!

当天没有再回复，但是我信心满满。

第二天，收到回复如下：

Dear Eason,

感谢你耐心的解释和提供的解决方案，我们认为样品单不可能，当然我的确有批货物将在某天从青岛港运输到 F 港，如果可以，请将 2 公斤样品送至青岛，以方便我的货运代理处理。

我的货运代理电话为：……，地址为：……

B

客户的意向还是很明确的，这说明我的价格不会有很大出入，而且他们乐于从中国采购，甚至说，青岛这批货可能就是 A 产品，只是从其他的厂家采购的，因为山东是 A 产品的生产基地。

2 公斤样品当然没问题，送过去也没有问题，而且，我还会做得更加出乎他的意料!

Dear B,

没问题，我会联系您的货运代理，处理这个问题。

此外，恐怕 2 公斤样品未必够，我打算给您免费提供一个单位包装的样品（25 公斤。注：25 公斤 300 块左右），这样一方面可以供你多提供几家客户检测，另一方面标准包装是危化品专用包装，更加安全。

我们是真心希望跟你建立合作!

Eason

客户很快回复：

Dear Mr. Eason,

您真的是一个精明又大方的商人!

我们当然乐于接受更多数量的样品，非常感谢，只不过海运会持续更长时间，拿到检测结果可能要在一个月之后，请您跟我一起耐心等待，当然，中间我们可以沟通一些其他的内容。

谢谢您的配合!

B

同样是抄送给了 D。

于是我开始联系他们的货运代理，送货到青岛港他们指定的仓库，开始等待。其实一直到现在都很顺利，而且我对我们的产品是很有信心的，一定可以检验合格，最终可能还是落实到价格以及付款方式的谈判上。

而我也想好了整套策略。

可是，意外发生了！

样品已经出运，但是还没有抵港的时候，突然有一个杭州的电话过来，说，我是某某公司（就是客户所在公司）在中国的采购部门，您跟 B 的对话，同时也抄送给了我，现在我需要跟您确认一些事情。

万万没想到，D 居然是中国人！

我也是中国人，所以对中国人没有什么偏见，但是也正因为我是中国人，我很了解中国采购员的习性，很难谈！

于是我在电话里提出了合理的质疑，真不好意思啊，很突然，的确当时 B 抄送了某位，但是我不能确定是不是就是您，他也没有提过，为了谨慎，能否让我跟 B 稍微确认一下，请您留下电话，我会主动与您联系。

这个 D，态度倒是也不错，说，应该的应该的，您是一个很精明的商人，我等您电话。

挂了电话，赶紧给 B 写邮件，询问，D 是否是位中国人，他的职位是什么，他负责什么，我跟他沟通的时候要注意什么事项？

第二天看到 B 回复：

Dear Eason,

是的，D 是我们公司同事，在中国负责采购 A、G、J、K 等产品，他是专家，中国是个大宝库，抓住中国的货源对我们极其重要，所以我们建立了中国分公司。

他会告诉您下一步该怎么进行，请配合！

B

意料之中，其实我基本上可以确认来电话的人是 D，因为他知道一些细节，这些别人不可能知道。我之所以要求确认，只是为自己赢得一天时间，因为我是贸易公司。

大家肯定明白什么意思了吧，中国人联系我，主要目的不外乎几个，要求查看资质，要求看厂。但是我不确定哪个工厂可以让他查验，一方面，很多工厂，牌子、标志不齐全，看不得；另一方面，有些工厂很小，看了也只会减分。

我只能从众多的工厂中筛选一家出来，当D询问的时候好作答。准备充分之后，我给D去了电话。

果不其然，D开始索要公司的资质证书、营业执照、工厂地址等，幸好我有所准备，一一作答，D很满意。

他说："样品到达和检验需要一段时间，这段时间，我们需要落实验厂的问题，等样品检验合格，工厂也查验完毕，我们可以马上进行更加深入的谈判。我们老板对你的评价很高！"

"老板？你们老板也知道我吗？"

"是呀，你联系的B就是我的老板啊！你不知道啊？"

"哦，明白了，D先生，您需要我跟您怎么配合，请告知，也请告知具体的验厂日期，我好提前做安排，我们是个小工厂，但是产品质量不差，老厂了。"

这个人很关键，不能得罪他，要对他客客气气的，而且最关键的是他也一直保持着风度，很有礼貌，这让我心里很舒服，也愿意跟他沟通。

资料传递、信息沟通都很顺畅，就等着来验厂了。

D来了，带着一个老外，年龄应该在60岁左右，据说是老资格的验厂专家，还有一个蛮漂亮的小姑娘M，看起来很干练。

我带他们转了一圈，看了设备，看了办公室，看了实验室。看得出，那位专家对我们很满意。

悬着的心算是稍稍放下，这个时候专家低声跟D说了几句话，D回过头来笑着说："不知道我们要求你们准备的东西都准备好了吗？"

我一头雾水，准备东西？准备什么？您没跟我说啊。

D转过头去问一起的M，说："不是让你把列表发给他们，你忘了吗？"

我明白了，应该是让她发传真或者邮件过来，她忘记了。

我就说，不要紧，可能忙活起来忘了。这句话是打算为M打圆场的。没想到她一听居然大声嚷嚷起来。

"我很确定三天之前发给你们了，而且我有记录。拿出记录本，上写某年某月某日给济南某某公司发送传真……而且当时是你们办公室一个女的接的，给的信号，发完了我还又打电话确认了一遍，你问问她吧，不知道不要乱说！”

她还想接着说，被D的眼神给压回去了，D有点不好意思地说，小孩不会说话，别介意，你问问吧，可能是你的助手收到了，然后准备好了没告诉你。

也有可能，办公室的三个助手是很有主动性的，于是找来问（有一个Q跟着我来到了工厂），助手也是一头雾水说：“没有啊，发传真那天只有我自己在办公室，没有任何传真啊！”

这本来不算是什么大事，无论哪方失误，没有拿到列表，临时准备就是。

于是，我说：“可能中间有点小误会，不要紧，需要什么东西，你现在告诉我，我马上让他们准备，我们也需要去吃中午饭了，吃完饭也就准备好了。”

这样处理，大家都有台阶下。

没想到M不依不饶了，说：“你不知道那个列表多重要啊，没有那个列表准备好的物件，验厂就只能看表面的东西，你们工作太不负责任了！明明是有个女的接电话，接收了，却说没有，很明显是她忘了，不敢承认吧！”

我心想，这也有可能，她记录得那么清楚，不可能忘记发，有可能是Q忘记了，就说：“可能是我们的失误，真不好意思，再买就是了，对吧，D先生！”

“我怕你一时间买不全，耽误我们时间，我们的这位专家很忙的，没有那么多时间浪费！”M还在不依不饶，“所以你们得道歉，让你的助手道歉，因为你们的工作不负责，浪费了我们的时间！”

D也听着，并不表态，我心里清楚了，双簧，想给我们下马威罢了。于是我让Q说，给他们道个歉就完了，可是Q也急了，说，“我可以很肯定地说，我没有接收到，我不需要道歉”！

M冷嘲热讽似的说，连道歉的诚意都没有，真不知道怎么跟我们合作。说完这句话之后，自己嘟囔了两个字，虽然说得很含糊，我却听得真真的，是脏话！

我当时就急了，指着M说，“我们错了我们道歉，现在问题在于还不知道是不是我们的错，Q，你现在去打电话到网通，给我调当天的电话清单出来，看看当天有没有杭州的电话进来”！

D看形势不太妙，就打圆场，说算了算了，估计是有误会，当着老外的面，这么闹不好吧。

我笑着说，既然说到这一步了，我们需要认真地核实一下，然后我用英语跟那老外说，这里发生了一些状况，恐怕我们合作的可能性不大了，但是中国是礼仪之邦，我还是邀请他一起吃中午饭。

老外很惊讶，一直问，What happened？D看场面有点难以控制，拉我到了一边，打算点烟，我说不好意思工厂禁止抽烟，我们公司的人效率很高，一会儿就能拿到清单，发给我，到底有没有这个电话，一目了然。

几分钟后，清单传过来了，上面没有一个电话是杭州的，我递给D，让他看看，不用说两遍，一遍都没有，他们那么肯定说传过来了，传哪儿去了？是做梦传过来的吗？

我冲着M让她解释。D也看着M，M的脸红一阵白一阵，一句话也说不出来。

D忙道歉，说是他们的错误，真对不起，他们回去之后会多多帮我美言，合作还是没问题的。

真不好意思D先生，现在不是你要不要跟我合作，而是我要不要跟你们合作，然后用英语翻译了这句话，老外听得眼睛大大的。要不要合作，现在我说了不算，要看Q的，她受到了你们的侮辱，所以，她说了才算。

Q一直受冤枉，而且我一开始也以为她忘记了，没有帮她说话，当我说这些的时候她已经哭了，说，“不要紧，客户要紧”！

越这样我火越大，跟客户说，“不好意思，我想今天到此为止了，我送你们到我们预订的酒店，你们自己吃饭吧，吃完饭我送你们去机场，我会原原本本地向B先生解释这个事情的原委，再见”！

D一直在试图把我拉回来，我知道，实际上只要我说可以，这个单子一定可以拿下，但是Q心里肯定有个疙瘩。我告诉D，“如果我今天跟他们合作，会让我下面的人心寒，所以单子我不要了，我更看重人”！

后来，他们怎么处理的我不得而知。我也没有给美国人发邮件，没必要了。

美国人陆续发了几封邮件问我发生了什么，我也没有回复。

这个客户很大，我给朋友说起来，朋友都说我不能受气，不适合做生意。

可是我更看中员工的感受，虽然我丢了这一个单子，但是从那以后，三个助手更加刻苦，客户开发量、开发速度远超以前。这才是我要的。

这只是其中的一个订单，因为客户对员工不尊重，我拒接的订单很多，我告诉所有人，他对我的员工不尊重就是不尊重我们公司，因为他们代表了公司。直到现在，如果客人不客气，要挟，我就会直接告诉员工，不用理他们。

第十章

前车之鉴，后事之师

part 1　从一个订单的得失看你常犯的错误

这是一个很复杂的故事，因为涉及了很多个人，很多个公司。

这也是一个很长的故事，有悲有喜。

这绝对是一个让你深受启发的故事，因为这里可能有你一直犯的错误，有你不知道的工作方法。

我们公司的业务员 A 在展会上遇到了客户 B 公司的员工 C，C 拿了 A 的名片给了自己公司的老板 D，于是 D 开始打电话给 A 说自己的终端客户 J 需要我们的产品，让我们报价。

于是 A 报价，D 未置可否，就开始要样品，并且说愿意付钱，但是有一个条件，付款方式只能接受空运信用证，当时 A 正跟我在上海谈客户，这个客户非常有意向，A 很重视，前前后后谈了几个月。D 的要求让 A 不能接受，就说不好意思我们接受不了这种付款方式，他现在很忙，电话就挂了。

结果 D 屡次电话催促，并且提出他有办法解决付款方式的问题，A 才同意拿钱寄样。当然，A 还是觉得自己手头的客户重要，没把 D 当回事。

过了一段时间 D 来电，样品合格，他们打算下订单，而这个时候 A 的上海客户已经丢掉，真是世事无常。

D 要求按照样品交货，交货之后发船前样品检测合格后方可发大货。价格谈妥，剩下的就是付款方式的问题了，之前的付款方式我们是完全不会接受的，因为空运提单不是货权，做信用证风险太大。D 找到的办法是请他的朋友 E 介入，D 跟 E 是十几年的合作关系，彼此非常信任，E 接受 D 的空运信用证，然后付T/T给我们，皆大欢喜。而且最关键问题是E不要任何报酬，属于纯帮忙，帮D买到这批货。

第一票就这样完成了，钱收了货走了，终端客户J对质量非常满意，知会到D，进行第二次订单谈判。这是第二个月，A报价跟上个月一样，D砍价，磨叽了好多天，最终A同意，D说订单没问题，等待一下吧。结果一个周末过后收到D的消息，J通知他订单推迟，下个月再谈。

A信了，没有多想，一直等待。

第三个月，也就是十月，D真的来问价格了，按照上个月的价格报出去，客户这次砍价非常狠，直接砍掉了很大一部分利润，他的理由很简单，J收到了更低的价格。A一直在坚持不可能，于是D不停地磨，居然磨了两个星期，A始终咬着不放，最终D亮出了杀手锏，他已经从其他家要了样品，J很快就检测完了，如果检测合格，他们就会下订单给其他家。

A现在明白了，D之所以一直砍价是真的收到了其他家很低的价格，A被迫同意了D的价格，D很满意，告诉A订单很快会下，而且因为这次他们同意了信用证加空运，D告诉我们J会直接开信用证给我们，而不再需要E的协助。A很高兴，于是等待订单的到来。

结果一天之后，D告诉A，没法开信用证给A，还是要通过E来操作。A没有多问，因为怎么做都可以，只要自己有订单就可以，因为第一次是通过E操作的，所以J可能根本不知道自己的存在，而D也不想让J知道，无所谓了有订单就好。

但是这次E狮子大开口，索要大量的佣金，A算了一下，如果这个佣金给了E，意味着自己少赚很多，于是耐心地向E解释，说没有那么大的利润，没法给他这么多，E不依不饶，A出了最后一招，给他一小部分，其他的他找D要，这个钱应该D出。

于是E找到了D，把佣金的问题提出进行讨论，具体结果不知道，反正是说好的信用证一直没到。

过了几天，A等不及了，找D询问，订单怎么样了，D回答了一句意味深长的话，让他去找E谈。与E谈好了和D就有订单了。

于是A找到E，询问怎么了，得到的答复是，等着。

出问题了，肯定出问题了，A感觉到了味道不对！于是去追问D，得到一个答案，这月的订单，他下给别人了，因为别人的价格低，样品质量好。

A很郁闷，人怎么能这样呢，说好的给他订单，怎么会突然给了别人？言而无信啊！

碰巧那一次A要去孟加拉国见客户，于是，把这个客户列入了约见的名单，但是D不愿意给A具体的地址，直到A拿着单据上的地址确认的时候，D才回答了Yes，it is right.

在孟加拉国的某天下午，A给D打电话，说我们已经在孟加拉国了，想跟他见面，他明天有空吗？D说，他今天有空。其实这一天我们安排了跟其他客户吃饭，就说明天可以吗？结果客户坚持当天见面，必须见面。考虑再三，我们推掉了跟其他客户的会面，等待D的到来，D告诉我们，需要两个小时到达。

结果两个小时到了，一点动静没有，于是打电话给D，D告诉我们他还在家里，今天不去了，改成明天。

被放鸽子了，白等了两小时不说，还推掉了另外一个约会。

不行，不能这样算了，不能这样被耍了，那会儿已经是孟加拉国时间八点半，于是又给客户打电话，问他他的地址，我们可以过去找他，今天必须见到他。

客户口头答应着，我们可以过去，地址他会发给我们。

于是我们开始等地址，十五分钟过去了，依旧没收到，又被耍了，无奈我们吃饭去了，结果没吃几口饭，短信来了，是地址。

不吃了，马上去安排车，奔过去。

酒店前台问："您真的决定去吗？这个地址很远，估计两个小时，而且你也知道晚上很不安全，不建议你们去。"

"不，必须去，您安排车好了，一个小时800塔卡。"

出发，这是一个奇怪的城市，一路上居然堵得要死，要知道，现在已经深夜十一点，怎么会还堵成这样。问了许多次路，终于到了，客户是一个66岁的老人，带着两个儿子接待了我们。

见了客户我们开门见山，告诉他今天来的主要意图是问一下为什么上个月订单给了别人而没有给我们？

之所以要开门见山是因为我们面对着一个做了35年生意的老人，比我的年龄都大，不需要要什么心眼，因为那根本就是班门弄斧。

他看着我平静地说，是因为我晚了，我们一直在讨价还价，我答应得太晚了，他那个时候已经跟别人确认了。

好奇怪，明明我们答应了后他说订单会给我，怎么现在告诉我们晚了呢？难不成A叙述问题的时候没有叙述明白吗？

不管是什么意思，客户提出了这个质疑，我就要应对，我这样回答：

“因为A只是一个业务员，当时面临的价格差有点大，我也一直在出差，没有及时给他处理，才造成了延误，以后有任何问题，你可以直接跟我沟通，我能第一时间给你解决。（这个很重要，因为客户需要给他的J客户快速反馈，而正好我的名片没了，他马上拿出一张空白的名片让我写下联系方式，并且要求他儿子记到手机里，我看到了这些细节，知道我的话起作用了。）我们已经合作过了，您相信我们的产品和为人，所以我们也要表达诚意，下一个订单我们一定要拿到，请你帮我们，到时候J开出的订单一定要第一时间跟我们沟通，我们会快速给出相匹配的报价。”

然后D说了很多话，无非就是说我们一直不给降价，终端客户急着要货，最终逼着他们选择了其他家供应商。我要来了另外一家供应商的名称，是一家贸易公司。他也很清楚，但是他不在乎，只要价格合适，质量合适谁都无所谓。（这一段话很明显老头在为自己找理由，也是寻求我们的理解，所以我更加肯定了他还是有想法跟我们继续合作的。）

于是提及E，他似乎很反感，不想继续谈，然后说了很多，我发现很多话跟A介绍给我的对不起来，就萌生了今天到此为止的意思。

随后，我试探了一下，下一个订单是什么时候？D告知，下个月中旬，一定有订单，只要我们的条件合适，一定优先选择我们，而且会直接开信用证给我，不会给E中转。这个时候已经十二点十分，老人的精力开始不集中，于是我们约了一下，下次再谈，他同意了。

这次拜访虽然好像是得到了订单没拿到的原因，也得到了下个月的承诺，但是我始终觉得中间有问题，于是回去的路上，我们开始从头分析这个订单。

下面是具体的分析，A曾经在什么地方犯过错，带来了什么影响，该如何解决，其实这就是订单的过程。

（1）第一时间对客户产生了第一印象的偏见，通过简单的信息对客户进行判断，这个好，那个不好，对这个就格外用心，对那个爱答不理，结果事实证明，这种判断是错的，订单说明了一切。

你有吗？很多人有，什么判断客户，识别客户之类，信息不全的时候，所谓辨别，都是乱猜。

（2）沟通不够深入，我们到了之后，客户带着两个儿子，而其中一个就是当时在上海跟 A 见面的人，A 居然一直不知道这个人是老板的儿子，当我问跟他见面的人有没有给他一些信息的时候，他说，这是一个无关紧要的人，提供不了有用的信息。

你有吗？跟你联系的这些人相互之间是什么关系，是否相互制约，是否相互牵连，你知道吗？其实有的时候你可以直接问的。不问，就会出问题。

当订单出了问题，询问相关负责人没有答案时，可以问他身边的人，或许有提示，我已经因为这个收益很多。

（3）订单中有一个很严重的问题，就是第二次订单为什么推迟？第二次订单的推迟我们应该得到什么警示？这个订单过程中就应该思索，因为客户的每一个行为都有原因，绝对不是无缘无故的，对于一个大工厂来说，有严格的生产计划，怎么会说推迟就推迟呢？

所以，如果是我，遇到这个情况我会做出如下分析：

①客户从其他家采购了。

②客户收到了消息，可能价格会下降。

③客户收到了更低的报价，而且可能拿到了样品，打算推迟等待样品结果出来，再做打算。

无论其中的任何一个选项，都意味着问题出现了，很大程度上是价格的原因。而 D 采用的是佣金制合作方式，也就是价格高低跟他关系不大，如果价格有问题，一定是终端客户 J 的问题。

所以这个时候最合适的做法应该是，深入跟 D 沟通，希望 D 可以找到 J 的负责人获取相关信息，提早准备。但是我们错过了！

（4）如果客户一直在说价格，一天两天三天，那么说明价格真的有问题，不是你说什么能够说服得了的，这个时候你就要想到调整，而不是对方磨了两个星期才做出调整，这可能是客户所说的晚了的重要原因。

外贸谈判里面要知道客户在意什么，就要看他经常提到什么，如果价格一提而过，说明客户对价格并不是很看重或者价格还凑合，但是如果对方一直在纠缠价格，始终没有其他进展，说明价格方面真的有问题。总之要学会判断和变通。

（5）不要给客户制造额外的麻烦。这个其实很简单，就算是E找A要钱再不合理，A也不应该把他推给客户，这样就是给客户带来额外的问题。

本来客户已经同意开信用证，只要E答应就完全没问题，结果，把E推给D之后，E的要求得不到满足，D也开始不满意，当D发现，这个事情拖下去会丢掉J的订单（J肯定有其他的供应商选择），他宁愿选择其他家供应商。要知道，前面说了，有一家新供应商的样品正在检测。本来是打算把新供应商当作备胎的，没想到备胎这么快就用上了。

为什么原本打算开信用证给我们，突然又变卦想要开给E呢，这是问题的开端。

A解释说，因为一开始的时候我们接受不了空运信用证，所以D引进了E，所以他的判断是J根本不知道我们的存在，只知道这批货是E供的，D不想弄复杂，所以想要E继续充当这个角色。

很有道理，但是问题来了，如果这个属实，12月份的订单是不是还是要找E呢？为什么他会说12月的订单不需要通过E呢，J如果不知道我们的存在，不知道我们的产品质量没问题，肯定还是先要样品检测的啊，可是D没有提，是不是D在骗我们？这不合理！

回到了酒店，虽然有很多疑问，但是有了进展，觉还是要睡的。

第二天一早，我就决定再去一趟，以免出问题。

于是订车，出发。

D还没起床，因为昨天睡得太晚，他的大儿子在，于是我跟他大儿子闲聊了一下，工作、家庭、孩子、公司发展历程、规模、每天的日程之类，觉得气氛差不多了，我提出了我上面的疑问：

（1）为什么上一次本来打算给我们的信用证，又要给E呢？

回答：因为我们确认得太晚了。医药企业进口产品需要注册的，而第一次合作的时候E是注册过的，后来也没有想到我们会接受空运信用证，一切确认好之后，重新给我们注册来不及了，所以想让E继续操作。没想到我们跟E搞得那么复杂，都不让步，只能把订单给别人，他们不可能丢掉J的订单。

（2）那我们 12 月份是不是需要重新寄样品，合格了才能参与竞争？

回答：不用啊，J 知道我们是工厂啊，E 只是作为我们的代理存在的，当时检测样品，J 就知道是我们的，所以不需要重新检测样品。而且现在有足够的时间给我们去进行注册，所以下次，他们希望跟我们合作，前提是 J 提出的订单我们能够满足。

终于解决了，原来 A 对客户的判断存在很大的问题，很多问题都是想当然，并没有找客户沟通，造成了众多的误解。很多人会说 A 好笨，其实并不是，因为绝大多数人都是这个样子的，想想你自己，有多少次是在瞎猜，又有多少次是想当然？

不管 12 月份如何，问题找到了，接下来就要想办法去解决。怎么找问题，怎么找办法，我已经示范过了，其他的就靠你自己啦。

part 2　这些错误你一定有，只是你不知道而已

陪着同事到上海见客户，这个客户当时是我跟这个同事一起谈妥的。

后来问题出现了，客户要一次性下三个月的订单，数量很大，但是要求的价格很低，当然这个低是相对于我们而言的。我们工厂有一批高价的库存原材料，所以报价要远远高于竞争对手，客户试图跟我们交涉，未果，于是把订单直接给了同行，但是由于我们维护的关系较好，也答应给我们两个柜子，让我们走着，算是维护关系。

因为我一直在忙着 B2C，出国见客户，同事没有跟我商量这个客户的问题，偶尔聊起来才知道居然发生了这个事情，于是，我拍板决定，不赚钱也做，把高价原材料消耗掉，甚至稍微赔一点也问题不大，因为无论如何高价原材料带来的影响是整体性的。

我们整体核算了现有原材料能生产的数量，新材料需要采购多少，一平均，基本上可以达到客户的预期，还能有不错的利润，于是约客户，要求见面。

客户在电话里告诉同事，我们去是没有意义的，当然即便客户说没有意义，我们也必须去，因为我们的目标绝对不仅仅是这一个订单。

约好了时间，到了客户办公室，结果客户正好心情很不好，应该是另外一家供应商给他惹了麻烦，跟我们谈的过程中还在一直打电话吵来吵去解决

问题。第一次见面还很和气的客户，变得杀气腾腾。

还没等我们说明来意，客户上来就问，他的第一个柜子什么时候走？

当听到我们说下周走的时候，客户完全发作了。为什么，为什么给他推迟，不是说好了这一周走吗？怎么搞的！好吧，我知道他不爽，就让他发泄好了，同事好几次试图解释都被他堵回来，他说不要解释，就是我们的错，我们的理由太多了，一会儿包装没有，一会儿危包证没有，本来这两个柜子就是因为看我们用心才给我们的，我们的价格比同行高很多，我们却耽误了，他要先确认一下，第二个柜子推迟，推迟到下个月。

这个问题出乎我的意料，因为同事没有告诉我这里会存在问题，赶紧问同事，同事说，因为第一，客户的操作方一直不给合同和定金，告诉我们的时候，我们时间很少，很难订上这周的船期；第二，我们的确没有现成的包装，需要定做。

虽然原因有两个，但是最重要的原因是客户的操作方确认得太晚。客户回来后，心情舒缓了一些，他应该也意识到了问题所在，就说，我是买方，他们只是他的操作方，他说确认就确认，就是有订单，我们就要替他准备，他们只管操作，出现问题他们不会关心的，而且他们的事情很多，我们怎么可能总是等他的消息，我们要发邮件给他，然后抄送给他们主动确认订单才对。

好，第一个点出来了，对于三方交易，有我们，有老外客户，然后有一个中国公司，这种单子很棘手的，老外是最终买家说了算，我们可以直接跟老外谈价格，但是因为他们要求 D/A 120 天，我们无法接受，于是老外请操作方帮忙，他们做 D/A，而中方直接给我们付 T/T。

理论上来讲，这个操作公司只是一个操作方而已，但是由于有老外撑腰，往往比较牛气，我们跟他们沟通什么都高高在上，不尽力，什么都是不确定，其实我们知道这一点，客户也知道这一点，但是，我们对这个操作方有所忌惮，似乎什么事情都要先跟中方沟通好了，再找客户，免得他在客户面前说我们坏话，今天客户一句话点破了其中的玄机，他只是一个操作方而已，我们要跟他沟通，首先要让他知道单子的所有情况。

所以，在这里我们的错误是没有明确地获知客户跟这家中方公司的关系，更没有充分跟客户直接沟通，虽然也有在催，但是没有把事情点破，其实是怕点破了会得罪操作方。

我相信，这种交易在当今外贸中绝对不少，当你跟老外谈得好好的，突然他说有个中间商要帮他们操作，立马就紧张了，怕得罪了这个中间商，然后这个中间商把单子给搅黄了，客户换了供应商。

其实我们忽略了其中非常重要的一个点，如果他们那么容易让客户换供应商，替客户找到更好的供应商，客户还需要自己来找你谈吗？

这一点很关键，所以，你要做的是经常跟老外沟通，把整个订单的确认过程、操作过程事无巨细地反馈给客户，让客户知道每一个环节，你都在做什么，第三方在做什么，以免出现问题，这个操作公司把你推出去当靶子！如果有必要，在聊天之后，要发备忘录给客户的邮箱，要正式，要抄送给操作方，让操作方知道你对于整个订单是在掌控的。

我可以想见，这个操作方这次给我们确认晚了绝对是把原因推给了我们，说我们公司包装没准备好，危包证没准备好，所以他没敢确认订单，是为了客户考虑。一下子，所有的错误都成了我们的。

如果中间人故意为难，我们首先是跟中间人谈，尽力解决，如果解决不了，就要提交到客户那里，给客户写邮件，然后抄送给中间人，把事情弄得透明，才有利于解决。

还有一个倾向，操作公司演得很好，跟你走得很近，让你受宠若惊，所以你把老底都告诉操作公司了，什么困难、问题，结果呢，客户马上就都知道了。

商业就是商业，你以为是过日子？再亲近也是商场，要有选择性地透露一些消息。因为，很多东西都是把柄，或许会受制于人，或许会被人家在背后一刀子捅死。这不是阴谋论，这是商场！

虽然客户不再像一开始那样激动，但是还是有情绪，所以他的抱怨在继续。

“你根本不想做我的常规供应商，因为我的常规供应商报价的时候几乎都是一次性的，一下子我就很满意，我很少砍价，包括这个订单，我也没有拿他们的价格砍你的价格，我说过了哪怕你比他们高，我也可以接受，可是你们高得太离谱了，差那么多，我根本没法跟你们谈！”

第二个点出来了，什么是常规供应商，什么是合作伙伴，我们都很会说，我们不是为了短期生意，是想做长期的伙伴。但是我们做的很多事，都不是伙伴应该做的，或者说，作为合作伙伴应该做的，我们都没有做好做足。

“我知道你们来的目的，但是我要告诉你们，你们来一点意义都没有。”

客户的语气缓和了很多，但是很明显未完全痛快。

“我给你们询盘的时候，希望你们短时间内给我报出合理的价格，例如三天，因为三天之内我需要做出采购决定。所以三天之内我们可以讨价还价，可以商量，但是你必须在这段时间给出你的底线，因为我们是长期合作，因为你希望成为我的常规供应商，但是我告诉你我的常规供应商是H（某同行），你知道我们是怎么合作吗？

他给我的价格我几乎不需要还价就会比大多数的供应商价格低，当然比你的就低了不是一点半点了。如果你稍微高一点，我可能会砍一下或者可以勉强接受，但是你高那么多，我如何接受呢？

而且我告诉你，他们的服务很好，为了赶货期他们可以放弃驳小船到上海这种运输方法，直接用卡车运到上海，要知道这样成本会高很多，但是他们不会找我们要额外的费用，因为这是他们应该做的。

服务又好，价格又低，你会选择谁？”

第三点出来了，报价效率很重要。

当你给客户报价的时候，你所面临的最大竞争压力来自他的老供应商，不仅仅是因为价格低，服务好，相互信任，还因为老供应商更加了解客户的需求和要求的价格水平，一个价格出来就已经跟客户的心理预期相差无几，而你，很多时候第一次报价都是高的，而且短时间内不愿意做出适当的调整，本着跟客户磨的态度，可是客户没有那么多时间跟你磨，你就只能出局了。

所以，你需要调整，加快报价进度，而且要加快价格的调整进度，要做到这一点，就要给自己的价格设置合理的底线，当客户要求你调整的时候，可以快速地找到调整的度，以免因为耽误报价期限而丢掉订单。

其实我经常告诉客户一句话：“好，我去找老板谈，尽量调整，我有几天的时间，这几天内您一定不要做出决定。”

客户接着说：“为什么说这次来没用呢？因为我已经下了三个月的订单给H。所以，你告诉我你有低价了，调整了，我也没有订单给你了，不好意思！”

第四点出来了，永远不要抱着有下一次机会的态度谈客户！

你要把每一次谈判都当作最后一次，这一次丢单意味着这一辈子客户都不再理你。

如果有每一次都是最后一次机会的态度，你就会竭尽全力去谈，去争取。

就如同客户说的，三个月的大订单已经下了，我们这三个月一点机会都没有了，只因为那三天！

当然客户也明确告诉了我们下一个订单谈判的时间点，还会给我们机会，让我们参与进来，但是强调一定要注意报价效率，因为我们要做伙伴，要互相诚实，不能像这一次合作那样彼此试探，浪费时间，否则我们还是会输给同行的。

part 3　自作聪明丢掉快到手的一单

2009 年，我们发现了行业的一个大客户，通过搜索其信息发现他们的产品是我们 A 产品的下游产品。

在简介中，他们声称自己每个月生产 1 000 吨该产品，按照比重算来，每个月需要我们的产品大约 300 吨，也就是每个月用 15 个小柜。这是粗略估计，后来通过朋友手头上的海关数据，查到他们的货物全都从中国某供应商进口，每个月维持在 13 个小柜左右。

我们欣喜万分，于是开始联系，他们网站上有现成的采购邮箱，倒是方便。这个过程比较顺利，客户要求发免费样品，而且我们付邮费，鉴于其规模和潜力，我们同意了。

于是，发样品，检测，合格，新报价，讨价还价，整个过程都非常顺畅，对方也表现出了积极推进谈判进度的积极性。

但是某一天，进度突然停了，问对方，对方说老板去旅游了，得等老板回来决定。

我们很纳闷，他们那么大的公司，年产值几十亿元人民币，采购这么点东西还需要老板做主吗，很明显是托词。

按照我的经验，一个采购经理除了考虑价格、付款方式之外，可能还会有一些其他方面的要求，例如佣金。就如同上面分析的，一切都已经准备就绪了，却一直僵持着不能再移步，是不是这个采购经理想要点好处？

我们太急于求成了，居然没多考虑，就提出了返点那一套，客户从此消失了。

过了一年半，对方另一个人发来询盘，继续谈，讨价还价之后，接近成交，但是说辞一样，他们要等老板回来签字。难道是真的吗？这次我们耐心地等，五天之后，订单下来，原来他们真的需要老板签字。

难道当时采购员因为我误会了他，侮辱了他，而不理我？我跟新的采购员谈，采购员的话让我大吃一惊，当时是老板的大儿子拿着采购员的邮件跟我谈的，采购员当时正好人事变动，人员没到位。

后来老板的大儿子去了美国，不再管理公司事务，才招的新采购员，但是主导权依然在老板手里。

真是大错特错，采购经理的身份都没搞清楚，就贸然提出佣金，如果不是他离开公司，我与这个客户就彻底绝缘了！自作聪明险些丢掉这个订单。

part 4　进阶篇，深入剖析你为什么不成功

暂时的不成功无所谓，一路上走得很顺利的是极少数人，大部分都是从苦到甜的，所以不要盲目自卑，做不好肯定是有原因的，要学会不断地剖析自己。

但是有个问题，很多人都知道要剖析自己，就是不知道从哪些方面入手。那从哪儿入手呢？

一、态度

你的态度端正吗？工作是为自己做的，你的公司可能不是最大的，你的行业也许不是最好的，你的工作条件可能不好，但是你知道吗，我刚开始做外贸，除了一台电脑什么都没有，所有都是自己打拼出来的。既然你当初选择了这里，你就要全身心地投入进去，不用整天想着是否该跳槽之类的。

二、了解产品市场拥有自己的平台

你有收费的平台吗？很多人抱怨自己的公司不愿意投资，连个平台都没有，但是据我所知，我身边的很多朋友都没有收费平台，但是订单不断，都是注册的免费 B2B，那你注册了多少个免费的 B2B？20，40，100？我注册了 400 多个，而且还在不断增加。

你了解自己的产品吗？可能你对自己的产品参数、性能，甚至流程无比熟悉，那你了解你的市场吗？你有几个主要的竞争对手，与你的竞争对手比，你的优势在什么地方？这些都是你跟客户谈判的砝码，这些都不知道，如何

谈判呢？

你的产品的主要市场集中在什么地方你知道吗？广撒网是一种方法，但是面太广，有可能会顾此失彼，不如从一个点钻进去（当然如果你能力超强就算了），积累一下信息和信心。

你的产品主要是面向哪些客户？例如原材料，你用的是什么产品的原材料？什么样的生产企业能够用到？这样你的目标会更加明确。我刚开始做的时候，就通过这种方法，找到了两个客户，虽然量不大，但是信心大增。

三、细节做到位

你的基础工作做扎实了吗？什么是基础工作呢？就是外贸必备的工具和知识，哪些工具？哪些知识？如果连这都不知道，算了，你还是走吧。

你认真地对待每一个客户了吗？作为一个新人，你没有任何资格去判断哪个客户更有意向，哪个客户是怀着什么样的目的来询盘，更不要随便把一个客户划入所谓的黑名单，积累下来，总会有用的。

你主动出击了吗？注册 B2B 把自己的信息发布上去，守株待兔很重要，主动出击也很重要，去寻找买家信息，寻找你的下游客户的信息（如何寻找呢，网上很多了），两条腿走路才能更稳当。当然你如果有三条腿、四条腿，那就更好了，不妨拿出来大家分享一下。

你的报价信息全面吗？客户的询盘简单，但是你的回盘可不能简单，包含哪些信息呢，至少得有价格、成交方式、付款方式、包装、有效期、基本的参数等，这样客户才能综合考虑。客户不单单会考虑价格，你就给他报一个价格过去，你的价格又高，他还能考虑什么呢？你的信息越全，他们会考虑得越全，可能你的价格不是最低，但是综合条件最有优势，也能拿下来。

你真正了解客户的意图吗？客户会有很多的伎俩来实现自己的目的，到底是什么目的呢，你不能百分之百把握，至少得有所了解吧，否则如何应对呢？

还有很多方面，不细写了，等你剖析完这些问题，你会发现自己到底有哪些不足，抓紧改进吧！

part 5　外贸人身上普遍存在的 6 个问题

外贸人形形色色，方法不同，性格千差万别，各有各的优势，各有各的长处。但是不得不说，很多问题根深蒂固，并不是方法有问题，只是有一层窗户纸，看你敢不敢捅破而已。

列几个问题，看你是不是也有。

一、从来不敢主动提出成交

其实一直都知道大家存在这个问题，包括我们公司的同事，前段时间带着同事谈客户，谈了几天，什么问题都解决了，皆大欢喜。结果尴尬来了，客户抄着手，笑着看着业务员，业务员完全不知所措，我在旁边看着想笑，客户问，下一步做什么？我实在忍不住了，赶紧把事先做好的合同放在客户面前，客户笑着说，很好，我们准备了合同，那就来看一下，把订单定下来吧。

其实很明显，客户已经接受了，只是不主动提出成交罢了，可到了这个程度，还是有很多人不敢提成交，这估计是绝大多数业务员的通病。

业务是双方的，谁都有资格提出成交，为什么你认为只有客户可以提成交呢？

曾经讲过用解决问题的思路谈订单，当全部问题解决，并且跟客户一再确认之后，就可以主动地提出成交，也就是缔结成交。

所以，无论在邮件里、电话上、面对面，采用解决问题的思路来谈订单是非常有用的思维模式，一旦发现问题都已经解决就要马上提出成交，即便客户不成交，也能探听到客户的真正疑虑。

当客户考察的时候，我会在缔结成交之后更推进一步，直接问客户要现金的定金。这是方法和技巧吗？不，这是脸皮厚。

二、方法单一，邮件、邮件、邮件

这是普遍存在的第二个问题，我问过接触到的外贸人很多问题，其中问打电话多吗？很少人回应。用手机聊天多吗？更少人回应。

大家还是在用传统的外贸模式，邮件、邮件、邮件，客户跑了丢了不说话了，还不知道换一种方式进行跟踪沟通。真的是撞了南墙也不回头，直到撞死为止。

邮件有其难以避免的弱点，首先，太正式、太商业化，尤其是企业邮箱，它的性质让双方难以进行一些业务以外的深入交流，而业务的很多沟通往往都在业务之外；其次，不安全，无法真正进行一些私下的沟通，尤其是企业邮箱，老板可以看到，甚至公司的网络管理者也能看到；再次，内容一般较多，需要花专门的时间去处理，客户只能有选择地浏览，回复；垃圾信息太多，你的很多信息会被湮没到垃圾信息中。

所以，你需要用电话配合沟通，但是，电话费用很高，如果你的口语、听力不够好，会白花钱。

除了电话和邮件，其实还有很多其他在线沟通工具，原来的 MSN，现在的 Skype，它们都算是电脑端，但是电脑端毕竟还是在办公室，工作时间，可能在监控之下，所以，聊的大部分还是工作，工作真的有那么多可聊的吗？没有。所以，大家可以很明显感觉到，电脑端的沟通经常遇到阻碍。

而手机端，则完全不同。

隐秘。完全没人知道你在跟谁聊，你在聊什么。享有充分的安全感才会完全放松，才会说出一些邮件中、电脑聊天中难以说出的话，甚至是与成交有关的重要因素，例如，当谈判遇到阻滞，你想知道问题出在什么地方的时候，手机聊天往往能起到意想不到的效果。

更加私人化。外贸其实就是销售，销售就是做“人”的生意，搞定人。你可能获得了客户的 Linkedin 或者 Facebook，Twitter，也能找到他们的喜好、习惯等很私人的东西，但是这些东西该怎么去用需要大家不断地摸索。

随时随地沟通，也就是我常说的碎片化时间增多，等公交，挤地铁，上厕所，吃饭，娱乐，都可以聊上几句，其实这些时间已经足够你做说服工作。即使不谈业务，可以天南地北地聊上些，你也能慢慢地获取客户的喜好、性格，甚至生活规律等；例如，我的英国客户，他负责采购，同时也负责销售，非常忙，平常上班时间根本不可能找到时间聊天，但他乘坐地铁上下班，当获知了他的上下班时间的时候，就可以基本上判断出来，他大约什么时间在地铁上，就趁机跟他聊上几句，聊足球，聊比赛，穿插着聊一些工作。客户还没有看到其他的任何竞争对手的邮件之前，已经充分地接收到了我的消息。

贴近沟通习惯：“80 后”开始慢慢成为公司的骨干，“80 后”大部分是手机一族，国外和中国一样，至少我的客户大部分如此。跟我们接触的采购人员，采购经理，甚至是其他的中层管理都已经慢慢地“80 化”，快捷，隐私，口语化，少一些繁文缛节，这样的沟通方式绝对是“80 后”所推崇的。

这是趋势，所以，手机沟通也将是趋势。

掌握客户动态：很多国外客户都有微信、有朋友圈的，有些客户很喜欢更新朋友圈，据此，你就可以掌握到很多信息。就在前几天，某客户要考察中国的几家供应商，约好了要来考察我们，结果呢，由于有几家很集中，客户暂时放弃了考察我们的计划，当然客户也说了除非我们能做到他们的价格，否则他们就不来考察了，因为集中在一个区域内的三家，基本上可以满足他们的需求，而且他也不会因为旅途而劳累。我们并没有给客户降价，于是谈判算是停滞了。但是客户有微信，我们也一直没有放弃邀请他。当客户在工厂的时候，拍了一段视频发到了朋友圈，是工厂的仓库，非常大。我们就评论，“big!”客户很快就回复了，“cheaaaaaaap!”很明显在刺激我们。于是我打算给客户开一个玩笑：the same price，order，to me（笑脸符号）。客户居然很快找我们聊天了，问是不是真的可以做之类，于是谈判重启，约定时间来考察。

当然千万不要让这些东西成为骚扰，无论什么沟通方式，谈客户、跟踪客户的原则不变，说对客户有用的信息，说能说到客户心里的话!

三、明明是商人，说的话试图脱离商人

这真的是非常奇怪的事情，外贸就是销售，销售就是生意，你就是生意人、商人，就是为了赚钱。

可是有太多的理论，居然教大家不要表现得太商业化，写开发信要避免推销字样，跟客户讨价还价一定要说自己不赚钱甚至赔钱，动不动就作为朋友我一定会遵守承诺之类。可笑!

很多时候，很多事情完全是让你弄复杂了，在商言商就好了，说什么兄弟情义，朋友关系?

说句实话，你分析客户，找客户的爱好习惯，去接近他们的习惯，最终还是为了生意，其实客户心知肚明。之所以还是有效，因为客户也是人，他们就是吃这一套而已。

我就经常告诉客户，不好意思，我们要赚钱，他说的价格我们不是不能做，但是做，就意味着利润率太低，我们没必要做这种生意，相信他也不会做这种生意。

我还会告诉客户，没有人会赔钱做买卖，不用说赔钱，大部分人少赚点

都不愿意。如果真的有人答应他用赔钱的价格跟他合作，他应该仔细考虑一下，会不会有其他的问题在里面。

我还会告诉客户，我知道他不相信我，我也不可能要求他相信我，但是之所以我一直在跟他谈，是因为我觉得他懂行情，懂生意，有悖经济规律的事情他认为正常吗?

四、面对客户无计可施，面对供应商咄咄逼人

各类展会，我参加了很多，跟工厂谈的时候，大部分工厂谈起对外贸公司的不满往往都是这一点，面对客户的挤压，一直在退步，无计可施；反过头来拼命地挤压工厂的生存空间。很多外贸公司无形中成了客户的帮凶，这话一点都没错!

理论上来讲，为了生存似乎也无可厚非，可是用牺牲工厂的利益来换取客户，这种做法不长久。它相当于逼着工厂自己去寻求途径做外贸，逼着工厂偷工减料弄虚作假。

我对我们公司同事的要求很简单，面对客户的砍价，守住最基本的利润率，不到万不得已，绝对不压工厂的价格。这就是我们跟供应商关系好的最重要的原因。合作，货物不出问题不正常，出问题不怕，只要能解决就好，我们的供应商可以无条件地为我们退货、换货，重新对货进行加工处理，并非因为我们运气好，而是维护好关系需要付出代价的。

五、给客户打电话话术单一，效果差

“你好，我是中蓝化工的 Jack，我找 James。”

“我就是 James。”

“很高兴能和您通话，前天您发了 hexamine 的询盘给我，我给您发了报价，您看了吗?”

“不好意思，我最近很忙，没有时间。”

“好吧，有时间您看看吧，有疑问可以跟我联系。”

这是最传统的电话模式。其实这种模式很多时候纯属浪费电话费，如果是我，我会这样说:

“前天您发了 hexamine 的询盘给我，我给您报价了，相信您已经过目，我

的报价是900USD CIF To Busan，您认为这个价格如何?”

或者：

“前天您发了hexamine的询盘给我，我给您报价了，相信您已经过目，但是一直没收到您的回复，不知道您是什么想法，所以打电话过来，您能告诉我您的确切想法吗?”

再或者：

“前天您发了hexamine的询盘给我，我给您报价了，相信您已经过目，但是一直没收到您的回复，您是不是对我们的报价不满意？能否告诉我您的具体打算呢?”

不要问我这样说会带来什么结果，直接使用好了，因为你会知道到底会带来什么，因为这样问，会把订单直接引入实际谈判阶段。当然，你要实现这一目标需要做好一切准备，例如卖点的提炼，价格底线是否已经明确获知等，力求做到在电话里把订单敲定。

有的时候，电话未必能拿下订单，但是电话却是让你知道为什么拿不到订单的有效途径，邮件中客户未必会告诉你，他已经找别人合作因为别人价格低或者其他条件好，但是电话里就会很简单。即便客户说他已经跟别人合作，你还是可以问一句，他付钱了吗？如果没有付钱，你们还可以深谈一下。

很多时候当客户说，不好意思他很忙，你就会退缩，让他先忙，有空再联系。这样是不对的，你应该说：“您忙，不知道您什么时候有空？一个小时之后，可以吗？我会再去电话，因为我真的想跟你合作!”

当客户真的想购买你的产品时，不会烦，不想买时，烦你了又如何呢?

六、太善解人意，面对客户的托词，不敢再进一步

尤其是当客户参观完你们工厂，要离开，告诉你，他回去考虑一下的时候，你会觉得无计可施，当然也有可能会感觉胜券在握，因为谈得很好很透彻，认为他回去考虑一下也会找你采购。这样想很危险，因为很多客户，你认为谈得很不错，一离开却杳无音讯。客户已经脱钩，你根本无法控制。

所以，面对客户的这种托词，我往往会更进一步，客户看完了，说他回去考虑一下，我会问，他重点考虑哪些方面，是因为那些方面让他难以做决定吗?

客户有时候还会说，他回去跟老板汇报再做决定，而我就会说，一定要

当面汇报吗，电话或者视频可以吗？

我这样说，是因为客户之所以说考虑一下肯定是有所疑虑，有疑问未解决，你要做到解决他所有的疑问，因为面对面最容易解决。而如果要汇报就更容易出问题，看了那么多工厂，可以一五一十地汇报吗？我的优势，同行的劣势，客户可以记得那么清楚？老板再提出疑问，客户能解决吗？

不如现在就解决，现在就汇报，把问题消灭，把订单完成，皆大欢喜，多好！

part 6　德国客户眼中的中国供应商行为

有一段时间我一直在陪同同一个客户，他来自土耳其，却拥有双重国籍，从小在德国长大，深受德国文化影响。

我对德国人有着不错的印象，严肃认真，对质量有着近乎完美的要求。坊间流传着许多关于德国人的传闻，例如济南的黄河铁路桥，1907 年开始修建，1912 年完工，设计使用年限 50 年，也就是 1962 年就应该报废。据说，在 1962 年的某年某月，当时设计这座大桥的设计师已经去世，他的后代给济南相关部门发信函，说明已经超出使用年限，继续使用将会引起重大事故隐患；当然如果你们执意要使用，一定要进行相关的修缮，在桥的两侧，100 米内，可以找到事先准备好的零配件。

以上是坊间传闻，但是下面的是真的：1989 年，在对这座大桥做出评估，是要报废还是继续使用的过程中，专家们发现，德国制造的钢桁梁的斜杆、下弦杆、竖杆可安全运行到 2040 年以后，总寿命 133 年以上；日本造钢梁总寿命是 97 年。而理化性能试验显示，德国钢梁在用了 80 年后，质量居然比国产新钢梁要好一些。专家曾经进行实地勘探，发现桥桩基层的原状土并没有受到破坏，甚至还发现了当年留下的鸡蛋壳，这说明，80 多年来大大小小的洪水、冰凌冲击，都没有影响到桥桩的基层。而最为关键的桥梁连续梁摆轴支撑运行了 100 年，并没有大的变动……

做供水设备那会儿，就是因为一个德国客户的建议，让我们的产品质量提升了不止一个档次，一举跃升为行业领头羊，所以，碰到德国客户，我是不会放过的。

那几天谈下来，我收获非常大，已经远远超过了订单本身!

（1）无论是欧洲客户还是亚洲客户，接待客户都是必需的，这种理念已经深入人心，你不去接客户或者不去送客户，基本上意味着你放弃了订单，他为了几十万元甚至上百万元的订单而来，难道你连接送都不提供？甚至不敢提出请客户共进晚餐或者午餐，你真的有诚意吗？

（2）商务礼仪很重要，例如邮件中，必须出现的称呼、问候语，一定要齐全，这是商务的严肃性，通过邮件就可以看得出你对生意，对客户的态度是否严肃认真。当然排版、字体、分段也非常重要，要有像模像样的落款，或者其他的重要条款。试想，一个外贸业务员连自己的脸面——邮件都不好好处理，怎么能指望他认真地对待客户和产品呢？虽然错别字并不影响整体邮件的理解，但是至少证明你写完邮件没有检查一下，还是不认真。

（3）有报价单很重要，客户一般都很忙，没有那么多时间为每一个报价者整理一份报价单，如果现成的报价单足够多，其他的没有报价单的企业一定会被淘汰。但是，报价单拿出来就要可以当作一份独立的文件，不需要查阅其他的任何文件或者邮件，一封报价单，足可以说明所有问题。

（4）电话礼仪很重要，客户说他到了中国之后，经常会有供应商给他打电话，不管客户是否方便，只管说自己的。德国人的电话礼仪是这样的："Good Morning or afternoon Mr. Eason，very sorry to disturb you. This is Jack from Jinan Leader Machinery. Is the right time I call you?"得到客户的肯定答复后，再说你要干什么。如果客户说"Sorry I am busy. "你应该说，"I am very sorry. What time is best for you? How about one hour later?"客户会说行或者不行，或许会告诉你一个时间。如果约定了具体的时间，你要按照约定的时间准时打过去。如果没有约定具体时间，你可以自行选择你认为合适的时间打过去。

不管打电话时如何约定，一定要马上发一条短信给客户，告知你们约定的时间；当然如果你打电话过去，客户没有接，就不要频繁地拨打，可以发一条短信，你刚刚拨打了他的电话，他没有应答，可能他在忙，你会一个小时之后再打过去。打扰他不好意思。你是某某公司某某人。

如果有客户的手机号，尽量直接打电话，快速、高效，配合着邮件、短信，以及其他的聊天软件，会让客户印象更为深刻。

（5）如果客户去你的工厂进行了考察，并不意味着只需要看一次，在客户看完工厂之后的第二天，你还要继续联系客户，再次邀请客户，不知道第一次是否介绍清楚，是不是有哪些地方沟通不够顺畅，所以邀请他再次莅临你们工厂，你们进行更加深入的沟通。客户说这个习惯大部分中国企业都没有，沟通是订单能否成功的重要因素，如果产品很好，价格也不错，但是因为沟通丢单，是最愚蠢的错误。

（6）会议纪要很重要。我的客户发现跟中国的供应商进行谈判的时候，大部分时间都是他自己在记录，而中国的供应商只靠一张嘴在说。只有我们公司在双方谈判的时候，有一个专门的记录员在旁边进行记录，这点他很喜欢。因为谈的很多问题，可能会涉及后期的订单细节，双方都记录的情况下，只需要拿出来核对就好。而如果没有记录，就会出现遗忘，客户记录了，供应商却遗忘了自己的承诺，浪费大量的时间在无谓的争执或者确认上。

我自己说一点，这个会议纪要真的很重要，谈了哪些问题，你是如何回答的，有些问题是如何承诺的，一定要清清楚楚记录，要知道销售会有话术，会有手段，有时候会使用，如果不记录，回头忘掉了，跟客户再谈起来就会出现差异，让客户产生疑惑和不确定感，订单就危险了！你不仅仅要记录，而且后期要整理一个会谈纪要给客户，进行确认核对，让客户觉得你是严肃认真的商人，而不是儿戏，不是“在家里哄着自己十几岁的孩子玩游戏，玩玩具”。

（7）团队作战很重要。这一点客户是看过我们的操作模式后说的，一般我们接待客户会有三个人，一个司机（实际上也是业务员），一个记录员（负责配合），一个主谈。这样的好处在于互相补充，互相提醒，尤其是谈及某些事项，需要某种材料的时候，主谈的人不需要离开，其他的任何一个人都可以去补充一些材料，不影响谈判进程。主谈不需要跑来跑去，一个人准备材料，另一个就可以适当地添水添茶，安排一下酒店餐馆或者其他的各种东西，高效，准确。

（8）不要让客户有孤单感，一般情况一个客户来到中国，会有寂寞孤单的感觉，毕竟语言不通，地域不熟，所以，要陪伴客户，当然前提是你的英语足够好，可以不停地有话题跟客户沟通，否则不如不去，适得其反。

（9）跟踪客户很重要。客户说，很多供应商他不催，绝对不给他回复，还有一部分他写邮件给他们，他们回复得很慢。这种企业，他不敢合作，还没合作就拖延，慢吞吞，要是他给了钱，还不完全不管他了吗？所以，要跟踪客户，各种话题，各种事件，例如国庆节之类的，让客户感受到你对他的重视。

附录　JAC 谈判独门秘籍

part 1　外贸业务，千万别死在自己的假想中

这是一个很有意思的现象，尤其是新人，在做任何事情之前都要先假想一个不好的后果，于是自己就被自己吓住了，束手束脚，错失了太多良机。

未雨绸缪是正确的，我也说过，要事先储备一些知识，不能打无把握之仗，但是这绝对不意味着要去假想，要去凭空想象一个后果出来。

这种情况有一个固定的格式：

我想……但是万一……该怎么办？

举例说明：

我想给客户发个邮件，但是万一他不回怎么办？

我们公司只做 T/T，我必须告诉客户，但是万一客户不跟我合作了怎么办？

客户问我要报价单，我想给他，但是万一他是骗子怎么办？

客户要求我报价，我想给他，但是万一价格高了，客户不理我了怎么办？

客户说，只要我接受这个价格立马下单，我想接受，可是万一客户再反悔怎么办？

客户要求做信用证，我想做，可是万一被拒付怎么办？

……

很多很多，也就是这些假想，自己被自己按在原地，停滞不前。

其实还是那句话，有些时候，外贸决策，是两害相权，可能去做会有风险，不做虽然没有风险却没有成效，面临着更大的风险，例如，没单子、没钱、被解雇……

而且，没做就给自己设限，很明显是让自己做起来没有底气，就如同谈判，你是否有底气、有信心，客户会通过你的表达感知一二。例如，当客户确认你的报价是否是最低价的时候，他会砍价或者给出一个离谱的目标价以试探，就等着看你的回复和反应，不一定是通过你说什么，而是通过你的语气、措辞，这个时候如果你自己都心里没底，谈何打动客户呢？

所以，给大家建议，去多学些正面的东西，充实自己，激励自己，防范一些风险的出现是必要的，但是不要总是暗示自己会失败，那样是给自己泄气；很多时候，业务就是靠一口气撑着，泄了气，什么都没有了。

大胆去做，做自己该做的事情，或许成功很容易。犹犹豫豫，瞻前顾后，你会错失良机，后悔莫及！

part 2　想成为外贸高手，你得克服这些心态

一、求人

这个就是心态问题，总觉得是在求客户买东西。你谈判就代表公司，哪怕你就一个人，客户是跨国集团，你们也是平等的，更何况，可能对方的公司也就一两个人，你怕什么呢？往往是越怕丢单，越容易丢单，不卑不亢，有理有据，你来我往，才是谈判的真正关系，你是在做利益交换，他给你钱，你给他等值的货，谁求谁呢？他不买你的，你卖给别人啊，尤其是新人，一定要有这种心理，谈判就是心理战，客户看出来你太在意，往往会逼得你退无可退。

二、拘于常规

我这么多年带过不下 100 个新人，从各种途径接触过几千个外贸业务员，发现了一个很有意思的现象，到了岗位之后，如果有一个老外贸经理在，尤其是 30 岁往上的外贸老人在，都会告诉新人两个原则。

第一，客户问价格，一定不能直接报，你要问他们是什么公司，每年的需求量多少，等等，问清楚再报价。

第二，客户讲价，明明目标价你能做，也要跟客户慢慢磨，不能一下子降下来，免得让客户觉得你一开始报价太高，对你印象很差。

我带过的新人里面，有几十个都有这样的经历，按照经理给的方法，客户询盘，你询问，客户就没消息了，再跟踪，也不理了；或者客户讲价，你慢慢磨，磨得客户没消息了……周而复始，恶性循环，于是总是不成单，或者单子量很少，就只能离职了。

我这儿很多新人都是从同行跳槽过来的，我就说，报价一定要及时，再者客户讲价的时候，给你目标价，说明希望大，只要有利润，你就做，或者稍微加上一点点回给客户，单量一下子就上来了。

我一直在跟我们公司的新人说，现在的外贸已经不是十年以前，甚至五年以前的外贸了，很多的资深外贸经理都是从实战中过来的，他们在当时是高手，不能否认，但是很多外贸经理，做了管理就不直接接触业务了，逐渐地与实践脱节，还是拿着当初自己那一套来教新人，他不是想害任何人，他是好意，可是他自己都不知道，自己的方法已经不适应新形势了。

以前的外贸，信息量少，客户获知供应商的渠道很少，找到一家供应商，可能就会有耐心地谈，你不报价，问一些东西，他还回答你，因为就这么几家可以询盘，不理你，理谁呢？你磨价格，他也有耐心慢慢来，因为可供比较的太少，他可能对价格具体在什么范围不是那么有把握，毕竟价格是时时变动的，他也试探地跟你谈。

现在呢，Alibaba一搜，几百个同行，一个询盘出去，收到几十条回复，别人都报了，你不报，客户会有工夫理你？差你一个不会影响他拿到合适的价格。

几十条回复里面，客户确定了价格是在某个范围，直接问你能不能做，你还跟他磨，有什么可磨的呢？他对价格掌握得一清二楚，你愿意做就做，不愿意做就不做，一句话，别废话。

老人的经验是财富，但是一定要跟行情，跟实际相符才好。我做外贸十年，做了管理，还是会自己去谈客户，就是为了不让自己与实际脱节。你要尊重老人，感叹他们的经历，佩服他们的开拓力，但是对于经验，我只能说，要辨别。

这个世界变化太快了。

part 3　再见，低成本外贸时代

这个主题构思很久了，却迟迟没有开始写，因为怕自己的判断出现偏差，让某些人说我误人子弟，更怕被人说我传播负能量。

犹豫了很久，还是决定写出来，因为在我眼里，这就是现实：低成本的外贸时代已经过去！

首先我要找一个时间点，那就是外贸的低成本时代起源于何时。

在我看来，外贸的低成本时代起源于互联网在中国的发展与兴盛，最显著的代表就是免费的邮箱取代了昂贵的长途电话和传真，然后又出现了网络电话也极大地节省了通话成本，再进一步就是互联网的广告慢慢地占据了决定性地位，取代了昂贵而短暂的展会。要知道，同样的几万元，一次展会就那么几天，那么几个客户，而互联网广告却可以让你一整年时时刻刻地出现在客户眼前。

总之，互联网的发展，让中国的供应商极大地体会到了红利。从互联网广告方面来讲，经历了黄页、B2B、Adwords、SEO 的发展历程，而走在行业前列的若干个企业更是发展迅速，成为行业领头羊。入世，进出口权申请门槛巨降，个体户都可以申请进出口权。

以上的种种，让外贸进入了低成本时代。买台电脑，甚至不需要办公室，一个人，发些免费的广告就可以拿到询盘，无论发多少封邮件都是免费，于是可以死皮赖脸地缠着客户，直到拿到订单。

2006 年到 2007 年的上半年，我在互联网行业，记得清清楚楚，给企业打电话推销网站都会被呵斥，大部分老板甚至所谓的外贸人员居然都接受不了花钱建一个网站，2007 年开始推 Google 的 Adwords 广告，很多公司 10 000 元都舍不得拿出来投入进去，当时几乎所有的词点击一次都非常便宜。

2007 年我自己出来创业，没有任何的网络投入，就是两个人疯狂地注册免费 B2B，居然慢慢地开始有了询盘，有了订单，从几百万元到几千万元，到上亿元！

2008 年、2009 年、2010 年情况也差不多，所以 2005 年到 2010 年是 SO-

HO的黄金时期，你可以发现，凡是这个时候出来的，稍微努力点的，都差不多能够赚到钱。

可是从2011年开始，整个形势发生了巨大的变化，大量的企业涌入互联网，大家开始拼命地争抢排名，抢各个平台，搜索引擎的显著位置，固定排名、点击付费、互联网广告开始烧钱，免费或者只想投入点初始的平台费用都已经收获甚微。以Alibaba为例，一开始Alibaba只要你投入一个基础会员，雇上三两个员工，疯狂地发布产品就基本上可以保证询盘了，现在呢？

不仅仅如此，小语种的竞争开始激烈，手机端的竞争也慢慢白热化，无处不血拼！

与此同时，由于客户的选择增多，邮件对于客户的说服力度大幅度下降，即便是考察也是一次性看许多家，谈判成本急剧上升。而且，很明显，单兵作战的时代已经过去，必须团队作战，人力成本也上升。

通过上面的分析可以基本上看到，宣传成本激增（甚至到了烧钱的地步），现在网上流传的全网营销，也必须以收费为主导，免费为辅助，无钱寸步难行；运营成本上升，人力成本上升，谈判成本上升……

互联网的发展为外贸带来了低成本时代，而低成本的诱惑让大量的供应商涌入，供应商不断增加，但是资源有限，于是开始相互厮杀……

所以，互联网会把外贸带向什么地方，我也不得而知，你能做的是利用它，而不是受制于它，例如，我是利用传统的展会，拜访客户与互联网推广相结合的方式来做外贸。这样的成本，有几个公司能够承担？

所以，这个时代，要想做SOHO或者创业，需要比以前更大的勇气、能力和资金，你具备了吗？

part 4　致单纯的外贸人

认识这样一类老板，公司有外贸，但是招聘的时候却从来不写招聘外贸人员，写的是业务人员，要求会英语，了解国际贸易实务。

问他们为什么要这样，答案很多，有一点很相似，就是说，他们招聘进来是先做内销，等对产品、规律了解了，客户需求了解了，再慢慢转做外贸。

为什么要这样？“因为，科班出身马上做外贸的人，比起这些人的成长，真的慢太多！科班出身的外贸人，真的是太单纯了！单纯到很多东西教都教不会，说也说不通，不如直接扔进大染缸，先浸染一下，亲身经历、亲眼目睹一些事，当再遇到同类事情的时候才会举一反三。”

不得不说，我很同意这种说法，大学里面做了三年半外贸，自以为遇到了很多事，但是当我做了一年半内销之后发现，可能我做一辈子外贸遇到的事情，都不如做一年内销。

但是，我不想比较内销和外贸哪个能力更强，我只想说，做外贸的大部分人，真的单纯得不得了！

单纯到以为自己比内销高尚，实话告诉你，你也只是一个业务员而已，在这个角度，你跟内销完全一样，而且实情是，论谈判能力、察言观色能力，你远不及内销业务员。

单纯到认为只要自己用功努力，不需要多说，主管、老板肯定看得到，肯定会公正对待每一个人。实话告诉你，职场有自己的规则，并不是你用功努力一定会得到赏识，不仅要会做，还要会说、会表现，这是工作能力的必备要素。

单纯到供应商说十天交货，就会信以为真，马上告诉客户十天交货。实话告诉你，十天只是估计，中间会出现种种人为的或者非人为的变故，如果你不会变通，到时候出现问题会死得很难看。

单纯到看到网上一些看似“神器”的方法，就会不假思索地去用，看到一些所谓的警惕某些东西的帖子就会立马把提到的某些东西列入黑名单。实话告诉你，产品不同、行业不同，方法会不同，要学会变通。对于那些所谓的警告帖，要学会看到其本质，不要被表象所蒙蔽。

从群里聊天，看到许多外贸业务员说内销人员时充满了不屑、鄙视，我很奇怪，同样是业务，同样是销售，为什么要那么瞧不起内销，有什么资格瞧不起内销？

很多人说我做外贸灵活、点子多，这不是天生的，得益于两个方面，大学的时候看书多，做过内销。

尤其是做过内销这方面让我受益非常多。外贸虽然看起来比较光鲜，接待的是老外，带着老外招摇过市，一口蹩脚的英语也足以让周边的人投来艳羡的目光，出入的是高档酒店、餐厅、酒吧，像是高端人士，实际上也就是一个销售员而已。再通俗一点，我们就是卖东西的，只不过把东西卖给了老外，赚的是美金而已。

所以，不要标榜太高了，既然是销售，就都一样，跟摆地摊、站专柜、跑业务、拉客户没什么两样。

那么既然一样，很多方法、技巧就可以通用。

有个说法叫做外贸概念消亡，我也很认同，我一直认为外贸根本就不是一个行业，而是一个职业，跟摆地摊一样，是一个职业，卖的出去产品，你就是好销售员，卖不出去，你就是孬业务员。

负能量？非也，只是一剂冷静药，也是一支强心剂。

让你冷静，看清楚你的位置，看明白你的职业，放平你的心态。

强心剂，实际上让你更加明白你需要补充什么，不光是外贸这一套所谓的邮件、回复、产品发布之类，还有基本的销售技巧，因为从根本上来说，你做的是销售工作，只是销售给了老外而已，连基本的销售技巧都不懂，如何销售，如何做外贸呢？

再细致一点，销售的话术，销售的局势判断，销售对象的特性特点，销售产品的优势对比，销售同行的种种情况，销售技巧的掌握运营，你都会吗？不会就不要谈什么攻坚，不会就不要谈什么跟客户周旋，不会你只要拿价格砸客户就可以了，多说，都是废话。

part 5　如何自查一年的工作？

新的一年，大部分人不需要为自己做出多么好看的计划，2015 年总结也不需要写得多么深刻，把自己这一年做的所有工作都列出来就好了，一目了然。

一个表，你的所有工作日，所有的工作时间，你交出的成绩单，你所做的工作等。给大家一个样本进行参考，当然我只写项目。

消耗：

工作日：248 天（标准国家规定工作日，每个人不同）

小时数：每天 8 小时，8 × 248

工作：

产品学习的成效（PPT）：

注册 B2B 数量：

发送开发信数量：

社交类网站数量：

收费平台产品发布量：

如果有，自有网站产品发布量：

成绩：

搜索排名：也就是你的产品在 Google 或者收费平台上的排名

流量：也就是你自己的网站或者收费平台的访问量

询盘数量：

来访客户数量：

成交客户数量：

意向客户数量：你自己判断，你认为这些客户 2016 年一定会有订单

开发信回复量：

总客户量：所有已知客户

其他可以称为所得的事情：

有些事情的确不能量化，甚至可能不是自己的本职工作，但是自己去做了，而且做得很好，也可以列举出来。

干扰因素：

人在这个社会里，公司、家庭、交往圈等，肯定会有一些干扰因素，你认为这一年有哪一些干扰因素呢？

这样分析下来会得到很多数据，用数据去除以本年的总小时数字，你就可以清晰地看到自己的工作效率如何了。

这种自查，可以让自己去除一些浮躁，对自己的 2016 年有一个更清醒的认识。

如果是工作不够，那就要在 2016 年多下一些功夫。

如果工作足够多，效率足够高，却没达到你想拿到的成绩，就要反思自己的方法和思路是否有问题，工作中细节是否到位。其实很简单，询盘不够多的情况下，一定是宣传出了问题，收费平台操作是否得当，免费平

台是否留下了能让客户看到的联系方式；开发信回复不够多，说明你要么找错了公司或者人，要么写得过于普通，客户没找到一个回复你的理由，等等。

如果干扰因素过多，你就要考虑一下如何排除一些干扰，拿出更多的精力放在工作上；当然如果你有一些其他方面的成绩，对自己有所提升，新的一年还是要继续拿出一点精力在工作之外武装自己。

一年又一年，大部分人过得很盲目，总是年初雄心勃勃，年底依旧没有改观，很大程度上是因为，没有分析上一年的工作出现了什么问题。找不到问题，自然不会有方法改进，还以为自己做得不错，可惜，跟别人的差距越来越大。

书目介绍

乐贸系列

书名	作者	定价	书号	出版时间
国家出版基金项目				
1. “质”造全球:消费品出口质量管控指南	SGS 通标标准技术服务有限公司	80.00 元	978-7-5175-0289-0	2018 年 9 月第 1 版
跟着老外学外贸系列				
1. 优势成交:老外这样做销售(第二版)	Abdelhak Benkerroum(阿道)	58.00 元	978-7-5175-0370-5	2019 年 10 月第 2 版
外贸 SOHO 系列				
1. 外贸 **SOHO**,你会做吗?	黄见华	30.00 元	978-7-5175-0141-1	2016 年 7 月第 1 版
跨境电商系列				
1. 跨境电商全产业链时代:政策红利下迎机遇期	曹磊 张周平	55.00 元	978-7-5175-0349-1	2019 年 5 月第 1 版
2. 外贸社交媒体营销新思维:向无效社交说 **No**	May(石少华)	55.00 元	978-7-5175-0270-8	2018 年 6 月第 1 版
3. 跨境电商多平台运营,你会做吗?	董振国 贾　卓	48.00 元	978-7-5175-0255-5	2018 年 1 月第 1 版
4. 跨境电商 **3.0** 时代——把握外贸转型时代风口	朱秋城(Mr. Harris)	55.00 元	978-7-5175-0140-4	2016 年 9 月第 1 版
5. **118** 问玩转速卖通——跨境电商海外淘金全攻略	红　鱼	38.00 元	978-7-5175-0095-7	2016 年 1 月第 1 版
外贸职场高手系列				
1. 小资本做大品牌:外贸企业品牌运营	黄仁华著	58.00 元	978-7-5175-0372-9	2019 年 10 月第 1 版
2. 金牌外贸企业给新员工的内训课	Lily 主编	55.00 元	978-7-5175-0337-8	2019 年 3 月第 1 版
3. 逆境生存:**JAC** 写给外贸企业的转型战略	JAC	55.00 元	978-7-5175-0315-6	2018 年 11 月第 1 版
4. 外贸大牛的营与销	丹　牛	48.00 元	978-7-5175-0304-0	2018 年 10 月第 1 版
5. 向外土司学外贸 **1**:业务可以这样做	外土司	55.00 元	978-7-5175-0248-7	2018 年 2 月第 1 版
6. 向外土司学外贸 **2**:营销可以这样做	外土司	55.00 元	978-7-5175-0247-0	2018 年 2 月第 1 版
7. 阴阳鱼给外贸新人的必修课	阴阳鱼	45.00 元	978-7-5175-0230-2	2017 年 11 月第 1 版
8. **JAC** 写给外贸公司老板的企管书	JAC	45.00 元	978-7-5175-0225-8	2017 年 10 月第 1 版
9. 外贸大牛的术与道	丹　牛	38.00 元	978-7-5175-0163-3	2016 年 10 月第 1 版

书名	作者	定价	书号	出版时间
10. JAC 外贸谈判手记——JAC和他的外贸故事	JAC	45.00 元	978-7-5175-0136-7	2016 年 8 月第 1 版
11. Mr. Hua 创业手记——从 0 到 1 的“华式”创业思维	华　超	45.00 元	978-7-5175-0089-6	2015 年 10 月第 1 版
12. 外贸会计上班记	谭　天	38.00 元	978-7-5175-0088-9	2015 年 10 月第 1 版
13. JAC 外贸工具书——JAC和他的外贸故事	JAC	45.00 元	978-7-5175-0053-7	2015 年 7 月第 1 版
14. 外贸菜鸟成长记(0～3 岁)	何嘉美	35.00 元	978-7-5175-0070-4	2015 年 6 月第 1 版

外贸操作实务子系列

书名	作者	定价	书号	出版时间
1. 外贸高手客户成交技巧 2——揭秘买手思维	毅　冰	55.00 元	978-7-5175-0232-6	2018 年 1 月第 1 版
2. 外贸业务经理人手册(第三版)	陈文培	48.00 元	978-7-5175-0200-5	2017 年 6 月第 3 版
3. 外贸全流程攻略——进出口经理跟单手记(第二版)	温伟雄(马克老温)	38.00 元	978-7-5175-0197-8	2017 年 4 月第 2 版
4. 金牌外贸业务员找客户(第三版)——跨境电商时代开发客户的 9 种方法	张劲松	40.00 元	978-7-5175-0098-8	2016 年 1 月第 3 版
5. 实用外贸技巧助你轻松拿订单(第二版)	王陶(波锅涅)	30.00 元	978-7-5175-0072-8	2015 年 7 月第 2 版
6. 出口营销实战(第三版)	黄泰山	45.00 元	978-7-80165-932-3	2013 年 1 月第 3 版
7. 外贸实务疑难解惑 220 例	张浩清	38.00 元	978-7-80165-853-1	2012 年 1 月第 1 版
8. 外贸高手客户成交技巧	毅　冰	35.00 元	978-7-80165-841-8	2012 年 1 月第 1 版
9. 报检七日通	徐荣才　朱瑾瑜	22.00 元	978-7-80165-715-2	2010 年 8 月第 1 版
10. 外贸实用工具手册	本书编委会	32.00 元	978-7-80165-558-5	2009 年 1 月第 1 版
11. 快乐外贸七讲	朱芷萱	22.00 元	978-7-80165-373-4	2009 年 1 月第 1 版
12. 外贸七日通(最新修订版)	黄海涛(深海鱿鱼)	22.00 元	978-7-80165-397-0	2008 年 8 月第 3 版

出口风险管理子系列

书名	作者	定价	书号	出版时间
1. 轻松应对出口法律风险	韩宝庆	39.80 元	978-7-80165-822-7	2011 年 9 月第 1 版
2. 出口风险管理实务(第二版)	冯　斌	48.00 元	978-7-80165-725-1	2010 年 4 月第 2 版
3. 50 种出口风险防范	王新华　陈丹凤	35.00 元	978-7-80165-647-6	2009 年 8 月第 1 版

外贸单证操作子系列

书名	作者	定价	书号	出版时间
1. 跟单信用证一本通(第二版)	何源	48.00 元	978-7-5175-0249-4	2018 年 9 月第 2 版
2. 外贸单证经理的成长日记(第二版)	曹顺祥	40.00 元	978-7-5175-0130-5	2016 年 6 月第 2 版
3. 信用证审单有问有答 280 例	李一平　徐珺	37.00 元	978-7-80165-761-9	2010 年 8 月第 1 版
4. 外贸单证解惑 280 例	龚玉和　齐朝阳	38.00 元	978-7-80165-638-4	2009 年 7 月第 1 版
5. 信用证 6 小时教程	黄海涛(深海鱿鱼)	25.00 元	978-7-80165-624-7	2009 年 4 月第 2 版
6. 跟单高手教你做跟单	汪　德	32.00 元	978-7-80165-623-0	2009 年 4 月第 1 版

书名	作者	定价	书号	出版时间

福步外贸高手子系列

书名	作者	定价	书号	出版时间
1. 外贸技巧与邮件实战(第二版)	刘　云	38.00 元	978-7-5175-0221-0	2017 年 8 月第 2 版
2. 外贸电邮营销实战——小小开发信　订单滚滚来(第二版)	薄如骢	45.00 元	978-7-5175-0126-8	2016 年 5 月第 2 版
3. 巧用外贸邮件拿订单	刘　裕	45.00 元	978-7-80165-966-8	2013 年 8 月第 1 版

国际物流操作子系列

书名	作者	定价	书号	出版时间
1. 货代高手教你做货代——优秀货代笔记(第二版)	何银星	33.00 元	978-7-5175-0003-2	2014 年 2 月第 2 版
2. 国际物流操作风险防范——技巧·案例分析	孙家庆	32.00 元	978-7-80165-577-6	2009 年 4 月第 1 版

通关实务子系列

书名	作者	定价	书号	出版时间
1. 外贸企业轻松应对海关估价	熊　斌　赖　芸　王卫宁	35.00 元	978-7-80165-895-1	2012 年 9 月第 1 版
2. 报关实务一本通(第二版)	苏州工业园区海关	35.00 元	978-7-80165-889-0	2012 年 8 月第 2 版
3. 如何通过原产地证尽享关税优惠	南京出入境检验检疫局	50.00 元	978-7-80165-614-8	2009 年 4 月第 3 版

彻底搞懂子系列

书名	作者	定价	书号	出版时间
1. 彻底搞懂信用证(第三版)	王腾　曹红波	55.00 元	978-7-5175-0264-7	2018 年 5 月第 3 版
2. 彻底搞懂关税(第二版)	孙金彦	43.00 元	978-7-5175-0172-5	2017 年 1 月第 2 版
3. 彻底搞懂提单(第二版)	张敏　张鹏飞	38.00 元	978-7-5175-0164-0	2016 年 12 月第 2 版
4. 彻底搞懂中国自由贸易区优惠	刘德标　祖月	34.00 元	978-7-80165-762-6	2010 年 8 月第 1 版
5. 彻底搞懂贸易术语	陈　岩	33.00 元	978-7-80165-719-0	2010 年 2 月第 1 版
6. 彻底搞懂海运航线	唐丽敏	25.00 元	978-7-80165-644-5	2009 年 7 月第 1 版

外贸英语实战子系列

书名	作者	定价	书号	出版时间
1. 十天搞定外贸函电(白金版)	毅　冰	69.00 元	978-7-5175-0347-7	2019 年 4 月第 2 版
2. 让外贸邮件说话——读懂客户心理的分析术	蔡泽民(Chris)	38.00 元	978-7-5175-0167-1	2016 年 12 月第 1 版
3. 外贸高手的口语秘籍	李　凤	35.00 元	978-7-80165-838-8	2012 年 2 月第 1 版
4. 外贸英语函电实战	梁金水	25.00 元	978-7-80165-705-3	2010 年 1 月第 1 版
5. 外贸英语口语一本通	刘新法	29.00 元	978-7-80165-537-0	2008 年 8 月第 1 版

外贸谈判子系列

书名	作者	定价	书号	出版时间
1. 外贸英语谈判实战(第二版)	王慧　仲颖	38.00 元	978-7-5175-0111-4	2016 年 3 月第 2 版

书名	作者	定价	书号	出版时间
2. 外贸谈判策略与技巧	赵立民	26.00 元	978-7-80165-645-2	2009 年 7 月第 1 版

国际商务往来子系列

书名	作者	定价	书号	出版时间
国际商务礼仪大讲堂	李嘉珊	26.00 元	978-7-80165-640-7	2009 年 12 月第 1 版

贸易展会子系列

书名	作者	定价	书号	出版时间
外贸参展全攻略——如何有效参加 **B2B** 贸易商展(第三版)	钟景松	38.00 元	978-7-5175-0076-6	2015 年 8 月第 3 版

区域市场开发子系列

书名	作者	定价	书号	出版时间
中东市场开发实战	刘军　沈一强	28.00 元	978-7-80165-650-6	2009 年 9 月第 1 版

加工贸易操作子系列

书名	作者	定价	书号	出版时间
1. 加工贸易实务操作与技巧	熊　斌	35.00 元	978-7-80165-809-8	2011 年 4 月第 1 版
2. 加工贸易达人速成——操作案例与技巧	陈秋霞	28.00 元	978-7-80165-891-3	2012 年 7 月第 1 版

乐税子系列

书名	作者	定价	书号	出版时间
1. 外贸企业免抵退税实务——经验·技巧分享	徐玉树　罗玉芳	45.00 元	978-7-5175-0135-0	2016 年 6 月第 1 版
2. 外贸会计账务处理实务——经验·技巧分享	徐玉树	38.00 元	978-7-80165-958-3	2013 年 8 月第 1 版
3. 生产企业免抵退税实务——经验·技巧分享(第二版)	徐玉树	42.00 元	978-7-80165-936-1	2013 年 2 月第 2 版
4. 外贸企业出口退(免)税常见错误解析 **100** 例	周朝勇	49.80 元	978-7-80165-933-0	2013 年 2 月第 1 版
5. 生产企业出口退(免)税常见错误解析 **115** 例	周朝勇	49.80 元	978-7-80165-901-9	2013 年 1 月第 1 版
6. 外汇核销指南	陈文培等	22.00 元	978-7-80165-824-1	2011 年 8 月第 1 版
7. 外贸企业出口退税操作手册	中国出口退税咨询网	42.00 元	978-7-80165-818-0	2011 年 5 月第 1 版
8. 生产企业免抵退税从入门到精通	中国出口退税咨询网	98.00 元	978-7-80165-695-7	2010 年 1 月第 1 版
9. 出口涉税会计实务精要(《外贸会计实务精要》第二版)	龙博客工作室	32.00 元	978-7-80165-660-5	2009 年 9 月第 2 版

专业报告子系列

书名	作者	定价	书号	出版时间
1. 国际工程风险管理	张　燎	1980.00 元	978-7-80165-708-4	2010 年 1 月第 1 版
2. 涉外型企业海关事务风险管理报告	《涉外型企业海关事务风险管理报告》研究小组	1980.00 元	978-7-80165-666-7	2009 年 10 月第 1 版

外贸企业管理子系列

书名	作者	定价	书号	出版时间
1. 外贸经理人的 MBA	毅　冰	55.00 元	978-7-5175-0305-7	2018 年 10 月第 1 版

书名	作者	定价	书号	出版时间
2. 小企业做大外贸的制胜法则——职业外贸经理人带队伍手记	胡伟锋	35.00 元	978-7-5175-0071-1	2015 年 7 月第 1 版
3. 小企业做大外贸的四项修炼	胡伟锋	26.00 元	978-7-80165-673-5	2010 年 1 月第 1 版

国际贸易金融子系列

书名	作者	定价	书号	出版时间
1. 国际结算单证热点疑义相与析	天九湾贸易金融研究汇	55.00 元	978-7-5175-0292-0	2018 年 9 月第 1 版
2. 国际结算与贸易融资实务（第二版）	李华根	55.00 元	978-7-5175-0252-4	2018 年 3 月第 1 版
3. 信用证风险防范与纠纷处理技巧	李道金	45.00 元	978-7-5175-0079-7	2015 年 10 月第 1 版
4. 国际贸易金融服务全程通（第二版）	郭党怀 张丽君 张贝	43.00 元	978-7-80165-864-7	2012 年 1 月第 2 版
5. 国际结算与贸易融资实务	李华根	42.00 元	978-7-80165-847-0	2011 年 12 月第 1 版

毅冰谈外贸子系列

书名	作者	定价	书号	出版时间
毅冰私房英语书——七天秀出外贸口语	毅 冰	35.00 元	978-7-80165-965-1	2013 年 9 月第 1 版

“创新型”跨境电商实训教材

书名	作者	定价	书号	出版时间
跨境电子商务概论与实践	冯晓宁	48.00 元	978-7-5175-0313-2	2019 年 1 月第 1 版

“实用型”报关与国际货运专业教材

书名	作者	定价	书号	出版时间
1. 国际货运代理操作实务（第二版）	杨鹏强	48.00 元	978-7-5175-0364-4	2019 年 8 月第 2 版
2. 集装箱班轮运输与管理实务	林益松	48.00 元	978-7-5175-0339-2	2019 年 3 月第 1 版
3. 航空货运代理实务（第二版）	杨鹏强	55.00 元	978-7-5175-0336-1	2019 年 1 月第 2 版
4. 进出口商品归类实务（第三版）	林 青	48.00 元	978-7-5175-0251-7	2018 年 3 月第 3 版
5. e 时代报关实务	王 云	40.00 元	978-7-5175-0142-8	2016 年 6 月第 1 版
6. 供应链管理实务	张远昌	48.00 元	978-7-5175-0051-3	2015 年 4 月第 1 版
7. 电子口岸实务（第二版）	林青	35.00 元	978-7-5175-0027-8	2014 年 6 月第 2 版
8. 报检实务（第二版）	孔德民	38.00 元	978-7-80165-999-6	2014 年 3 月第 2 版
9. 现代关税实务（第二版）	李 齐	35.00 元	978-7-80165-862-3	2012 年 1 月第 2 版
10. 国际贸易单证实务（第二版）	丁行政	45.00 元	978-7-80165-855-5	2012 年 1 月第 2 版
11. 报关实务（第三版）	杨鹏强	45.00 元	978-7-80165-825-8	2011 年 9 月第 3 版
12. 海关概论（第二版）	王意家	36.00 元	978-7-80165-805-0	2011 年 4 月第 2 版

书名	作者	定价	书号	出版时间

“精讲型”国际贸易核心课程教材

1. 国际贸易实务精讲(第七版)	田运银	49.50 元	978-7-5175-0260-9	2018 年 4 月第 7 版
2. 国际货运代理实务精讲(第二版)	杨占林 汤 兴 官敏发	48.00 元	978-7-5175-0147-3	2016 年 8 月第 2 版
3. 海关法教程(第三版)	刘达芳	45.00 元	978-7-5175-0113-8	2016 年 4 月第 3 版
4. 国际电子商务实务精讲(第二版)	冯晓宁	45.00 元	978-7-5175-0092-6	2016 年 3 月第 2 版
5. 国际贸易单证精讲(第四版)	田运银	45.00 元	978-7-5175-0058-2	2015 年 6 月第 4 版
6. 国际贸易操作实训精讲(第二版)	田运银 胡少甫 史 理 朱东红	48.00 元	978-7-5175-0052-0	2015 年 2 月第 2 版
7. 进出口商品归类实务精讲	倪淑如 倪 波 田运银	48.00 元	978-7-5175-0016-2	2014 年 7 月第 1 版
8. 外贸单证实训精讲	龚玉和 齐朝阳	42.00 元	978-7-80165-937-8	2013 年 4 月第 1 版
9. 外贸英语函电实务精讲	傅龙海	42.00 元	978-7-80165-935-4	2013 年 2 月第 1 版
10. 国际结算实务精讲	庄乐梅 李 菁	49.80 元	978-7-80165-929-3	2013 年 1 月第 1 版
11. 报关实务精讲	孔德民	48.00 元	978-7-80165-886-9	2012 年 6 月第 1 版
12. 国际商务谈判实务精讲	王 慧 唐力忻	26.00 元	978-7-80165-826-5	2011 年 9 月第 1 版
13. 国际会展实务精讲	王重和	38.00 元	978-7-80165-807-4	2011 年 5 月第 1 版
14. 国际贸易实务疑难解答	田运银	20.00 元	978-7-80165-718-3	2010 年 9 月第 1 版

“实用型”国际贸易课程教材

1. 外贸跟单实务(第二版)	罗 艳	48.00 元	978-7-5175-0338-5	2019 年 1 月第 2 版
2. 海关报关实务	倪淑如 倪 波	48.00 元	978-7-5175-0150-3	2016 年 9 月第 1 版
3. 国际金融实务	李 齐 唐晓林	48.00 元	978-7-5175-0134-3	2016 年 6 月第 1 版
4. 国际贸易实务	丁行政 罗艳	48.00 元	978-7-80165-962-0	2013 年 8 月第 1 版

中小企业财会实务操作系列丛书

1. 做顶尖成本会计应知应会 150 问(第二版)	张 胜	48.00 元	978-7-5175-0275-3	2018 年 6 月第 2 版
2. 小企业会计疑难解惑 300 例	刘华 刘方周	39.80 元	978-7-80165-845-6	2012 年 1 月第 1 版
3. 会计实务操作一本通	吴虹雁	35.00 元	978-7-80165-751-0	2010 年 8 月第 1 版

中国海关出版社有限公司乐贸系列
新书重磅推荐 >>

《金牌外贸业务员找客户——跨境电商时代开发客户的 9 种方法（第三版）》

作者：张劲松

定价：40.00 元

书号：978-7-5175-0098-8

出版日期：2016 年 1 月

近年来，中国外贸形势瞬息万变。随着“互联网 + 外贸”浪潮的来临，传统贸易模式革新，新贸易模式兴起，跨境电商平台的开发、利用已成为主流的贸易方式。

《金牌外贸业务员找客户——跨境电商时代开发客户的 9 种方法（第三版）》作者均来自中建材易单网外销团体，他们集结整理 9 种高效、实用的客户开发方法，助中国外贸人度过难关、开拓国际市场。其中既有新兴平台的营销技巧讲述，如邮件精准开发客户的方法，SNS、SEM、SEO 实战的经验分享，各种数据的极致挖掘等，也有传统外贸方式升级后的 2.0 版本。